AF610669

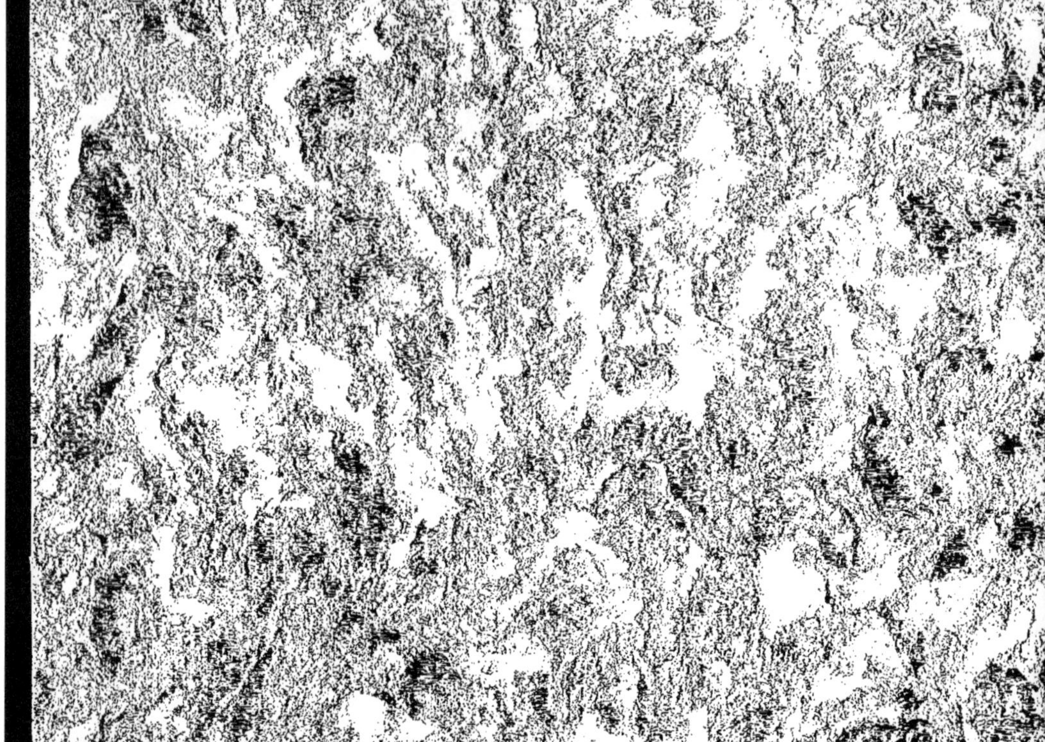

OLINIE 1900

Mission de Segonzac

Explorations AU MAROC

PAR

Louis GENTIL

MASSON ET Cie, ÉDITEURS — PARIS

— 1906 —

Dans le Bled es Siba

Explorations au Maroc

MISSION DE SEGONZAC

Dans le Bled es Siba

Explorations au Maroc

PAR

Louis GENTIL

Docteur ès sciences
Maître de Conférences à la Sorbonne, Membre de la Mission

OUVRAGE PUBLIÉ
SOUS LE PATRONAGE DU COMITÉ DU MAROC

PARIS
MASSON ET Cie, ÉDITEURS
120, BOULEVARD SAINT-GERMAIN

1906

A MON ÉMINENT AMI

MONSIEUR EMMANUEL DE MARGERIE

AVANT-PROPOS

Ma participation à la Mission de Segonzac (mission du Comité du Maroc) se traduit par quatre voyages effectués, en l'espace de sept mois, l'un dans le Nord du Maroc, les autres dans le Haut-Atlas.

De retour de ce long séjour dans le Pays du Moghreb, alors que de multiples souvenirs se heurtent dans mon esprit, une idée dominante plane au-dessus de toutes les autres : l'idée de reconnaissance.

Je remercie tout d'abord M. de Segonzac de l'honneur qu'il m'a fait en m'attachant à l'importante mission qui lui était confiée. Il fallait un géologue comme il fallait un topographe et des arabisants, et je suis très reconnaissant à l'éminent explorateur marocain de m'avoir appelé auprès de lui.

J'ai été très honoré de l'accueil qui m'a été fait au Comité du Maroc par ses illustres présidents : M. Eugène Étienne, ministre de l'Intérieur, et M. Guillain, ancien ministre des Colonies, ainsi que par tous ses membres, et je n'oublierai pas le dévouement affectueux de son secrétaire général, M. Auguste Terrier.

Dans l'Université, M. Liard, vice-recteur de l'Académie de Paris, et M. Bayet, directeur de l'Enseignement supérieur, m'ont donné les plus précieux encouragements; tandis que M. Paul Appell, doyen de la Faculté des Sciences, et M. E. Haug, professeur de géologie à l'Université, me permettaient avec bienveillance de m'éloigner momentanément de la Sorbonne.

Enfin, j'ai reçu de la part de mes confrères français des témoignages de sympathie dont je garderai le meilleur souvenir. La Société de Géographie de Paris a très généreusement subventionné la Mission de Segonzac, et ce n'est pas sans en être profondément touché que j'ai vu de hautes institutions scientifiques comme la Société Géologique de France, l'Association Française pour l'Avancement des Sciences et l'École d'Anthropologie de Paris, affecter à mes recherches personnelles au Maroc, des sommes prélevées sur des legs ou des fonds, qui sont ordinairement disputés par des travaux de grand mérite.

Je ne puis donner ici la longue liste des confrères qui m'ont obligé; mais je croirais manquer à tous mes devoirs si je n'inscrivais en tête de ces pages, un nom que connaissent tous ceux qui, de près ou de loin, s'intéressent aux sciences géographiques et géologiques. M. Emmanuel de Margerie a fait plus que de mettre libéralement à ma disposition, en cette circonstance, la science et la vaste érudition que nous avons tous mises à contribution; il m'a témoigné, un dévouement affectueux que je considère comme un gage précieux de la plus précieuse des amitiés.

Combien de noms je voudrais écrire encore qui évoquent en moi un sentiment de vive gratitude; mais ils sont trop nombreux! Je tiens cependant à citer MM. Victor et Henry Klotz qui, par leur généreuse attention, ont aplani bien des difficultés de mes explorations, et mon excellent ami le docteur Breton, si au courant de la médecine coloniale, qui m'a obligeamment initié au traitement sommaire des principales maladies que je pourrais rencontrer.

Au cours de mes voyages, j'ai contracté encore de nombreuses dettes de reconnaissance, et je n'aurais garde d'oublier l'obligeant accueil de M. Saint René Taillandier, de MM. de Saint-Aulaire, de

Cherisey, le capitaine Jouinot-Gambetta, MM. Ollé-Laprune, Gaston Buchet, Daniel Saurin, Vilarem, le capitaine Larras, etc., à Tanger ; de M. Jeannier, vice-consul de France, et de son personnel, du chancelier Si Allal Abdi ; de MM. Robert Boulle, Ancelin, Jacquéty, etc., à Mogador ; enfin, je garde le meilleur souvenir de la collaboration des professeurs de l'École de l'Alliance Israélite universelle à Marrakech, de M. et Mme Falcon et de M. Souessia, ainsi que de nombreux membres de la Communauté israélite de la capitale marocaine, présidée par M. Corcos.

J'adresse à tous l'hommage de ma profonde gratitude.

Bien que je me sois astreint, dans les pages qui vont suivre, à ne rien conclure de mes observations au point de vue de la sociologie musulmane, je demanderai la permission de me départir un instant, en faveur du caractère des Marocains, de la règle rigoureuse que je me suis ainsi imposée.

J'ai rapporté de mes voyages, dans le Pays du Moghreb, le meilleur souvenir de ses habitants.

Ma surprise a été grande, je l'avoue, lorsque je me suis trouvé en face de ces musulmans, autant en Bled es siba qu'en Bled makhzen[1], de rencontrer chez eux, d'une manière générale, des sentiments de générosité et de reconnaissance auxquels je ne pouvais m'attendre.

Durant plusieurs années, en effet, j'ai fréquenté la frontière en Algérie ; j'y ai été peu à peu habitué au spectre de la férocité des Marocains et les méfaits commis sur notre territoire, par des bandits dont les crimes demeuraient presque toujours impunis, confirmaient, à mes yeux, la prétendue impénétrabilité de leur pays.

Sans doute le brigandage existe un peu partout en Bled es siba, il est assez fréquent en Bled makhzen ; mais il ne faut pas oublier que le Maroc est avant tout le pays de l'anarchie et l'on peut

1. Dans mon jugement sur les Marocains, je n'implique pas les gens du Makhzen, dont la mentalité est toute spéciale.

s'étonner que les crimes n'y soient pas plus nombreux. Je crois, pour ma part, qu'il serait à donner comme exemple de calme à l'un ou l'autre de nos pays civilisés, que l'on abandonnerait seulement pendant vingt-quatre heures à une anarchie aussi complète.

Comme l'ont remarqué de précédents explorateurs, notamment le vicomte de Foucauld[1], les Marocains ont l'horreur du « roumi », non par fanatisme, mais parce qu'ils voient en lui l'usurpateur.

De là la difficulté de pénétrer les Pays siba parce que l'Européen qui ose s'y hasarder s'expose à être pris pour un espion et traité comme tel. Mais je crois qu'il serait possible d'y circuler librement et d'y faire des observations de toutes sortes, à la condition d'inspirer à ces braves gens une certaine confiance et d'opposer à leurs protestations le calme et la douceur.

Je n'en veux comme preuves que le respect dont se trouve entouré M. Gaston Buchet dans les tribus du Maroc septentrional, pourtant réputées pour leurs actes de brigandage ; et aussi certaines émotions éprouvées au cours de mes voyages.

N'ai-je pas vu, dans le Sous, des gens qui, après avoir harcelé mes hommes de questions insolentes, — parce que j'avais été trahi et qu'ils ne voulaient pas de roumi chez eux, — exprimaient ensuite des regrets pour l'offense qu'ils m'avaient faite en me soupçonnant ainsi ?

Dans les Aït Tameldou, le bon Si Abdallah ne m'a-t-il pas donné des gages de son amitié, parce que je lui étais sympathique et que je m'étais montré généreux, moi pauvre hère, qui lui avais laissé en cadeau un bol de quelques sous, notre unique ustensile de cuisine ?

Je citerai encore, en faveur du caractère des Marocains, ce trait qui le dépeint.

J'ai été, dans mon voyage dans le Sous, accompagné par trois hommes. Deux d'entre eux savaient fort bien qui j'étais, car je les

1. Le « grand de Foucauld », comme l'a désigné à juste titre notre illustre colonial, M. Eug. Étienne, dans un exposé magistral de l'œuvre de notre expansion en Afrique (Banquet du Maroc, 4 juin 1904).

avais engagés à Mogador où ils m'avaient connu sous le costume européen ; j'avais fait la connaissance du troisième, fortuitement, sur ma route. Ce dernier ne pouvait se méprendre sur mon origine à la nature de mes occupations; mais il n'en disait rien, faisant même semblant de ne pas comprendre. A notre retour, au moment de nous séparer, je voulus savoir ce qu'il pensait de moi : « Je ne crois pas que tu sois musulman, me dit-il, parce que je ne connais pas de musulman qui puisse se donner autant de mal dans l'unique but de s'instruire; mais j'ai vu que tu étais bon avec moi, avec mes coreligionnaires; je ne me souviendrai que de cela et te considérerai dans l'avenir comme le meilleur de mes amis. »

Que pensera-t-on de mon fidèle Moulaï Ibrahim ? Le récit de mon dernier voyage est rempli de témoignages éclatants de son dévouement; mais, parmi les actes de générosité de cet homme, il en est un qui mérite d'être souligné.

Nous revenions du Djebel Siroua, très fatigués par des marches ininterrompues et aussi par le manque de nourriture. Pour comble de malheur, nous n'avions pu nous procurer, en entrant en Pays makhzen, que quelques œufs durs qu'on se partagea le soir. Le lendemain matin, mon dévoué compagnon vint me dire timidement : « Mange, Si Allal, car tu es fatigué. J'ai pensé hier soir que tu ne pourrais pas arriver à Marrakech, alors je t'ai gardé mon dîner.... »

Je pourrais ainsi multiplier les exemples de reconnaissance et de générosité des Marocains.

Aussi ai-je éprouvé un réel plaisir lorsque j'ai recueilli de la bouche même de chefs du Sud de l'Atlas, l'aveu spontané de la réputation de bonté et de désintéressement de la France à l'égard des Musulmans du Nord de l'Afrique. J'ai entendu également exprimer le désir de voir les Français mettre un peu d'ordre et entretenir des relations amicales dans ces pays de l'Anti-Atlas, demeurés jusqu'ici absolument fermés.

J'avoue avoir ressenti, ce jour-là à Tikirt, une bien douce émotion, parce que les hommes qui parlaient ainsi sont, de tout le

Maroc, les plus indépendants peut-être et que, par suite, leur témoignage est empreint de la plus absolue sincérité.

Je me suis alors demandé, non sans un certain sentiment de fierté, laquelle des Nations appelées à prendre part à la grande discussion qui va bientôt s'ouvrir pourrait apporter, comme la France, d'aussi légitimes revendications morales sur un pays dont les habitants — pris en dehors de toute passion politique — accepteraient de s'unir à leurs frères d'Algérie !

Ce modeste ouvrage est un simple récit de voyages.

J'avais pensé tout d'abord à séparer en deux publications distinctes l'exposé de mes pérégrinations et de mes impressions scientifiques, mais j'ai dû y renoncer et cela pour deux raisons.

La tâche que je m'étais imposée était, avant tout, une étude géologique; j'ai donc tout subordonné à ce but spécial, aussi bien dans l'ensemble de mon programme, que dans le détail de mes journées de marche.

La deuxième raison, plus impérieuse encore que la précédente, c'est que mon journal de route, ainsi présenté, permettra au lecteur de me suivre facilement dans les pays que j'ai traversés. La géographie physique et la géologie sont intimement liées, et la géographie humaine aussi a ses liens étroits avec le sol et le climat.

Bien que ce récit soit écrit plus spécialement pour des géographes, je me suis efforcé d'exposer, en langage ordinaire, mes « impressions scientifiques » de façon à pouvoir être lu de tout le monde. Et si les termes de calcaire, de grès, de plissement, reviennent souvent sous ma plume, je prie le lecteur de m'en excuser et je pense qu'il trouvera de temps en temps, dans quelque anecdote vécue, le repos nécessaire à son esprit las de me suivre dans des descriptions un peu arides.

Les résultats que j'ai rapportés sont de deux ordres : géographiques et géologiques.

Au point de vue géologique, j'ai recueilli de nombreux documents, notamment un profil de la partie la plus septentrionale de la chaîne du Rif, et des coupes complètes du Haut-Atlas; j'ai rapporté plusieurs centaines de kilogrammes de fossiles et d'échantillons minéralogiques.

En ce qui concerne la géographie physique, j'ai vu des régions qui n'avaient jamais été, jusqu'ici, pénétrées par un Européen; j'ai pu examiner des montagnes, comme le Djebel Siroua, qui n'avaient jamais été approchées; j'ai suivi des vallées, comme celles du Haut-Draa et de l'Ouad Tifnout, qui n'avaient jamais été parcourues; j'ai passé des cols, comme le Tizi n Test et le Tizi n Imoudras, qui n'avaient jamais été franchis. Et je me suis efforcé de repérer ces cols, ces vallées, ces montagnes, bien qu'avec des instruments assez rudimentaires.

Pour la géographie humaine, j'ai dû me borner, le plus souvent, à observer les agglomérations que j'ai rencontrées sans pouvoir faire une enquête, pourtant si utile, sur les tribus avoisinantes; cela tient au mode de déguisement que j'avais adopté. Je me suis attaché à présenter, avec le plus de précision possible, mes impressions sur les mœurs des indigènes, sans essayer de conclure.

Je me suis imposé cette réserve parce que le Maroc est demeuré, dans son ensemble, tellement fermé à la civilisation européenne qu'il y a, au point de vue sociologique, des centaines de problèmes à étudier ou à résoudre dans ce pays, et que chacun de ces problèmes exigerait, le plus souvent, de très nombreuses données. Je laisserai donc à des spécialistes, comme MM. Edmond Doutté, A. Bernard, Salmon, etc., le soin de tirer parti de mes observations; m'estimant heureux si j'ai pu seulement apporter une pierre à l'édifice déjà considérable élevé par les éminents explorateurs qui m'ont précédé.

Je ne parlerai qu'incidemment des villes; je ferai exception cependant pour les Écoles de l'Alliance israélite universelle, à Marrakech, car j'ai été frappé de leur importance au point de vue de notre influence au Maroc.

De même, je passerai rapidement sur les régions makhzen que j'ai traversées et qui ont été étudiées, beaucoup plus à loisir, par des géographes et des géologues comme Hooker, Thomson, Fischer, A. Bernard, Brives, Lemoine, etc.

Toute mon attention s'est portée sur le Bled es siba ; encore me suis-je appliqué à éviter les itinéraires suivis par des explorateurs, tels que le vicomte de Foucauld et le marquis de Segonzac.

Les conditions dans lesquelles je me suis placé, pour effectuer la traversée de régions inconnues, m'ont empêché d'informer à mon aise, et c'est au prix d'artifices sans nombre que je suis arrivé, parfois, à me procurer les renseignements indispensables pour continuer mon chemin de façon profitable. Heureusement, le naturaliste n'a pas souvent besoin de questionner. Aussi ai-je pu rapporter tous les documents exigés pour mes recherches géographiques et géologiques.

Je reconnais que le procédé de M. de Foucauld, qui a adopté dans ses voyages le costume israélite, avait d'immenses avantages ; de même que celui de M. de Segonzac, qui consiste à se dissimuler dans l'escorte d'un chérif respecté. Mais je ne pouvais songer ni à l'un ni à l'autre de ces artifices ; je n'étais pas prêt pour le premier et je n'avais pas à ma disposition le chérif rêvé.

C'est pourquoi je me suis présenté comme un musulman modeste qui se transporte, toujours sous un motif plausible, d'un point à un autre.

Je me suis efforcé de rester inaperçu et j'ai ainsi été amené à réduire progressivement ma caravane pour voyager, finalement, sac au dos, en « reqqas » ou en « mesquine ».

J'avoue avoir éprouvé bien souvent le regret de tromper ces braves gens en me faisant passer pour un vrai musulman. J'ai eu très rarement, il est vrai, l'occasion de protester moi-même de ma prétendue origine mahométane, car je laissais ce soin à mes hommes, qui le faisaient d'ailleurs avec une conviction et une virtuosité que je n'aurais su atteindre; mais je n'en avais pas moins le remords de les tromper implicitement.

Aussi est-ce avec un certain soulagement que j'apprenais, plus tard, par une lettre de M. de Segonzac, datée du col du Glaoui, que les populations du sud de l'Atlas demandaient des nouvelles de Si Allal et réclamaient encore sa présence chez eux, car ils désiraient solliciter le concours de sa science de roumi!

Paris, novembre 1905.

Voyage
dans
le Nord du Maroc

Voyage dans le Nord du Maroc

La durée de mon séjour au Maroc devait forcément être limitée en raison de mes fonctions universitaires. Aussi avais-je tout avantage à mettre à profit le dernier mois des vacances de la Faculté. Dans ce but, j'ai précédé de cinq semaines M. de Segonzac et ses autres collaborateurs, le chef de la Mission étant retenu à Paris par les préparatifs du départ.

Parti le 28 septembre 1904, j'ai eu le vif plaisir d'effectuer le voyage, à travers l'Espagne jusqu'au détroit de Gibraltar, en compagnie de M. Paul Lemoine, préparateur à la Sorbonne, chargé par le Comité du Maroc, d'une mission géologique spéciale en Bled makhzen.

Nous avons reçu tous deux, à notre débarquement à Tanger, le plus chaud accueil de la part de nombreux Européens, notamment de la Légation de France et de la Colonie française; je me fais un devoir d'adresser à tous l'expression de ma vive gratitude.

Nous avons profité de deux jours de loisir pour faire, M. Lemoine et moi, des excursions fort instructives aux environs de la ville et dans la direction du cap Spartel; nous avons étudié ainsi les terrains éocènes et crétacés ainsi que les grès pliocènes dans lesquels se trouve creusée la Grotte d'Hercule.

Nous nous proposions d'abord d'aller explorer, en commun, le versant septentrional du Haut-Atlas, entre Mogador et Marrakech; mais la rareté des courriers, par ces temps de grève maritime, la nécessité surtout de me trouver à date fixe à Tanger, où devait se faire la concentration de la Mission, ne m'ont pas permis de réaliser ce projet. Force me fut donc de laisser partir M. Lemoine pour le Sud et d'utiliser mon temps sans m'éloigner de la ville à plus de huit journées de marche.

Fig. 2. — Tanger, le grand sokko.

Il n'était pas très facile de circuler dans le Maroc septentrional, à cette époque où les habitants de Tanger ne pouvaient s'écarter à quelques kilomètres sans avoir à craindre d'être pillés ou capturés.

La grande presqu'île marocaine qui s'avance vers le détroit de Gibraltar, était agitée en effet, depuis quelque temps déjà, et il suffit de rappeler le siège de Tétouan par les tribus de l'Andjera et des Beni Ider, la captivité du journaliste anglais Harris, chez les

N.-B. — Au cours de cet ouvrage j'écrirai en caractères italiques tous les noms géographiques nouveaux, c'est-à-dire les noms de rivières, de montagnes, de villages, de tribus, de régions, etc., inconnus avant mes voyages, ou sur lesquels on n'avait que très peu de renseignements.

Andjera et l'enlèvement, plus récent encore, de M. Perdicaris, par le chérif Er Raïs Ouli, pour qu'il soit inutile d'insister sur les précautions à prendre pour circuler dans ces contrées.

J'ai pu, néanmoins, mettre à profit le temps dont je disposais, grâce à M. Gaston Buchet, un Français installé depuis plusieurs

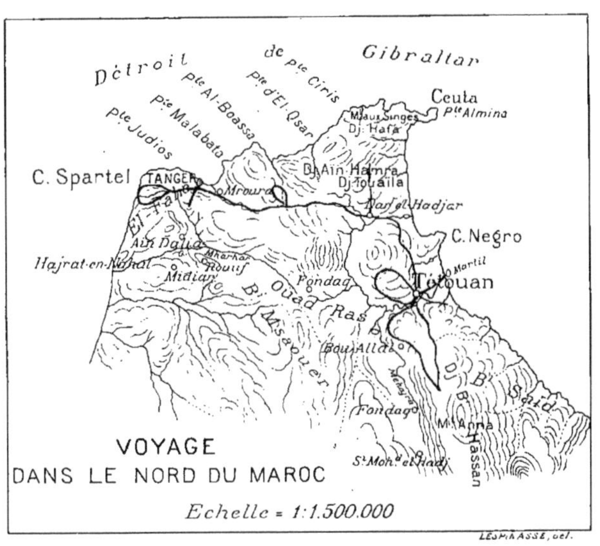

années au Maroc, où il consacre à notre influence toute son intelligente activité. On a bien vite fait connaissance avec lui, car il est difficile de rencontrer un caractère aussi transparent ; son concours m'a été extrêmement précieux, parce qu'il est très connu dans le pays, plus encore des indigènes que des Européens, pour son dévouement et sa bonté. C'est là, à mon sens, le plus bel éloge qu'on puisse faire de lui.

M. Buchet a été chargé, depuis plusieurs années, de missions scientifiques par le Ministère de l'Instruction publique, puis par le Comité du Maroc. Il ne s'est pas seulement borné aux programmes officiels qui lui ont été soumis ; car, tout en faisant de la topographie, de la géologie, de la zoologie, de la botanique et de l'archéologie, il a fait aussi de la philanthropie.

Il est parvenu à entretenir des relations d'*amitié* avec beaucoup d'indigènes, surtout avec ceux de la tribu de l'Andjera. Sa maison est ouverte à tous ; il y reçoit des indigents, des malades, et ceux — ils sont nombreux — qui viennent le consulter sur leurs intérêts, sur leurs litiges.

C'est ainsi que j'ai rencontré chez lui des Marocains de toutes conditions, venus de leur montagne pour recevoir l'accueil affectueux du roumi respecté. J'ai même vu, dans cette maison hospitalière, à côté d'hommes paisibles les pires brigands, le célèbre Valiente entre autres. Mais, en ce cas, notre compatriote a le mérite touchant de ramener au calme ou au bien ceux qui seraient susceptibles de mal faire.

En un mot, M. Buchet collabore à l'œuvre de pénétration du Maroc, avec un cœur et une intelligence qu'on ne saurait trop louer. Il m'est agréable de pouvoir, en cette occasion, exalter les mérites de ce savant, dont la modestie égale la générosité.

Je n'aurais pas osé demander à cet ami des Musulmans de m'emmener avec lui dans les régions agitées par le brigandage ou la révolte, parce qu'il m'était apparu comme un homme très prudent. Mais M. Buchet était animé du désir de me faire, en quelque sorte, les honneurs des contrées où, seul Européen, il était admis ; j'en ai été très touché.

Il voulut, au préalable, s'assurer de l'assentiment du Qaïd de l'Andjera. Une lettre fut écrite à ce dernier et portée par un reqqas[1]. La réponse ne se fit pas longtemps attendre.

Le Qaïd Douès déclarait qu'il serait heureux de me voir accompagner *son ami* M. Buchet, et qu'une sécurité absolue me serait assurée *dans sa tribu*.

Malgré mon inexpérience des gens du Maroc, je connaissais

1. Courrier à pied.

assez les Musulmans du Nord de l'Afrique pour savoir que l'hospitalité est, chez eux, chose sacrée. Le Qaïd de l'Andjera m'invitait à venir le voir; il n'en fallait pas plus pour me convaincre qu'il ne me serait fait aucun mal chez lui.

Aussi, et malgré l'avis d'amis prudents, je partis, bien persuadé de l'heureuse issue de notre voyage.

DE TANGER A TÉTOUAN PAR L'ANDJERA ET LE HAOUZ

Nous quittons Tanger un beau matin. Il est déjà 7 heures, bien que nous soyions sur pied depuis longtemps; nos muletiers n'ont pas mis moins de trois heures pour charger leurs bêtes. Je commence à faire mon expérience : il faut avoir beaucoup de patience au Maroc, et surtout ne jamais se montrer pressé.

Nous sommes accompagnés du khodja[1] de M. Buchet, du khalifa[2] du Qaïd de l'Andjera, venu pour nous escorter, et de trois hommes.

Nous représentons en tout sept fusils. Dans les régions que nous allons parcourir, l'arme fait partie intégrante du costume. On porte un fusil de guerre, de même qu'en Europe on sort avec une canne ; et l'on s'en sert de temps en temps pour s'exercer ou pour jouir du plaisir de « faire parler la poudre ».

Je suis juché sur ma mule, déjà chargée de deux cantines, et mêlé à nos hommes dont j'ai pris le costume. J'ai ainsi suivi les

1. Secrétaire.
2. Suppléant.

prescriptions de mon ami qui voyait dans le déguisement le plus sûr moyen d'être à l'abri d'un coup de main. Sans doute, M. Buchet, — qui n'a pas craint de conserver ses vêtements européens, — est très estimé des gens de l'Andjera; mais quelque montagnard pourrait trouver mauvais qu'il amenât avec lui un roumi étranger. De plus, notre compatriote tient essentiellement à ce que notre départ de Tanger soit ignoré; certaine presse n'a-t-elle pas, à la

Fig. 5. — Le départ, sur la dune de Tanger.

suite de l'affaire Perdicaris, posé la question quelque peu malveillante : A quand le tour d'un Français?

De fait, M. Buchet me paraît un peu nerveux au départ et, lorsque, à notre sortie de la tribu du Faç, nous pénétrons dans celle de l'Andjera, il ne me dissimule pas qu'il vient d'éprouver la crainte de nous voir épiés.

Cette partie de notre première étape est intéressante.

A la sortie de Tanger, on traverse une dune produite par l'accumulation du sable de la belle plage de la baie. Sous l'influence du vent dominant d'est il se forme là un amoncellement dont on devra tenir compte un jour si, comme il y a tout lieu de le supposer, la

Fig. 6. — Vue d'ensemble de la dune de Tanger.

ville a besoin de s'étendre de ce côté. Déjà tout le quartier de Maadi repose sur la dune dont l'accroissement a pris, en certains points, des proportions inquiétantes. Il faudra bientôt enrayer méthodiquement, par des plantations de pins maritimes, la progression du phénomène, et surtout, ne pas imiter l'initiative de ce propriétaire qui, pour protéger sa maison située près de la plage, a eu la fâcheuse idée d'opposer une barricade à l'élément envahisseur; j'ai vu cette maison entourée de hautes murailles de sable et comme descendue au fond d'un puits.

La baie de Tanger est creusée dans des argiles crétacées qui s'étendent assez loin vers le sud. Ces terrains argileux donnent au pays un relief mamelonné qui contraste avec la rigidité des grès éocènes qui l'encadrent à l'ouest, depuis Tanger jusqu'au cap Spartel et, à l'est, depuis la pointe Malabata jusqu'au delà de Ksar es S'rir.

L'érosion ancienne d'un petit fleuve, actuellement représenté par l'Ouad Sarf, a contribué au creusement de la baie en affouillant les argiles; tandis que les falaises gréseuses, du plateau du Marchan et de la pointe Malabata, opposaient à l'action de la mer une assez grande résistance.

L'Ouad Sarf serpente entre des témoins du terrain crétacé, parmi lesquels on peut citer le Mont de Direction et le mamelon qui supporte Tandja el Balia[1]. Ces monticules arrondis encadrent le fond de la baie et ils forment comme une sorte de rempart qui limite une petite plaine produite par l'alluvionnement de la rivière.

Le chemin que nous suivons traverse cette plaine, à la limite occidentale de laquelle commencent les terrains éocènes. Des argiles bariolées aux couleurs assez vives, où les teintes rouge, lie de vin et verte dominent, se montrent intercalées de bancs de grès bruns dont les tranches apparaissent souvent en saillie. Ces grès sont de plus en plus fréquents à mesure qu'on s'élève dans la série des couches superposées, et ils donnent au relief la rigidité dont je parlais tout à l'heure.

Le contraste frappant qui existe entre les argiles crétacées et les grès éocènes est encore accentué par la végétation. Tandis que les premiers sont nus et se prêtent admirablement à la culture des céréales, du maïs, du sorgho, les grès éocènes sont recouverts par une végétation broussailleuse où dominent le lentisque, le palmier nain, la grande bruyère.

Nous sommes, depuis une demi-heure à peine, engagés dans une

Fig. 7. — L'Ouad Sarf, Tanger dans le lointain.

1. La vieille Tanger.

Fig. 8. — Baie de Tanger.

vallée peu encaissée lorsque, au confluent d'un ravin descendant à notre droite, M. Buchet me montre, à moins de trois kilomètres, un plateau rocheux, dont le bord escarpé qui nous fait face est taillé à pic dans les grès tertiaires. Il y a là une coupe naturelle qu'il serait très intéressant d'examiner, mais nous devons y renoncer parce que les rochers de Zinat abritent la demeure du chérif Er Raïs Ouli. Et nous nous éloignons de la falaise, non sans avoir songé encore à cet homme qui, par son audace, a su attirer un moment sur lui l'attention du monde entier.

Le sentier que nous suivons est accidenté ; nous cheminons dans des ravins d'où nous n'avons pas une vue bien étendue. M. Buchet qui s'est chargé de relever complètement nos itinéraires pendant le cours de ce voyage, est bientôt gêné dans son travail par une assez forte pluie ; je suis de mon côté incommodé par le froid, étant insuffisamment couvert. Une chemise et une culotte de coton, recouvertes par une djellaba composent tout mon vêtement et je me fais une idée de ce que l'on peut avoir à supporter, dans ce costume, sur les hautes montagnes au mois de janvier.

Vers 4 heures, la pluie cesse ; nous descendons dans la vallée de l'*Ouad Gourara*, affluent de l'*Ouad Aliane*, au pied d'une montagne qu'il nous faut contourner pour gagner la vallée où se trouve *Beni Ateub*, résidence du Qaïd de l'Andjera.

A partir de ce point je suis frappé par certains traits de l'orographie et de l'hydrographie du pays. Les chaînes de montagnes et les cours d'eaux ont une direction sensiblement parallèle à la méridienne. Nous verrons plus tard comment ces caractères géophysiques de l'Andjera s'accentuent en avançant vers l'est.

Je constate, en outre, une relation entre la géologie du pays et la situation des villages. Ceux-ci se trouvent invariablement au pied de falaises gréseuses importantes. Il faut chercher la raison de cette répartition des agglomérations humaines dans la position des sources principales du pays. Les grès éocènes, en effet, forment, à leur contact avec les argiles crétacées ou les argiles bariolées sur lesquelles ils reposent, un remarquable niveau d'eau dont les points d'émergence peuvent être ainsi prévus par la stratigraphie. Une carte géologique bien faite et suffisamment détaillée de la région aurait une importance capitale au point de vue hydrologique.

Après avoir recoupé par un col assez élevé la chaîne qui se trouvait devant nous, nous foulons des grès jaunâtres dont l'épaisseur est considérable. Ces grès sont friables, donnant par leur désagrégation un sol sableux, recouvert d'une broussaille touffue composée de grandes bruyères et de lentisques d'où se détachent quelques chênes.

Nous n'arrivons qu'à la nuit à *Beni Ateub*.

J'avoue avoir éprouvé une certaine surprise en faisant la connaissance du Qaïd Doués. Ce dernier, un bel homme à l'aspect énergique, est venu nous voir sous notre tente au milieu du village, et j'ai été frappé du ton de sincérité avec lequel il nous a souhaité la bienvenue.

Je dois rappeler, pour justifier mon étonnement, que le Qaïd de l'Andjera était à la tête des tribus révoltées qui ont assiégé la ville

Fig. 9. — Dj. Stitouïra et Dj. Ndjarich, vus de Beni Aleub.

de Tétouan et qu'il a fait imposer au Sultan la ratification du choix d'un chef, fait par sa tribu.

Ould Si Abdallah Douès remercie M. Buchet de m'avoir amené. Ne nous voyant pas arriver assez vite, il se disposait à venir nous chercher à Tanger. Je m'excuse de mon déguisement, mais il l'approuve parce qu'il estime que, par ces temps d'anarchie, le passage d'une tribu dans une autre peut soulever des difficultés.

J'ai été vivement intéressé par sa conversation.

La tribu de l'Andjera s'administre elle-même et ne reconnaît aucune autre autorité que celle de sa djemaa ; son Qaïd s'efforce d'y maintenir l'ordre.

Nous avons essayé, M. Buchet et moi, de hasarder quelques mots sur la question brûlante de l'influence française. Sur ce point, Ould Si Abdallah Douès s'est déclaré franchement. Sans doute il reconnaît que la France pourrait, de par sa réputation de générosité, grandement améliorer le sort de ses coreligionnaires en faisant des routes, en favorisant l'agriculture, etc.; mais, dit-il, il faudrait agir avec tact et ne rien brusquer. La tribu est, par-dessus tout, jalouse de son indépendance; elle subira difficilement le joug d'une autorité autre que celle de ses élus, et ce n'est qu'avec lenteur, en gagnant peu à peu sa confiance, qu'on pourra lui apporter la civilisation qu'elle est très susceptible de s'assimiler, mais dont elle redoute une atteinte à sa liberté.

Le village de *Beni Ateub* est situé dans un bouquet de verdure; les bruyères arborescentes, qui sont répandues à profusion sur les grès éocènes, sont ici très serrées, mêlées de lentisques et de grands arbres comme l'olivier, le chêne, le peuplier.

Notre tente est plantée sur une petite place encadrée de maisons et d'où la vue s'étend au nord, sur un ensemble de collines que nous allons voir demain.

Nous faisons l'ascension du *Djebel Stitouïra* et, tandis que M. Buchet fait, avec son théodolite, un tour complet d'horizon, je puis observer à loisir le beau panorama qui nous entoure. Le *Djebel Stitouïra*, comme les *Djebel Ndjarich*, *Fahmi* et *el Hamra*, situés plus au nord, font partie d'un plissement anticlinal assez accentué des terrains éocènes. Les grès, parfois micacés, dominent, intercalés aussi de bancs de calcaires à nummulites, dont je prélève des échantillons qui permettront une détermination précise de l'horizon géologique.

Nous nous trouvons ici à un niveau stratigraphique moins élevé que celui des grès, avec argiles bariolées, que nous avons vus hier, car nous sommes dans la région centrale du pli qui affecte les sédiments éocènes. Ces terrains dessinent, dans leur ensemble, des crêtes orientées à peu près nord-sud.

Nous sommes séparés par une vallée assez large et peu profonde, d'une chaîne importante offrant, vue de loin, une arête calcaire blanche; c'est ce que j'appellerai *la chaîne de l'Andjera* dont l'importance géographique, aussi bien que géologique, ne peut échapper. Aussi, est-ce du côté de cette chaîne que je vais maintenant diriger mes recherches.

Notre deuxième campement est celui de *Dar el Hadjar*. Nous devons, pour y arriver, traverser la vallée de l'*Ouad es Sahel* dont la direction est parallèle à celle de la chaîne, c'est-à-dire sensiblement

Fig. 10. — Vallée de l'Ouad es Sahel.

nord-sud. Elle est large, étalée, et constitue la partie supérieure de la vallée de l'Ouad Bou Sfiha, qui passe à Tétouan; elle est, en grande partie, creusée dans des schistes noirs intercalés de grès durs, siliceux, en lits minces; des remplissages d'oxyde de fer ou de manganèse forment, dans cet ensemble, des pierres d'aigle renfermant, emprisonné dans une cavité, un noyau d'argile métallifère.

Cet ensemble schisteux fait incontestablement partie de la série primaire et, sauf preuve paléontologique du contraire, je serais tout disposé à le rapprocher des *schistes des Trara* qui se poursuivent tout le long de la côte algérienne, depuis les montagnes d'Arzeu jusqu'à la frontière marocaine.

Nous cherchons avec soin dans ces schistes mais, malgré tous nos efforts, nous n'y trouvons pas le moindre fossile; de même on n'en a jamais rencontré dans les terrains analogues des côtes d'Algérie.

Nous avons quitté les grès éocènes sur le flanc droit de la vallée. Ils reposent sur des calcaires marneux, grisâtres, qui paraissent identiques à ceux, avec nombreuses empreintes végétales, qui se trouvent dans la même situation stratigraphique auprès de Tanger (calcaires à fucoïdes). Mais, à partir de l'Ouad, nous pénétrons dans la *chaine de l'Andjera* dont la structure est toute différente.

Aux schistes noirs succède, en effet, une série puissante de conglomérats, de grès rougeâtres et d'argiles colorées formant des couches généralement très redressées et dont l'ensemble rappelle, à s'y méprendre, le *terrain des Beni Menir*, auprès de Nédroma (Algérie), que l'on considère comme le représentant du permien dans le Nord de l'Afrique.

Nous demeurons longtemps sur le sol ferrugineux de cette formation et le chemin de l'*Ouad es Sahel*, jusqu'à *Dar el Hadjar*, est assez pittoresque. Il est très étroit et laisse parfois à peine le passage d'une mule chargée, entre deux haies d'une végétation épaisse de grandes bruyères, de lentisques et de chênes, formant

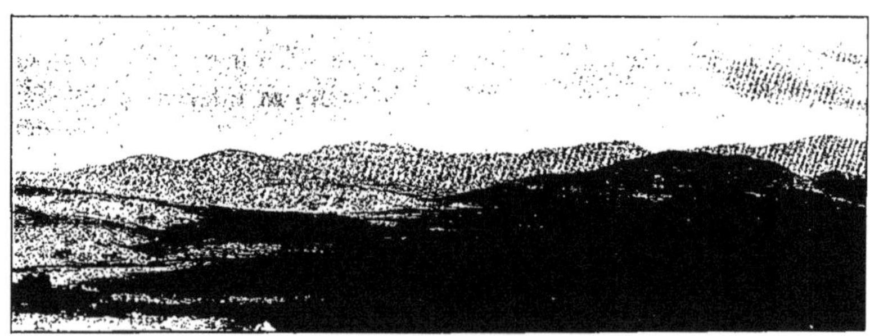

Fig. 11. — Chaine de l'Andjera, vue de son flanc occidental.

Fig. 12. — Vallée de Dar el Hadjar.

une broussaille de trois à quatre mètres de hauteur. Le chemin est d'autant plus encaissé qu'il est généralement creusé dans le sol, à une profondeur d'un mètre environ. Une embuscade serait facile le long d'une telle piste, mais nous n'avons rien à craindre; notre sécurité est assurée dans la tribu de l'Andjera.

Nous arrivons de nuit à *Dar el Hadjar*, où nous avons le plaisir d'être reçus par le fils d'un chérif qui nous a fait préparer deux belles chambres dans une maison très propre; il s'est opposé à ce que nos hommes, qui nous avaient précédés avec notre campement, plantassent notre tente.

Grande est ma surprise le lendemain, lorsqu'il m'est permis de contempler le site pittoresque dans lequel nous nous trouvons.

Dar el Hadjar est formé de plusieurs groupes de maisons, bâties au pied d'un escarpement imposant. On se trouve ici à la limite des grès et argiles permiens et de la zone calcaire de la *chaîne de l'Andjera*. Des eaux, descendues en cascade de la montagne, semblent témoigner encore, par leurs dépôts, de l'origine des travertins qui constituent de petites plates-formes, sur lesquelles est bâti le village. De nombreux bouquets d'arbres, où domine l'olivier, ajoutent encore à l'aspect riant du paysage. Une djemaa importante renferme les restes d'un marabout vénéré.

Nous employons fort utilement la journée du lendemain à explorer les crêtes. M. Buchet se propose d'aller planter son théodolite sur l'un des sommets, le *Hafat el Kebira*, tandis que je jetterai un coup d'œil sur l'ensemble de la chaîne.

A partir de *Dar el Hadjar* la montagne est constituée par une série puissante de calcaires, d'abord bréchoïdes et conglomérés, puis formés de bancs massifs d'une roche grise ou jaunâtre, à cassure cireuse. Cette série rappelle à s'y méprendre celle du lias de la côte occidentale de l'Algérie.

La montagne calcaire est d'abord recouverte de broussailles de

Fig. 13. — Dar el Hadjar.

Fig. 14. — Les crêtes calcaires de la chaîne de l'Andjera.

lentisques, de bruyères et de thuyas d'où émergent, çà et là, des rochers nus ; puis, en se rapprochant des hauteurs, cette végétation se raréfie pour disparaître complètement aux sommets et laisser voir des pics et des arêtes d'une blancheur éclatante, rappelant les montagnes des environs de Marseille et de la Basse Provence.

Du point culminant du *Hafat el Kebira* on jouit d'un panorama superbe. On a sous les yeux la crête calcaire qui paraît s'abaisser, du côté de Tétouan, dans la vallée de l'Ouad Bou Sfiha et qui se prolonge, au nord, jusqu'au bord de la mer, au-dessus de Ceuta, par le Djebel Mouça.

On est, de plus, frappé de la proéminence de certains sommets atteignant de 8 à 900 mètres, comme le Djebel Mouça, le *Hafat el Kebira* et, au sud, le *Djebel Tserents*. Enfin le Rocher de Gibraltar, dont on aperçoit la pointe dans le lointain, paraît se trouver sur le prolongement de la *chaîne de l'Andjera*.

Fig. 15. — Tétouan et la va

Fig. 16. — Chaîne de l'Andjera

Cette longue traînée calcaire se montre encadrée, à l'ouest comme à l'est, par les grès et argiles colorés du permien et, plus loin, par les schistes noirs primaires. L'éocène vient les recouvrir dans l'ouest, depuis le cap Spartel et Tanger jusqu'à *Beni Ateub*; tandis que

)uad Bou Sfiha.

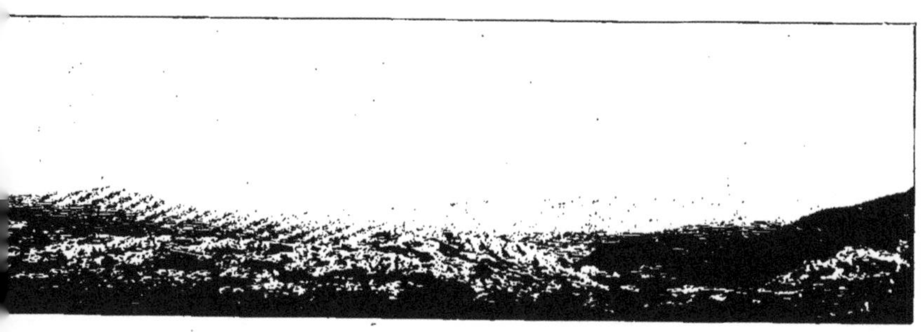

ıfat el Kebira (direction nord).

dans l'est les terrains primaires se superposent, dans les petites presqu'îles de Ceuta et de Ras Tarf, sur les terrains plus anciens, représentés par des schistes cristallins.

Le Haouz forme, entre la *chaîne de l'Andjera* et la côte méditerranéenne, un plateau ondulé où apparaissent des mamelons assez peu élevés, comme le Djebel Zemzem[1]. Vers le sud, nous voyons en enfilade la chaîne du Rif et les montagnes des Beni Hassan et, dans l'ouest, le Djebel Abd es Slam.

Nous stationnons pendant plus de trois heures au sommet du *Hafat el Kebira*. M. Buchet fait, au théodolite, un tour d'horizon qui lui permettra de recouper les principaux sommets de la presqu'île nord-marocaine et de rattacher sa station à Gibraltar et à la côte d'Espagne.

Des indigènes du Haouz, nous apercevant de très loin au sommet de la montagne, viennent s'asseoir paisiblement auprès de nous et manifestent leur sympathie à l'égard de mon ami.

Nous comptions d'abord gagner Tétouan en descendant l'*Ouad es Sahel*, puis l'Ouad Bou Sfiha qui lui fait suite, mais nous sommes obligés, au moment de nous mettre en route, de modifier notre itinéraire. Un chérif est venu, pendant la nuit, prévenir « le roumi » qu'il y aurait imprudence à suivre le chemin de la vallée. Il nous faudrait rejoindre la route de Tanger à Tétouan au coude de l'Ouad Bou Sfiha, à la limite des tribus de l'Andjera, du Haouz, des Beni Ider et des Ouad Ras. Or c'est là le point le plus dangereux, parce que chaque tribu rejette sur les voisines les méfaits commis par ses habitants. Hier encore, dix-neuf mulets ont été razziés et un troupeau de bœufs, dirigé sur Ceuta, a été enlevé au passage. Le chérif, ami de M. Buchet, craint que nous ne soyons dépouillés sur notre chemin.

Notre décision est bien vite prise : nous allons recouper la montagne calcaire pour arriver à Tétouan par le Haouz. Personnellement je n'y perdrai rien, parce que je vais pouvoir relever une coupe transversale complète de la chaîne. Jusqu'au point culminant de notre route, au col de *Makhnakh el Teldja*, nous remontons toute la série des terrains liasiques qui se termine, suivant l'axe de

1. Mont Vert de la Carte hydrographique.

Fig. 17. — Chaîne de l'Andjera vue du Hafat el Kebira (direction sud).

la chaîne, par des calcaires bleuâtres intercalés de marnes, rappelant ce que j'ai désigné sous le nom de « calcaires en dalles » dans les Trara, et dont la présence complète l'analogie du lias de l'Andjera et de l'Ouest algérien. Nous voyons défiler sur le revers oriental de la montagne la même succession géologique que sur le flanc occidental. Les calcaires de l'Andjera reposent, au pied de l'escarpement rocheux de la chaîne, sur les schistes noirs primaires de la vallée de l'*Ouad es Sahel*; tandis que les conglomérats permiens affleurent plus au nord.

La disposition des calcaires liasiques montre que la *chaîne de l'Andjera* a, en ce point, une structure synclinale.

Nous traversons le pittoresque village d'*El Kouf* et sa situation me suggère une remarque générale qui s'applique à la fois aux deux revers de la chaîne.

Des groupes de maisons sont échelonnés de chaque côté, à cheval sur la limite des calcaires liasiques et des couches primaires sous-jacentes. Il faut expliquer ce fait par l'existence d'un niveau d'eau important au contact des terrains secondaires et primaires. Les agglomérations ainsi réparties, pour ne citer que *Dar el Hadjar* et *Alonia* sur le versant ouest, *El Kouf* et *Dar Zardjoun* sur le versant est, sont alimentées par des sources abondantes qui tombent en cascade sur les pentes escarpées de la montagne.

Un contraste existe entre les deux côtés de la *chaîne méridienne de l'Andjera*. Le versant oriental, en effet, apparaît beaucoup plus abrupt; à son pied s'étend le plateau mamelonné du Haouz, dont la hauteur ne dépasse guère 200 mètres. Au contraire, la partie

Fig. 18. — Chaîne de l'Andjera vue du Haouz.

occidentale de la chaîne se relie insensiblement avec la série des montagnes qui s'étendent depuis Tanger, par les *Beni Ateub*; si bien qu'il y a abaissement graduel du relief jusqu'à l'extrémité ouest de la presqu'île nord-marocaine, au cap Spartel.

Le plateau du Haouz forme, au pied du massif que nous venons de traverser, une longue bande littorale, large de 1 à 3 kilomètres seulement, qui offre deux petites presqu'îles : celle de Ceuta (pointe Almina) et celle de Ras Tarf (cap Negro).

En approchant de Tétouan, les terrains primaires sont recouverts

Fig. 19. — Tétouan et le Djebel Dorsa.

par un manteau d'argile, puis par des grès sableux d'âge tertiaire. Toute cette contrée apparaît très verte par la présence, soit de broussailles épaisses, soit de pâturages, ou encore de champs de céréales et de sorgho. Les cultures sont surtout développées sur les terrains tertiaires.

Il est curieux de voir, dans ces régions, les troupeaux entourés d'une multitude de *garde-bœufs*[1] qui sont à l'affût des insectes soulevés de terre par les ruminants. Les animaux sont tellement accoutumés à ce voisinage, qu'ils laissent percher sur leur dos ces oiseaux, d'autant moins sauvages qu'ils ne sont jamais chassés par les indigènes.

Nous arrivons sans encombre à Tétouan. Nous apercevons de loin la ville sainte du Rif avec ses maisons blanches, ses minarets

1. Oiseau blanc voisin de l'*aigrette*.

élancés, bien campée sur le bord de la vallée de l'Ouad Bou Sfiha et encadrée de montagnes escarpées, aux crêtes anguleuses.

Nous suivons pendant une heure un chemin creux bordé de haies qui protègent les riches vergers qui s'étendent de chaque côté, et nous entrons dans la ville par la porte de Bab Mqaber.

EXCURSION DANS LA VALLÉE DE L'OUAD QUITAN

Nous descendons dans une founda espagnole située contre le Mellah[1], auprès de la grande place de la ville, à la plaza de España.

Fig. 20. — La plaza de España à Tétouan.

L'hôtel est presque constamment vide depuis que les touristes n'arrivent plus jusqu'ici.

Tétouan était autrefois l'objectif de nombreux voyageurs; mais elle est délaissée depuis le siège qui a failli l'affamer et surtout depuis que la piste de Tanger est barrée par les coupeurs de routes.

Bien que nous trouvions à la founda un confortable suffisant,

1. Quartier où sont relégués les juifs dans les villes du Maroc.

Fig. 21. — Tétouan vu de la terrasse de notre maison.

M. Buchet pense que nous serons plus à l'aise dans une maison de la Medina[1], qu'il loue pour une quinzaine de jours.

C'est là que nous allons établir notre quartier général ; nous occupons les pièces du premier, tandis que le rez-de-chaussée demeure constamment ouvert au va-et-vient de nos hommes et de nombreux visiteurs, car mon ami, il me semble, est connu de tous les Titaouni !

L'idée de nous installer ainsi dans la ville arabe est excellente ; on y trouve plus d'isolement et partant un repos plus absolu. L'explorateur allemand Oskar Lenz a également habité la Medina et s'en est fort bien trouvé.

Je me souviendrai longtemps du coup d'œil pittoresque que nous avions du haut de notre demeure.

1. Ville arabe.

La ville apparaît blanche, avec ses maisons aux terrasses sans parapets, sur lesquelles les femmes font sécher leur linge ou le grain qu'elles viennent de laver avant de le broyer dans de petits moulins de pierre.

Je n'ai pas oublié, non plus, l'animation de ces terrasses, par les belles soirées d'automne, quand, au coucher du soleil, les Mauresques viennent mêler leurs chants plaintifs aux notes vibrantes de l' « Allah ou Akbar », par lesquelles le muezzin du minaret voisin invite les fidèles à la prière.

Fig. 22. — Tétouan, femmes sur les terrasses.

Les buts d'excursions ne manquent pas aux environs de Tétouan; tout est à voir dans cette région, surtout au point de vue spécial de mes recherches. Mais je désirais porter mes efforts sur la *chaîne de l'Andjera*, que je venais de traverser, et sur son prolongement vers le sud. A cet effet, j'ai effectué d'intéressantes tournées aux environs de la ville, sur la rive gauche de l'Ouad Bou Sfiha et, toujours en compagnie de M. Buchet, j'ai exploré la vallée de l'*Ouad Quitan*[1] et visité les montagnes des Beni Hezmar et des Beni Hassan, jusqu'au voisinage du *Djebel Kelti*[2].

Je vais commencer par le récit de ces dernières excursions.

Mon attention est d'abord attirée du côté de l'*Ouad Quitan*,

1. On dit aussi Quitsan, suivant une prononciation algérienne.
2. Mont Anna de la carte hydrographique.

Fig. 23. — Vallée de l'Ouad Quitan.

affluent de droite de l'Ouad Bou Sfiha, dont la vallée entaille profondément les montagnes des Beni Hezmar.

Des faits importants ont été signalés, en l'année 1847, par le géologue français Coquand, sur lesquels sont basées les idées que l'on se fait actuellement de la structure de la partie la plus occidentale de la chaîne du Rif. Aussi ai-je le vif désir de contrôler ces données, en particulier la présence de fossiles siluriens auprès de Djaritz et l'existence de calcaires crétacés dans les montagnes qui dominent ce village.

Nous partons un matin, d'assez bonne heure. J'ai abandonné le costume musulman parce que les raisons qui me l'avaient fait prendre dans l'Andjera n'existent plus. M. Buchet n'est pas connu dans les régions que nous allons visiter, aussi augmentons-nous notre escorte : nous avons maintenant dix fusils.

A la sortie de Tétouan, nous traversons les nombreux jardins bien arrosés qui se trouvent au sud de la ville, de chaque côté de la rivière. Ces jardins, ou plutôt ces vergers, sont bordés de haies épaisses de roseaux qui encadrent les chemins.

Il reste des traces importantes des actes de vandalisme commis par les tribus qui assiégèrent Tétouan, il y a environ dix-huit mois; on voit encore un peu partout les ravages de l'incendie sur les haies et sur les arbres fruitiers, parmi lesquels domine l'oranger.

Nous atteignons rapidement l'*Ouad Quitan*, qui roule beaucoup d'eau près de son confluent avec l'Ouad Bou Sfiha. La vallée s'ouvre assez largement dans la plaine à partir de Sidi Ali Rifi, coquet village placé sur un mamelon de la rive droite et dont on aperçoit de loin, notamment de Tétouan, le haut minaret qui abrite les restes d'un marabout très vénéré dans le pays.

Les contreforts de la montagne, qui s'avancent dans la plaine, sont constitués par des éperons de schistes noirs, identiques à ceux que nous avons observés de part et d'autre de la *chaîne de l'Andjera*. Ces schistes primaires sont en contact avec un terrain où dominent des bancs de grès siliceux, rouges ou roses, qui représentent le permien.

Nous suivons le thalweg, au fond d'une vallée de plus en plus encaissée et dont les flancs sont recouverts de lentisques, d'arbousiers, de cistes et de thuyas.

Le chemin est assez pénible car, indépendamment des hautes broussailles qui barrent constamment notre route, nous sommes forcés de recouper souvent le lit de l'Ouad; mais la vallée est des plus pittoresques avec sa végétation qui laisse percer, de loin en loin, des bancs de grès d'un rouge cramoisi, et sa rivière dont les eaux se précipitent en une série de petites cascades. L'horizon est barré, à une distance relativement faible, par un escarpement presque abrupt de calcaires blancs.

Le paysage est encore agrémenté par la présence de nombreux moulins arabes, abrités par de petites maisons aux toits de chaume

Fig. 24. — Vieux moulin dans la vallée de l'Ouad Quitan.

ou de diss. Ces moulins à eau, un peu primitifs, fonctionnent la plus grande partie de l'année et peuvent moudre jusqu'à dix quintaux de grain par jour.

Enfin, d'après le dire des habitants du pays, les eaux pures et fraîches de l'*Ouad Quitan* nourriraient un certain nombre d'espèces de poissons, parmi lesquelles la truite. Les renseignements que M. Buchet et moi avons pu obtenir des indigènes paraissent assez concordants à cet égard; la truite des montagnes des Beni Hassan serait même apportée, à différentes époques de l'année, sur le marché de Tétouan.

Ce fait mérite d'être confirmé, parce que la présence des salmonides dans les rivières de l'Afrique du Nord n'a jamais été constatée de façon certaine. On a bien signalé des truites dans quelques rivières des environs de Philippeville et de Collo, dans la province de Constantine, mais il semble qu'il n'y ait jamais eu, dans

Fig. 25. — Haute vallée de l'Ouad Quitan.

ces régions algériennes, que des tentatives d'acclimatation du précieux poisson, tentatives d'ailleurs avortées.

M. Buchet qui, par ses nombreuses recherches ichtyologiques semble devoir se faire une spécialité de l'étude des pêcheries au Maroc, se promet d'apporter tous ses soins à la solution de cette question à la fois importante au point de vue de la géographie zoologique et au point de vue de l'économie du pays.

On rencontre à différents niveaux, au-dessus du thalweg de l'*Ouad Quitan*, des tufs calcaires renfermant une faune de mollusques terrestres et des traces de plantes fossiles; ces travertins témoignent du travail de creusement de la vallée depuis des époques récentes.

Lorsque nous sortons du terrain permien, la vallée nous apparaît plus étalée, dans un relief moins rigide offert par les schistes primaires. Enfin la rivière descend, sous le nom d'*Ouad Zerka*, de crêtes formées par le lias calcaire, à travers des gorges pittoresques; là, ses eaux se précipitent du haut de falaises à pic, en cascades qui faisaient autrefois l'admiration des touristes venus pour visiter Tétouan.

Nous nous trouvons en ce moment auprès du village de *Iarr'it*[1]

Fig. 26. — Vue prise de la grotte de Iarr'it.

cité par Coquand dans son mémoire; sa description ne peut laisser subsister de doute à cet égard. Mais je n'ai rien vu qui puisse rappeler les calcaires noirs siluriens à trilobites de ce géologue; quant aux prétendus calcaires crétacés, ils appartiennent indiscutablement au jurassique inférieur (lias).

Après un déjeuner rapide aux abords du village, dont les habitants ne nous manifestent pas la moindre hostilité, nous allons, accompagnés d'un homme de *Iarr'it*, faire un tour vers l'est sur le flanc de la montagne et, tandis que M. Buchet examine une grotte au point de vue de ses richesses zoologiques, je puis jeter un coup d'œil sur une série de collines de schistes et de grès primaires qui

1. Djaritz du géologue Coquand.

s'étendent devant moi, vers le nord, et j'aperçois la ville de Tétouan qui forme comme une tache blanche dans le lointain.

Nous retournons à la ville par le chemin des crêtes, sur la rive droite de l'*Ouad Quitan*, en passant par Sidi Ali Rifi.

EXCURSION DANS LES MONTAGNES DES BENI HEZMAR ET DES BENI HASSAN

J'ai voulu revoir la vallée si belle que nous venions d'explorer parce que j'avais le désir de contrôler, et mes observations, et les coupes géologiques que j'avais relevées, tant a été grande ma surprise de ne rien voir à *Iarr'it* de ce que mon devancier disait y avoir trouvé.

Mon désir concordait d'ailleurs avec celui de M. Buchet, dont le projet était d'aller planter son théodolite le plus loin possible vers le sud.

Nous effectuons, par un mauvais chemin, le trajet qui sépare Tétouan de *Iarr'it*, et j'ai encore la déception, après trois heures de recherches, de ne pas voir de calcaires noirs fossilifères dans les schistes primaires. Ces derniers sont au contraire siliceux et se montrent fréquemment intercalés de bancs de grès quartzeux.

Nous avons la bonne fortune de rencontrer un homme du pays qui s'offre à nous servir de guide. Cet indigène nous inspire une certaine confiance par sa physionomie intelligente et ouverte ; nous acceptons donc ses services.

Nous envoyons nos montures avec trois de nos hommes à *Beni Salah*, village situé près de la vallée de l'*Ouad Ouargan*, parallèle à celle de l'*Ouad Quitan* ; c'est un endroit paisible où notre caravane se trouvera en sécurité. Puis nous commençons à gravir les flancs escarpés de la montagne qui domine *Iarr'it* : le *Djebel Bou Zeïtoum*.

L'ascension est très pénible parce que, indépendamment de nos fusils, de nos appareils photographiques et de notre déjeuner, il faut encore porter à dos d'homme un théodolite; aussi, ne peut-elle s'effectuer que très lentement, interrompue fréquemment par des

Fig. 27. — Lapiez calcaire dans la vallée de l'Ouad Quitan. Tétouan dans le lointain.

haltes de quelques minutes. Je profite de ces arrêts forcés pour observer autour de moi.

Nous traversons d'abord un lapiez calcaire, dont les aspérités, en forme de petites pyramides, rendent l'ascension difficile; puis, des éboulis importants ralentissent encore notre marche.

Nous avons beaucoup de peine à empêcher notre guide de nous conduire à la cascade de l'*Ouad Zerka* qui porte le nom de *Sebbab*. Ce brave homme ne comprend pas que nous ayons un autre but que celui de voir cette chute d'eau parce qu'elle a été visitée par d'autres roumis, des touristes de Tétouan.

La végétation, représentée par des thuyas, se fait de plus en plus rare.

Nous constatons que la montagne est peuplée de singes que notre guide s'attache à nous montrer. Ces quadrumanes, d'assez belle taille, se sauvent en poussant des cris aigus à notre approche.

Il ne nous faut pas moins de quatre heures pour arriver sur l'un des sommets du *Djebel Bou Zeïtoun*, mais nous n'avons pas à regretter notre peine.

Nous sommes à une altitude d'un millier de mètres et, devant nous, s'étend toute la partie septentrionale de la vaste presqu'île nord-marocaine. Il m'est ainsi permis d'avoir un coup d'œil d'ensemble sur l'orographie de cette contrée.

Le relief est encore constitué par des calcaires identiques à ceux de la *chaîne de l'Andjera*, qui offrent ici une épaisseur de plus de 200 mètres. Ces calcaires ont, en outre, un plongement périphérique autour de la montagne, de sorte que nous nous trouvons sur une vaste coupole, ou dôme, formée par ces terrains jurassiques. Au-dessous affleurent les schistes et les grès primaires qui forment l'ossature du massif.

On voit, de plus, que la chaîne est en continuité avec celle de l'Andjera dont l'ensemble s'offre à nos yeux comme un immense chapelet dessinant une courbe d'une régularité parfaite et qui, terminé par le Djebel Mouça[1], au-dessus de Ceuta, paraît devoir se continuer au delà du détroit, par le Rocher de Gibraltar que nous apercevons dans le lointain.

M. Buchet voudrait pouvoir achever sa station géodésique dont l'importance ne peut échapper. En effet, les points trigonométriques qu'il est en train de relever, permettront de fixer sur le papier la merveilleuse courbe de la chaîne que nous avons devant nous et dont la carte actuelle ne donne qu'une idée très imparfaite.

1. Montagne des singes.

Fig. 28. — Vallée de l'Ouad Zerka.

Aussi me paraît-il également indispensable que l'opérateur puisse recouper tous les points remarquables pour les rattacher aux principaux repères de la côte espagnole.

Mais il se fait tard ; nous serons pris par la nuit avant même de pouvoir descendre à *Iarr'it*. Je cherche, pendant que mon ami continue son travail, à nous assurer un gîte dans un endroit rapproché. Notre guide me dit alors qu'il a des cousins qui habitent un village situé vers le sud ; il pense qu'ils pourront peut-être nous offrir l'hospitalité.

Comme nous sommes en costume européen et qu'il faut être prudent, je l'envoie en ambassadeur pour s'assurer de la possibilité de la chose. Il revient au coucher du soleil en disant fermement que nous n'aurons rien à craindre chez l'hôte qu'il nous destine à *Dar el Khannous*, dans une vallée, sur le flanc méridional du *Djebel Bou Zeïtoun*. Nous nous mettons en route à la nuit, par un chemin des plus mauvais, dans des calcaires parsemés de fissures et d'aspérités, mais fort heureusement notre marche est favorisée par un beau clair de lune.

Aux abords de *Dar el Khannous*, notre guide montre une grande hésitation. Pressé de questions, il déclare que les Beni Hassan ont attaqué, cinq jours auparavant, un village voisin et il craint que notre présence ait été signalée aux pillards qui pourraient tenter un coup de main pendant la nuit. Il nous demande d'avancer sans bruit et nous précède. Nous pouvons, après un long palabre, arriver enfin chez notre hôte qui ne semble pas très rassuré.

Il nous faut attendre jusqu'à 10 heures que les femmes aient fini de nous apprêter un couscous et se soient retirées, pour prendre possession de notre gîte. C'est une cahute servant ordinairement d'abri aux gens et aux bêtes, et qui demeure malheureusement encore habitée par une multitude d'animaux, de beaucoup plus petite taille il est vrai, mais combien plus gênants!

Nous passons la plus grande partie de la nuit à faire du feu pour occuper notre insomnie et aussi pour lutter contre un froid glacial, à cette altitude élevée et par un temps de gelée nocturne.

De très bonne heure nous commençons l'ascension d'un nouveau sommet du *Djebel Bou Zeïtoun*, situé cette fois de façon à nous permettre de voir les régions méridionales de la chaîne.

Le village de *Dar el Khannous* nous apparaît alors au milieu d'un vaste cirque où prend naissance l'*Ouad Zerka*. Au fond de ce cirque se montrent les calcaires en dalles que nous avons recoupés entre *Dar el Hadjar* et *El Kouf*, dans l'Andjera, et il semble que le calcaire jurassique montre ici une double voûte anticlinale séparée par une dépression synclinale, qui serait celle de *Dar el Khannous*. Mais ce fait demanderait à être vérifié; il m'aurait fallu, pour pouvoir l'affirmer, recouper la montagne dans le sens est-ouest. D'ailleurs, il n'a qu'une importance secondaire et ne pourrait influer sur les conclusions que j'aurai à déduire de mes observations au sujet de la structure générale de la chaîne.

Nous allons demeurer plusieurs heures en station sur le pic que nous venons d'atteindre, pour permettre à M. Buchet de recouper le plus grand nombre possible de sommets.

En effet, devant nous s'étend une partie importante de la chaîne du Rif. Si loin que la vue puisse porter dans l'est, on voit s'avancer dans la mer le cap des Trois-Fourches, qui cache Melilia et, plus près, le cap du Maure. Nous distinguons dans la direction du sud-est le *Djebel Mthioua* et, beaucoup plus rapprochés vers le sud, le *Djebel Mançour* et le *Djebel Mezdjel* qui domine la ville sainte d'Ech Chaoun; les *Djebel Akhmas* et *Soumaten*, et enfin, en

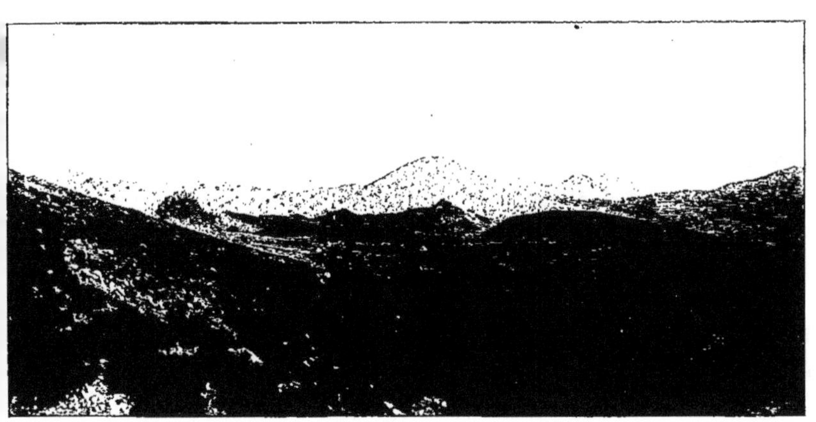

Fig. 29. — Cirque de Khaunous.

face et tout près de nous, au premier plan, le *Djebel Kelti* ou Mont Anna.

Le Rif, vu en enfilade, nous apparaît formé d'une série de crêtes parallèles, disposées normalement à la côte.

Le *Djebel Kelti*, dont le point culminant est porté à l'altitude de 2201 mètres sur les cartes marines, apparaît imposant, toujours couronné par les mêmes calcaires du lias qui forment, dans ce massif, un dôme encore plus important que celui où nous sommes et que ceux de la *chaîne de l'Andjera*. Il y a abaissement graduel des sommets à mesure qu'on s'avance vers le nord; car, de l'altitude du *Djebel Kelti* à celle de 856 mètres du Djebel Mouça, il y a toutes les gradations.

Le Mont Anna semblerait offrir, dans ses parties élevées, un double pli anticlinal de ses calcaires jurassiques; mais c'est là une impression lointaine qui demanderait confirmation.

Enfin, une dernière remarque qu'il m'est permis de faire du sommet que nous occupons, c'est l'extension, sur une grande étendue de la chaîne du Rif, des calcaires du lias; il me paraît nécessaire de supprimer désormais de la carte géologique de ces pays [1] les longues bandes de terrain crétacé qui y figurent et qui ont été indiquées d'après les données de Coquand. Ce géologue a mis à tort en parallèle ces calcaires et ceux qui, à Marseille, supportent Notre-Dame de la Garde et s'étendent à toute la Basse Provence. Les calcaires culminants du Rif doivent, au contraire, être rapprochés de ceux de la chaîne littorale des côtes de la province d'Oran dont ils sont la continuation naturelle.

Il m'est encore permis d'apercevoir de là, au sommet du *Djebel Mançour*, de grands arbres que notre guide nous dit être des *snoubar* et des *ers*. Ce sont des thuyas et des cèdres; la présence de cette dernière essence dans les montagnes du Rif est connue : les indigènes transportent son bois jusqu'à la côte où ils l'embarquent à destination de Tanger.

Je ne puis admirer le beau panorama qui s'offre à nos yeux sans songer à l'impénétrabilité de cette chaîne et au courage des rares explorateurs qui ont osé s'y aventurer.

Le marquis de Segonzac l'a par deux fois recoupée et ses relevés d'itinéraire, ses importantes observations géographiques dans cette chaîne littorale du nord du Maroc suffisent à le placer parmi les plus grands explorateurs africains. Un autre voyageur Georges

1. Cette carte est seulement figurée, il est vrai, sur la feuille de l'Espagne méridionale, de la Carte géologique internationale d'Europe.

Fig. 30. — Le Mont Anna ou Djebel Kelti.

Forel, encore tout jeune, a aussi tenté de voir le Rif, sous le déguisement du mendiant, mais celui-là n'en est pas revenu !...

Il est déjà midi lorsque nous pensons au retour et nous avons à faire une trentaine de kilomètres, par de très mauvais chemins, pour arriver à Tétouan.

Après avoir passé à la naissance de l'*Ouad Zerka*, nous suivons le flanc gauche de la vallée en laissant *Iarr'it* sur la droite. Nous demeurons ensuite sur la rive gauche de l'*Ouad Quitan*, jusqu'au niveau de Sidi Ali Rifi, pour recouper les contreforts de la montagne et gagner la vallée de l'*Ouad Ouargan*.

Il est regrettable que nous ayons dû accomplir ce long trajet d'une manière aussi rapide parce qu'il m'a été donné de traverser, en la remontant, toute une série de terrains jurassiques de plus de 500 mètres d'épaisseur. J'ai vu, au-dessus des calcaires du lias, des marnes rougeâtres, qui rappellent identiquement celles qui renferment des ammonites dans les Trara, en Algérie; mais la nuit approchait et je n'ai pu chercher les fossiles qui doivent, très vraisemblablement, se trouver dans ces dépôts sédimentaires du lias supérieur.

Au-dessus de ces couches se développent d'abord des schistes, puis des calcaires et des dolomies, enfin des calcaires avec lits réguliers de silex.

Une étude attentive de ces terrains présenterait le plus grand intérêt parce que leur succession offre une similitude lithologique telle, avec la série jurassique du massif des Trara et du Djebel Filhaoucen, à la frontière, qu'il y a tout lieu d'admettre le parallèle chronologique des terrains du sud de Tétouan et de ceux de la région littorale oranaise.

Nous atteignons assez tard *Beni Salah* où nous attendaient nos hommes, quelque peu inquiets de ne pas nous avoir vus rentrer la veille, et nous continuons notre route pour n'arriver que vers 10 heures à Tétouan.

Comme dans toutes les villes du Maroc les portes y sont fermées au coucher du soleil; mais, tandis que la plupart des Marocains attardés doivent passer la nuit dehors, on fait ici exception pour les étrangers, notamment pour les roumis. Il faut seulement un peu de patience pour que, après avoir déclaré sa qualité de « voyageur », au makhazni préposé à la garde de l'entrée, ce dernier ait le temps d'aller chercher la clef déposée chez le Gouverneur après la fermeture; cela se fait, paraît-il, par simple raison de contrôle.

Durant toutes ces formalités, qui nous tiennent plus de trois quarts d'heure en dehors des murs, on nous montre, à la faveur d'un beau clair de lune, les crochets placés au-dessus de la porte et auxquels étaient fixées, lors du siège de Tétouan, les têtes des prisonniers de marque. Et comme pour nous convaincre de l'importance de ces mesures de répression on nous explique, avec détails, comment les têtes, d'abord salées au Mellah de la ville[1], égalaient toujours en nombre les merlons du parapet crénelé, au-dessus de l'immense portail que nous avons hâte de voir s'ouvrir.

EXCURSION AUX ENVIRONS DE TÉTOUAN
RETOUR A TANGER

Mes excursions aux environs de la ville portent sur ses abords immédiats et sur l'extrémité méridionale de la *chaîne de l'Andjera*

Fig. 31. — Les Montagnes des Beni Hezmar vues de Tétouan.

qui se termine par les hauteurs qui dominent Tétouan, sous le nom de *Djebel Dorsa*.

J'ai presque toujours été en compagnie de M. Buchet; nous avons dû cependant nous séparer deux fois parce que mon ami tenait à faire, dans la plaine, le relevé des ruines de Souïar dont l'étude sortait du cadre de mes recherches. J'en ai profité pour

1. Le nom de Mellah (qui signifie sel ou salé, en arabe) a été donné au quartier juif de chaque ville marocaine, parce que les israélites sont condamnés à l'horrible besogne du salage des têtes des prisonniers de guerre, qui doivent être ainsi exposées au-dessus des portes.

fouiller plus à loisir un riche gisement fossilifère situé aux portes mêmes de la ville, en contre-bas du cimetière israélite.

On trouve en ce point des argiles bleues, parfois sableuses, que les indigènes exploitent pour alimenter une industrie céramique locale. Ils font, avec ces argiles, de petits carreaux à émaux colorés, n'ayant parfois qu'un centimètre de côté, et dont ils composent, sur les murs, des mosaïques à dessins géométriques d'un assez bel effet. Cette industrie, importante à Faz, paraît ici assez prospère.

Des fossiles nombreux, surtout des coquilles de mollusques marins ont été signalés dans ces argiles, dès l'année 1847, par le géologue français Coquand. Depuis, en 1879, l'explorateur allemand Oskar Lenz, y a recueilli les éléments d'une faune dont il a confié l'étude au paléontologiste Fuchs, qui a conclu à l'âge miocène des dépôts qui les renferment.

Une étude de ce gisement fossilifère m'a paru devoir offrir quelque intérêt, au point de vue de l'histoire de la Méditerranée occidentale et, en effet, l'examen des nombreux matériaux que j'ai pu en rapporter nous a déjà permis, à l'un de mes confrères, M. Boistel et à moi, de déduire quelques conclusions intéressantes.

Je me bornerai à dire, pour le moment, que les argiles de Tétouan sont pliocènes et forment une bande tout le long du littoral, s'enfonçant dans la vallée de l'Ouad Bou Sfiha, déjà creusée aux temps tertiaires. La mer pénétrait, à cette époque relativement récente, dans un petit golfe, assez étroit, sur le bord duquel s'élèvent aujourd'hui les minarets de la ville sainte du Rif.

Une autre particularité géologique de Tétouan, qui n'a d'ailleurs qu'une importance tout à fait secondaire, c'est l'existence, sous la ville elle-même, de dépôts de sources formant des tufs calcaires compacts et friables avec de nombreuses traces de végétaux et de coquilles terrestres ayant vécu dans ces eaux incrustantes. Ces dépôts, parfois épais, remontent à l'époque quaternaire et il est assez curieux de les voir se continuer au sud de la ville en une nappe d'un blanc éclatant. Ils sont comparables, en petit, à ceux

Fig. 52. — Les sources pétrifiantes de Tétouan.

des geysers et d'autres sources thermales dont les eaux d'Hamman Meskoutine, en Algérie, offrent un exemple si pittoresque.

Notre excursion au *Djebel Dorsa* m'a confirmé dans l'idée que je m'étais faite de la structure de la *chaîne de l'Andjera* et m'a permis d'observer certains faits nouveaux intéressants. Nous avons fait l'ascension de ce sommet, qui domine la ville, sur lequel M. Buchet a pu faire une station géodésique et relever un certain nombre de points importants.

Le cimetière israélite se trouve au-dessus de Tétouan, sur le flanc occidental de la montagne. Il repose sur les grès et argiles rouges du terrain permien dans les contreforts de la rive droite de l'Ouad Bou Sfiha. Ce terrain offre ici une particularité intéressante.

L'explorateur Oskar Lenz, en effet, a, sur les indications et sous la conduite d'un espagnol de Tétouan, recherché du charbon dans ces couches primaires. Il a observé de très minces veines discontinues, d'une houille maigre, trouvé des empreintes végétales et il a conclu à l'existence d'un terrain carbonifère dans ces montagnes.

Mes recherches confirment partiellement celles de mon devancier en ce sens que, avec M. Buchet, nous avons constaté des traces de plantes qui paraissent être représentées surtout par des aiguilles de conifères; mais il ne s'agit pas là de plantes de la houille, car le prétendu carbonifère est bien le terrain permien.

Au-dessus se développent les schistes, puis les dolomies et calcaires à silex, comme dans les contreforts de la rive droite et cette série de dépôts, vraisemblablement jurassiques, repose sur le lias qui affleure un peu plus au sud.

La vue de la vallée est très belle du point où nous stationnons. Les jardins verdoyants de la plaine, parsemés de maisons blanches, le cours sinueux de l'Ouad Bou Sfiha et, à nos pieds, la ville sainte, forment un agréable tableau dans l'encadrement des montagnes des Beni Hezmar et des Beni Hassan.

Enfin nous avons fait une excursion à une douzaine de kilomètres, dans la direction nord-ouest, auprès du village de *Samsa*.

Cette dernière course a été pour moi une promenade plutôt qu'une étude, car nous sommes restés dans le massif des calcaires liasiques qui termine, vers le sud, la *chaîne de l'Andjera*. Je ne voudrais pas néanmoins la passer sous silence à cause d'un petit incident que je regrette puisqu'il a causé une émotion inutile à mon excellent compagnon M. Buchet, mais qui ne nous en a pas moins donné une preuve du dévouement des hommes de notre escorte.

Mon ami se proposait de visiter une grotte qui lui avait été signalée et qui est située au-dessus du village de *Samsa*, dans une petite vallée bien arrosée et très pittoresque.

Je l'ai laissé à ses recherches et, comme la région est, paraît-il, assez troublée en ce moment, je suis resté assis sur un rocher avec l'un de nos Marocains, occupé à surveiller le lointain, tandis qu'un autre, du nom d'Aïachi, très brave homme mais un peu simple d'esprit, se tenait à l'entrée de la grotte pour prévenir M. Buchet en cas d'alerte.

Deux heures s'étaient écoulées lorsque je fis dire à ce dernier,

Fig. 35. — Les environs de Tétouan.

par l'intermédiaire d'Aïachi, qu'il faudrait bientôt partir parce que le coucher du soleil approchait. Quelques minutes après, je voyais venir vers moi, au pas de course, mon ami précédé de nos hommes effarés qui avaient laissé accrochés aux broussailles, l'un son turban, l'autre sa djellaba; un troisième avait perdu ses sandales. Tous ces braves gens accouraient, fusil en main, pour essayer de me délivrer des cinquante brigands qui m'entraînaient : telle était, du moins, l'alarme donnée par ce pauvre Aïachi.

Lorsque M. Buchet fut un peu remis de son émotion, il félicita avec moi ces hommes dévoués et courageux.

On pourrait aller loin avec de semblables compagnons!

Nous sommes bien décidés à rentrer à Tanger par l'Andjera, la route de Ceuta étant depuis bientôt deux ans coupée par des bandes armées.

Mais des nouvelles alarmantes nous parviennent à diverses reprises.

Nous recevons d'abord la visite d'un homme de confiance du Qaïd Douès, celui-là même qui est allé soutenir l'élu de la tribu de l'Andjera auprès du Sultan. Cet homme, bien connu de M. Buchet, nous recommande de la part du Qaïd d'attendre encore quelques jours à Tétouan, parce qu'il craint que le chemin de retour ne soit coupé à

Fig. 54. — Le port de Tétouan.

la limite de sa tribu. Ould Si Abdallah Douès nous prie de ne pas quitter Tétouan avant qu'il nous y autorise.

Sur ces entrefaites le gouverneur de la ville se plaint auprès de notre agent consulaire, Si Ben Abdellatif, Titaouni distingué, d'origine algérienne, de notre présence dans la région. Il déclare ne pas pouvoir assumer la responsabilité de notre sécurité, si nous continuons à circuler dans les environs. Il nous aurait donc fallu rester enfermés dans la ville en attendant de pouvoir regagner Tanger; mais les récriminations du pacha nous émeuvent très peu, M. Buchet et moi.

Nous savons tous deux ce que valent les plaintes des agents du Makhzen; elles sont intéressées ou dictées par une opposition systématique, à l'égard des Européens désireux de faire quelque chose dans le pays[1]. Nous avons des compagnons sûrs et dévoués et

1. D'ailleurs, depuis ce moment, je me suis fait une ligne de conduite inébran-

Fig. 55 — L'embouchure de l'Ouad Bou Sifa vue de la rade.

nous pouvons compter sur un Qaïd puissant du Bled es siba; nous n'avons pas besoin d'autre chose.

Il est vrai que nous effrayons un peu les gens de la ville, notamment les quelques Européens qui s'y trouvent, par notre prétendue audace; mais nous savons pertinemment que nous n'avons rien à craindre et, de fait, nous sommes toujours entourés du respect de tous, aussi bien des gens des tribus que de ceux de Tétouan, y compris les soldats du Gouverneur.

Une deuxième alerte, plus grave que la première, vient encore nous arrêter dans notre projet de retour à travers la montagne.

Le Qaïd de l'Andjera nous fait dire qu'il était disposé à nous donner une escorte de cinquante hommes, pour nous protéger contre les bandes qui coupent le chemin normal de Tanger; mais nous sommes, paraît-il, menacés par Valiente, le brigand des environs de Ceuta, la terreur des Espagnols de la côte marocaine.

Cette nouvelle est surprenante parce que M. Buchet connaît bien Valiente, qu'il l'a même plusieurs fois empêché de faire quelque mauvais coup à Tanger. Cependant les velléités du brigand du Djebel

lable pour la suite de mes explorations : éviter par tous les moyens possibles les agents du Makhzen et ne me mettre en rapport qu'avec les Musulmans du Bled es siba.

Mouça s'expliquent : il a récemment razzié des gens de l'Andjera et, par esprit de discipline, Douès a puni le malfaiteur en le razziant à son tour. On nous explique alors que Valiente serait tout disposé à nous ennuyer, parce qu'il sait que nous sommes les protégés du Qaïd de l'Andjera et qu'il le ferait ainsi manquer à ses engagements, puisque ce dernier a promis de nous protéger.

Nous ne pouvons demeurer plus longtemps à Tétouan. En ce qui me concerne il me faut regagner Tanger pour ne pas faire attendre M. de Segonzac et ses autres collaborateurs qui doivent y arriver bientôt. Nous envoyons alors, par reqqas, une lettre au Qaïd Douès qui nous répond immédiatement : mais sa lettre n'a rien de catégorique : il nous veut beaucoup de bien, il ne veut pas qu'il nous arrive de mal, etc.

En somme, Douès ne paraît pas très rassuré et il semble ne pas vouloir engager ouvertement sa responsabilité. M. Buchet et moi, de notre côté, désirons ne pas lui causer le moindre désagrément, aussi nous décidons nous à prendre la voie de mer[1].

Le trajet est peu intéressant, à travers la plaine jusqu'à l'embouchure de l'Ouad Martil (O. Bou Sfiha). Nous nous embarquons sur un cargo anglais faisant le service entre Tétouan, Tanger et Gibraltar.

1. Seul, M. Buchet aurait certainement pu passer et même se rendre chez Valiente mais, quoi qu'il n'ait eu aucune crainte pour sa sécurité personnelle, il considérait sa responsabilité comme engagée à cause de ma présence.

Nous avons su plus tard que le Qaïd de l'Andjera comptait, malgré les termes réservés de sa lettre, que nous passerions chez lui. Bien des gens du pays ont trouvé que nous avions manqué de confiance en eux : personne, disaient-ils, n'aurait pu nous faire de mal sans de terribles représailles de leur part.

Voyages

dans

le Sud Marocain

La rade de Casablanca

Voyages dans le Sud Marocain

DE TANGER A MOGADOR

La Mission était réunie le 8 octobre 1904 à Tanger, où M. de Segonzac venait d'arriver accompagné de M. René de Flotte Roquevaire, Si Saïd Boulifa et Si Abd el Aziz Zenagui.

Le 14 nous nous embarquions à bord d'un paquebot de la Compagnie Paquet, à destination de Mogador.

Le voyage le long de la côte atlantique a été fort agréable, favorisé par un beau temps, mais un peu long ; car nous n'avons pas mis moins d'une semaine pour franchir une distance d'environ 600 kilomètres ; cela tient aux escales interminables dans les ports du Maroc. Mais si ces escales sont un grave inconvénient pour le voyageur pressé, elles ont par contre, l'avantage de laisser au touriste le temps de visiter des villes intéressantes et, en ce qui me concerne, elles m'ont permis de faire quelques observations géologiques dans les rades de Casablanca et de Mazagan.

La rade de Casablanca offre une particularité assez curieuse, qui n'a pas manqué de frapper de nombreux voyageurs, parmi lesquels

Fig. 57. — El Ang, gisement préhistorique.

le géographe allemand Theobald Fischer, et le géologue français Brives.

Le long de la côte, et surtout au débarcadère de la ville[1], on voit apparaître, à marée basse, des schistes gréseux très durs, disposés en bancs réguliers. Ils offrent un pli anticlinal, bien marqué au niveau de la batterie située à 250 mètres au nord-ouest de la porte de la marine.

M. Theobald Fischer a parfaitement décrit cette formation, dont il désigne l'affleurement sous le nom de terrasse d'abrasion ; il a en outre, signalé le plissement de la batterie et indiqué sa direction.

1. Bab el Mersa.

Il est assez curieux de suivre, à marée montante, l'envahissement progressif par l'eau, des vides laissés par la disparition de fragments de blocs de la roche, enlevés par l'action érosive des vagues. La terrasse de Casablanca se poursuit sur une assez grande étendue de côte, et elle se prolonge au loin sous les eaux, dans la direction du sud ainsi qu'en témoignent les brisants, redoutés des marins.

Ces sédiments primaires sont recouverts par des grès très coquilliers, à peu près horizontaux, qui n'atteignent, auprès de la ville, que de faibles altitudes et ont été déposés à une époque très récente, tertiaire ou même quaternaire.

Au-dessus encore se montrent des sables représentant une dune ancienne, actuellement fixée. Cette dernière peut s'observer notamment à *El Ang*, petit cap qui se trouve à l'ouest de la ville et d'où l'on jouit d'une vue étendue. C'est le principal but de promenade des Européens de Casablanca.

J'ai découvert, à la surface de cette dune, les restes d'une industrie préhistorique, relativement peu ancienne, représentée par des pointes de flèches, des couteaux et des racloirs en silex.

Fig. 58. — Bassin portugais de Mazagan.

D'abondantes coquilles, qui paraissent être des débris de repas, indiquent que les hommes de l'époque se nourrissaient, du moins en partie, de mollusques marins.

L'escale de Mazagan nous permet aussi d'aller voir la ville et ses environs. J'y retrouve les mêmes calcaires coquilliers tertiaires qu'à Casablanca. Ici, ils sont exploités en plusieurs points pour la fabrication des meules de moulin, qui sont d'abord taillées dans le roc et enlevées ensuite tout d'une pièce.

Les Portugais, qui ont édifié les murs de la ville et construit

Fig. 59. — Saffi vu de la rade.

le bassin extérieur qui servait d'abri à leurs vaisseaux, ont également utilisé cette pierre.

L'escale de Saffi ne nous permet pas de débarquer; la mer est devenue houleuse et la barre est assez forte. Nous restons en rade une journée pendant laquelle nous avons tout le loisir d'admirer de loin la ville bâtie en amphithéâtre sur des grès jaunes qui forment, tout autour, une belle falaise.

A partir de là le rivage change d'aspect.

Nous avons vu défiler, quelques heures après avoir doublé le cap Spartel, des côtes excessivement basses qui limitent les grandes plaines du Gharb; maintenant ce sont des falaises, comme

Fig. 40. — Mogador vu de la rade.

celles de Saffi, au-dessus desquelles s'élève, plus au sud, le massif du Djebel Hadid.

La rade de Mogador, entourée d'îlots rocheux, se présente de façon pittoresque, et rien n'est plus curieux que ce débarquement dans un petit bassin intérieur auquel on accède par une passe excessivement étroite, ménagée sous les murs de la ville.

EXCURSIONS AUX ENVIRONS DE MOGADOR

La Mission a dû séjourner assez longtemps à Mogador. J'en ai profité pour faire quelques excursions aux environs.

De l'hôtel de la Palmera, situé à 8 kilomètres au sud de la ville, j'ai fait plusieurs promenades, assez instructives, sur la grande dune qui s'étend jusqu'à l'embouchure de l'Ouad Tidzi et s'enfonce profondément dans les terres. Puis, la Mission ayant installé son camp à une vingtaine de kilomètres au nord, à Aïn el Hadjar, j'ai pu jeter un coup d'œil sur la région littorale située entre la ville et le Djebel Hadid, dont j'ai observé l'extrémité méridionale.

La ville de Mogador est bâtie sur des grès tertiaires qui forment une côte rocheuse, très basse, et s'avancent dans la mer en une série de petits îlots qui abritent la rade. Presque partout ailleurs le littoral, sur un développement d'une trentaine de kilomètres, est recouvert de dunes qui empiètent sur les terres jusqu'à une profondeur de trois lieues.

De Chicht à l'embouchure de l'Ouad Tidzi et du cap Sim (Ras Tagriouält) jusqu'à mi-distance du Souq el Arba des Ida ou Guerd, ce n'est que sables jaunâtres, tantôt complètement dépourvus de

Fig. 41. — Mogador vu du côté de la plage.

végétation et en mouvement continuel, tantôt recouverts de broussailles qui arrêtent leur progression.

Il est facile d'expliquer la présence de ces amoncellements considérables qui forment tout autour de la ville, à une distance d'au moins 5 kilomètres, une crête qui peut atteindre 110 mètres d'élévation.

Le soubassement de la dune de Magador, en effet, est constitué par les grès tertiaires qui affleurent au bord de la mer, et qu'on retrouve un peu plus au nord, de même qu'au sud, à la pointe du Ras Tagriouält. Ces grès, d'âge pliocène, que nous verrons s'étendre en une large bande, depuis le Djebel Hadid jusqu'au voisinage du cap R'ir, émergent entre Chicht et l'embouchure de l'Ouad Tidzi.

Ils sont ainsi continuellement soumis à l'action des vagues qui les désagrègent et forment, à leurs dépens, un sable calcaire constamment refoulé vers la terre ferme par le flux. Des plages, parfois très étendues comme celle de Mogador, se sont produites d'autant plus facilement que les côtes sont basses, par suite du creusement des vallées de l'Ouad Kseb et de l'Ouad Tidzi. Il en résulte qu'un élément sableux est constamment offert à l'activité des courants aériens qui ont une direction privilégiée du nord.

On sait que Mogador, dont la température est très douce pendant toute l'année, perd de ses charmes à certaines époques, à cause des vents qui en rendent parfois le séjour peu agréable. Encore la ville est-elle à l'abri des nuées formées par le sable enlevé aux plages et qui vient sans cesse s'ajouter à l'amoncellement formidable des dunes.

Cependant il est assez pénible de demeurer, certains jours, au sommet des collines ondulées qui entourent Mogador; l'atmosphère est alors obscurcie comme par une pluie d'orage et l'on voit, à chaque rafale, toutes les crêtes de cette montagne mouvante laisser échapper des nuages sombres, comme si le vent rasait les débris fumants d'un vaste incendie.

L'observation de ces amas de sable offre un certain intérêt. Tantôt leur surface est nue, lisse ou striée par le vent, tantôt elle est boisée et alors recouverte de rtem, d'asperges sauvages, d'euphorbes, auxquels viennent se joindre parfois, le lentisque, le thuya et l'arganier.

Le thuya et le rtem forment des fourrés épais de trois à quatre mètres de hauteur, et ce dernier arbuste ajoute encore en hiver, par l'abondance de ses fleurs blanches et odoriférantes, au charme de ces régions déjà si séduisantes à bien des égards. Des multitudes d'escargots, d'espèces variées, après avoir vécu parmi toutes ces plantes, viennent recouvrir de leurs coquilles, comme d'un manteau éclatant, le sable de la dune.

Un examen attentif montre que presque partout où l'on rencontre de la végétation, le sol est couvert d'une carapace jaunâtre, que l'on doit considérer comme formée par l'action dissolvante des eaux superficielles sur ce sable calcaire. La présence de cette croûte, dans les parties dénudées, est comme la preuve irréfutable de la disparition de broussailles ou de forêts qui y croissaient antérieurement. De fait on peut fréquemment y constater des traces de racines

Fig. 42. — Dunes de Mogador : au premier plan, dune en progression; au second plan, dune en voie de fixation.

et de souches carbonisées, qui témoignent d'un défrichement par l'incendie.

D'ailleurs, le déboisement est très pratiqué par les indigènes, ici comme presque partout ailleurs dans le pays du Moghreb.

Le Marocain n'attache au bois aucune valeur; il le prend pour ses besoins domestiques, le plus près possible de sa demeure et sans le moindre ménagement. De plus, il considère comme bonne terre de culture un sol recouvert d'une végétation ligneuse et croit le mettre en valeur en le défrichant par le feu.

Le calcul est mauvais, surtout dans la région qui nous occupe en ce moment. Le déboisement, en effet, ne donne ici qu'un terrain très maigre qui se trouve, après le passage de la charrue ou le travail de la pioche, jonché de pierres anguleuses; mais il offre surtout le grave danger de permettre la progression de la dune alors qu'elle

Fig. 43. — Dunes de Mogador : au premier plan, dune fixée, de nouveau envahie à la suite du déboisement.

était primitivement fixée. C'est ainsi que l'on peut constater l'envahissement par le sable, même à plusieurs kilomètres des côtes. Le fléau se propage avec une assez grande rapidité et une enquête m'a paru démontrer que de grandes surfaces, ainsi rasées, auraient disparu en moins de dix années.

J'ai même observé dans une coupure naturelle, au bord de la falaise du cap Sim, plusieurs carapaces calcaires intercalées dans

Fig. 44. — Dunes auprès du cap Sim. Ancienne dune fixée presque complètement envahie. Les taches noires indiquent des lambeaux de l'ancienne dune.

la dune et qui semblent bien témoigner de déboisements successifs.

Il semble résulter de mes observations que rien ne serait plus simple que de fixer la dune par des plantations de pins maritimes et même de thuyas, dont je ferai ressortir plus tard l'utilisation pratique, qui se développeraient très facilement sous un soleil des plus doux et sur un sol suffisamment arrosé.

Aussi le jour où la Colonisation tentera, dans les environs de

Fig. 45. — L'extrémité méridionale du Djebel Hadid.

Mogador, de réaliser des progrès comparables à ceux déjà obtenus par le Commerce, dans cette ville si importante du Sud-marocain, la Civilisation aura bien vite fait de reconquérir ce que l'imprévoyance des indigènes a laissé enlever par le fléau envahisseur.

Un intérêt d'un autre ordre s'attache encore à l'étude des dunes des environs de Mogador. J'ai trouvé en plusieurs endroits, libres à leur surface ou empâtées dans la carapace calcaire, des traces d'une industrie préhistorique relativement récente. Ce sont des outils en silex analogues à ceux de Casablanca.

Fig. 46. — Paysage à Aïn el Hadjar.

J'ai reconnu trois de ces ateliers antiques, et il n'est pas douteux que des recherches minutieuses amèneraient la découverte d'un plus grand nombre de ces gisements.

En dehors de la dune, les environs de Mogador sont presque invariablement formés par des grès tertiaires qui affleurent au bord de la mer et à la pointe de Tagrioualt.

Le paysage est assez curieux avec ce terrain couvert de pierres — tel un champ de laves volcaniques — dans lequel l'indigène trouve péniblement un coin propice à la culture des céréales. Aussi ces grès sont-ils généralement boisés : l'arganier, cet arbre si intéressant, caractéristique des régions littorales du Sud-marocain, existe un peu partout ; il est accompagné de thuyas, de broussailles d'atriplex, de phillyrées, de cistes, de genêts, de globulaires, etc.

A une vingtaine de kilomètres au nord-est de Mogador, à Aïn el Hadjar, la nature du sol change et, avec elle, le paysage.

Les grès pliocènes viennent butter, dans cette région, contre une petite chaîne, sorte de voûte très allongée dont le revêtement est formé par des calcaires jurassiques et qui constitue les Djebel Hadid et Kourial.

Une riante vallée s'est creusée au contact de ces calcaires fortement inclinés et du plateau tertiaire horizontal, et cet affouillement des grès superficiels a mis à nu des argiles crétacées profondes.

Le thalweg, bien arrosé, est recouvert d'une épaisse couche d'alluvions où les cultures, les jardins potagers, sont très florissants et donnent à cette dépression un aspect agréable et fertile, encore rehaussé par la présence d'une multitude d'oliviers.

Aïn el Hadjar est, à juste titre, considéré comme la campagne de Mogador. Il y a peu d'Européens de cette ville qui n'aient, au pied du Djebel Hadid, un endroit où aller planter leur tente durant les plus chaudes journées d'été.

LA VALLÉE DE L'OUAD TIDZI DES IDA OU GUERD

Le plateau tertiaire des environs de Mogador est profondément entaillé, à 25 kilomètres au sud, par une vallée assez importante à peu près parallèle à celle de l'Ouad Kseb : la vallée de l'Ouad Tidzi, qui sépare les tribus des Ida ou Guerd et des Ida ou Iceurn. Le séjour de la Mission à Mogador m'a engagé à l'explorer, car, bien que située à proximité d'une grande ville de la côte, elle est fort mal connue.

J'ai eu le plaisir, en cette circonstance, d'être accompagné par M. Ancelin, un Français installé depuis quelque temps dans le Sud-marocain, où il se livre à des recherches minéralogiques.

Notre excursion à l'Ouad Tidzi ne nous a pris que deux jours.

Un matin de bonne heure nous partons de la Palmera, accompagnés d'un indigène, avec un matériel de campement et trois mules. Nous prenons la route du Sous et faisons trois kilomètres environ, sur la dune fixée, dans un chemin souvent creux, tracé à travers d'épais fourrés d'ar'ar[1], de lentisques et de rtem.

Nous arrivons ainsi à la Nzala Bouchchen[2], qui se trouve dans une clairière et repose sur les grès pliocènes. Nous nous dirigeons, à partir de là, vers l'embouchure de la rivière.

Fig. 47. — Falaise crétacée de l'Ouad Tidzi.

Bientôt l'ar'ar devient abondant et constitue de véritables forêts ; puis il se montre entremêlé d'arganiers, de plus en plus fréquents, et c'est cette dernière essence qui domine sur le bord de la vallée.

L'Ouad Tidzi a creusé son lit dans des argiles crétacées, de couleur jaune-verdâtre, qui renferment de nombreux fossiles, des ammonites, des bélemnites, des coquilles bivalves et gastro-

1. Thuya.

2. On appelle nzala, au Maroc, des sortes de caravansérails placés, de loin en loin, sur les routes des caravanes et où se trouvent. à poste fixe, des agents du Makhzen chargés de veiller à la sécurité des voyageurs qui y campent pendant la nuit. Ils doivent aussi percevoir des droits de passage qui constituent l'une des formes de l'impôt marocain. On paie généralement par tête de bête de somme. C'est ainsi que, dans le Maroc du Sud, j'ai souvent dû donner une demi-piécette hassani pour un âne, une piécette pour une mule, tandis que pour un chameau on paie, paraît-il, un droit d'une piécette et demie et même de deux. Dans les nzala on peut avoir un abri, mais le plus souvent on campe à la belle étoile. On y trouve de l'eau provenant d'une source voisine ou d'une vaste citerne (medfia).

Fig. 48. — Thalweg de l'Ouad Tidzi, forêt d'arganiers.

podes, qui constituent une faune paléontologique importante.

Au-dessus de ces argiles reposent les grès tertiaires qui forment souvent une corniche et, tandis que le flanc gauche est incliné en pente douce, l'autre constitue une falaise parfois très abrupte, par suite du travail de creusement de la rivière sur sa rive droite.

Des alluvions récentes existent dans le thalweg sur une largeur de 150 à 200 mètres.

Après avoir fouillé tout l'après-midi le gisement fossilifère, nous allons planter notre tente non loin de la *Zaouïa Sidi Mhendouchi*.

Nous y recevons la visite d'un cavalier du Qaïd Emflous qui nous demande la raison de notre présence ici. Nos explications ne paraissent pas le satisfaire car il nous donne l'ordre de lui envoyer notre homme, dès qu'il sera revenu de la zaouïa, afin de s'expliquer plus longuement avec lui. Bien entendu, M. Ancelin et moi ne tenons aucun compte d'aussi insolentes injonctions.

J'envoie à un taleb de la zaouïa une lettre de recommandation que m'avait remise Si Allal Abdi, le chancelier du vice-consulat de Mogador, et ce brave homme vient, avec son frère, nous tenir compagnie pendant la soirée et une partie de la nuit.

Le lendemain nous remontons la vallée sur la berge fossilifère.

La rivière est à sec, son lit est large de 15 à 20 mètres et côtoie toujours la falaise crétacée de droite qui forme, au *Djebel Tarazal*, un à-pic de 40 mètres.

Nous faisons halte pour déjeuner dans une belle forêt d'arganiers. Nous sommes assis sur des bancs de calcaires crétacés, pétris de coquilles d'huîtres; ils constituent un petit escarpement au-dessus de la rivière qui roule un filet d'eau saumâtre[1].

En continuant à remonter le cours de l'Ouad dont le lit, presque complètement desséché et rempli de cailloux roulés, s'élargit notablement, nous arrivons à la *Nzala Araouchi*[2] sur la route du Sous, que nous allons suivre dans la direction de Mogador.

Nous demeurons sur les grès tertiaires, dans une très belle forêt d'arganiers et, après avoir passé auprès de Bou Tazert, nous reprenons le chemin de la ville à partir de la *Nzala Bouchchen*, pour arriver à 9 heures du soir à Tagouïdert.

EXCURSION DANS LES KNAFA

A mon retour à Mogador je trouve des nouvelles de M. Lemoine, qui revient de son voyage au col du Glaoui et va quitter Marrakech pour s'acheminer à petites étapes vers le Djebel Hadid et la côte. Il a appris que je vais partir pour le Sous et voudrait bien me rencontrer au pied septentrional de l'Atlas.

Je désire vivement aussi revoir mon ami qui va incessamment rentrer en France; je vais donc me diriger de son côté et j'espère pouvoir le rejoindre à Imi n Tanout, sur la route de la capitale marocaine.

Bien que je sois décidé à prendre le costume musulman pour mes prochains voyages en pays siba, il me semble qu'il est préférable de

1. La salure de ces eaux tient à ce qu'elles traversent, près de la source, un gisement de marnes bariolées avec sel gemme, des terrains triasiques.

2. Nzala Ben Ganat de la carte au millionième.

partir, cette fois, en conservant mes vêtements européens, de façon à traverser ensuite le Bled makhzen sans être reconnu.

Je me propose alors d'atteindre la Qasba d'Imi n Tanout, par un itinéraire nouveau passant par Imi n Takandout, dans les Knafa, et de recouper ainsi la partie septentrionale du plateau des Mtouga.

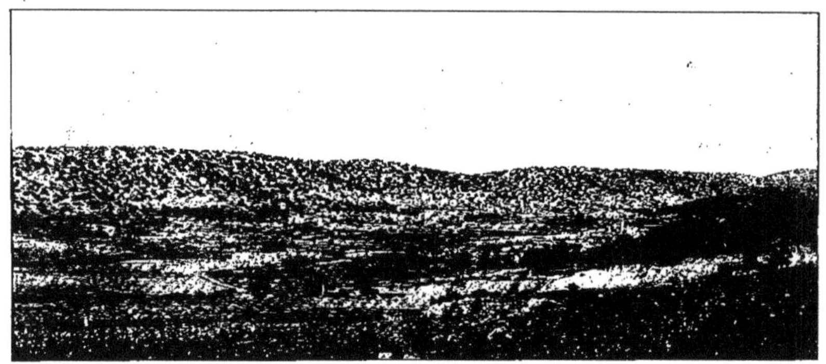

Fig. 49. — Vallée de Taghraghra.

A cet effet j'obtiens, par l'obligeante intervention de M. Jeannier, notre vice-consul, une lettre de recommandation du Pacha de Mogador pour le Qaïd des Knafa, Ould Emflous, et je pars avec trois hommes et trois bêtes de charge.

Notre voyage ne m'apprend rien jusqu'à *Dar Babba*, maison située près du village d'*Adhamna* et dans laquelle M. de Segonzac achève ses préparatifs avec MM. Boulifa et Zenagui.

Je les trouve tous trois occupés à faire une observation astronomique, je déjeune rapidement avec eux et je continue ma route.

Après avoir foulé longtemps les grès tertiaires nous arrivons dans une plaine d'alluvions assez large, au fond de la vallée de l'Ouad Kseb. Au point où nous traversons la rivière, son lit a 6 mètres de large et 0 m. 30 centimètres de profondeur.

Plus loin je retrouve encore le plateau pliocène toujours recouvert de forêts d'arganiers ; mais, tandis que les grès sont d'ordinaire à peu près horizontaux, ils se relèvent assez fortement ici. On sent l'approche d'un massif bordure formé par la chaîne secondaire du *Djebel Chikhro*, qui est constituée par une série épaisse de bancs calcaires dont les plus élevés renferment de nombreux silex.

Nous recoupons la montagne pour descendre dans une belle vallée comprise entre le *Djebel Chikhro* et le *Djebel Entil*. Sa structure est intéressante; c'est la dépression anticlinale de Taghraghra, qui laisse apparaître dans ses parties profondes, des argiles salifères, aux vives couleurs rouges et vertes. Des gisements de sel gemme sont, paraît-il, exploités dans les environs.

Fig. 50. — Un laboureur dans les Knafa.

Nous allons passer la nuit chez un indigène auquel je suis recommandé par son frère, employé au vice-consulat de France, à Mogador.

Ce Marocain nous reçoit avec empressement, il nous empêche de dresser notre tente et nous donne une bonne chambre. Il nous fait apprêter à dîner, s'inquiète de nos moindres besoins et songe même, ce qui se fait assez rarement en pays arabe, à nous préparer un déjeuner à emporter le lendemain.

Mais notre hôte a des allures assez mystérieuses, il paraît très triste et je ne puis savoir le sujet de ses ennuis.

Tout s'expliqua plus tard, à mon retour à Mogador, lorsque j'appris qu'un de ses frères était à l'agonie quand nous arrivâmes et qu'il mourut dans une pièce voisine pendant que nous dînions. Mais les règles strictes de l'hospitalité musulmane imposaient au maître

Fig. 51. — Vallée de l'Ouad Ajounda, Souq es Sebt.

de la maison le pénible devoir de nous cacher le sujet de son chagrin, dans la crainte de précipiter notre départ !...

Il paraît même que si nous avions dû demeurer encore dans cette maison en deuil nous aurions seulement appris le malheur qui la frappait au moment des obsèques auxquelles nous aurions été invités.

En quittant Taghraghra, nous remontons le flanc droit de la vallée constitué par le *Djebel Entil*, toujours formé des mêmes calcaires recouverts de forêts d'arganiers.

Après une halte à *Timessourin* nous remontons le cours de l'Ouad Ajounda et passons auprès du Souq es Sebt[1] pour nous engager ensuite dans les belles gorges d'Imi n Takandout.

Ce défilé pittoresque est creusé dans les calcaires à silex qui offrent ici une grande épaisseur ; ils sont fouillés de grottes parmi lesquelles celle d'Imi n Takandout qui est assez profonde.

Nous arrivons un peu tard à Dar Ould Emflous. La maison du Qaïd est très animée ; de nombreux solliciteurs sont là ainsi que des

1. Marché du samedi.

soldats venus pour apporter des nouvelles des combats qui se livrent à la limite de la tribu.

Le Qaïd Ould Emflous, en effet, est en lutte depuis plusieurs mois, avec le Qaïd Guellouli.

Le premier a la prétention d'enlever à son voisin la prérogative, déjà ancienne, de prélever sur les caravanes venues du Sous, un droit de passage et, comme ce dernier a refusé de céder à ses injonctions, il lui a déclaré la guerre. Il a, de plus, établi sur son territoire aux portes mêmes de Mogador, des nzala chargées d'imposer lourdement les paisibles trafiquants venus du sud de l'Atlas, du Sous, du Tazeroualt et du Draa. Il en résulte que, depuis un certain temps déjà, les caravanes sont obligées de rebrousser chemin ou bien d'attendre, dans leur pays d'origine, la fin de cette guerre d'iniquité due à la rapacité d'un Qaïd.

Le Makhzen a essayé de mettre fin à cet état de choses, qui paralyse tout le commerce de Mogador et pourrait porter atteinte, s'il se prolongeait, à l'avenir de cette partie du Maroc, en déviant de leur voie ordinaire les produits du Sud.

Mais le Makhzen est faible tandis que le Qaïd Emflous a de l'or et partant, des fusils et des hommes; aussi, malgré les encouragements qui ont été donnés au Guellouli et les interventions des agents de l'administration chérifienne, le potentat des Knafa n'en a pas moins continué la lutte contre son voisin, qu'il voudrait réduire à l'impuissance.

Au moment de ma visite à Dar Ould Emflous, des instructions venues de Faz ordonnaient, paraît-il, de se saisir du Qaïd révolté et de l'amener, chargé de fers, à la capitale marocaine.

On conçoit, étant donnés l'inanité de ses efforts contre son ennemi et l'hostilité du Makhzen à son égard, l'état d'esprit d'Ould Emflous.

Aussi fait-il bien mauvais accueil à la lettre de recommandation que lui présente un de mes hommes. Il déclare n'avoir pas à obéir au Pacha de Mogador et ne pouvoir assurer ma sécurité dans un pays agité par la guerre. Il reproche sévèrement à mon homme d'avoir accompagné un roumi dans ces conditions et le menace de le faire bâtonner s'il recommence; il donne ensuite l'ordre de me faire escorter par deux makhzni [1], jusqu'à Mogador.

J'ai tout d'abord l'idée de refuser d'obéir aux injonctions du Qaïd, mais mes hommes sont affolés par la peur de la matraque.

Je comprends que ces malheureux innocents feraient les frais de mon obstination et je préfère rebrousser chemin. J'exige seulement des deux soldats qui m'accompagnent, qu'ils me laissent passer par un chemin différent de celui que j'ai suivi à l'aller, de façon à pouvoir continuer utilement mes observations.

Mais j'aurai manqué à mon rendez-vous d'Imi n Tanout.

1. Soldats.

Voyage dans le Sous

Comme je le disais un peu plus haut, le séjour de la Mission dans la région de Mogador a été d'assez longue durée et cela par suite des difficultés tout à fait imprévues qu'a eu à surmonter M. de Segonzac pour organiser la caravane dont il allait assumer la lourde responsabilité.

Il faut avoir assisté à ces préparatifs laborieux, avoir vu l'infatigable explorateur à l'œuvre, pour se faire une idée de la complexité d'une pareille entreprise dans un pays comme le Maroc.

Il est très difficile ici de se faire accompagner longtemps par des indigènes, surtout dans des tribus lointaines. Ce n'est pas qu'il soit impossible de trouver des Musulmans assez dévoués ou qu'il répugne à ces derniers de collaborer à l'entreprise d'un « roumi ». Non, le Marocain, d'un naturel bon et généreux, s'attache même très facilement à l'Européen dont il reconnaît la supériorité au point de vue de la persévérance et de la volonté ; mais il n'aime pas à s'éloigner de son toit.

Il n'y a pas de voyageurs, au sens vrai du mot, dans le Pays du Moghreb, parce que tout indigène est — sauf recommandation pressante d'un personnage connu — considéré comme un étranger dans une tribu qui n'est pas la sienne. Il est, en conséquence, tenu en suspicion, à tel point qu'on peut lui refuser l'hospitalité, pourtant chose sacrée en pays musulman, et même le prier de passer son chemin. Aussi un homme plein de bonne volonté et de hardiesse dans son village devient-il timide et craintif loin de chez lui.

M. de Segonzac a pensé, après de louables efforts, qu'il était préférable de nous séparer et, comme pour encourager ses collaborateurs, il assuma, avec ses vaillants compagnons Si Saïd Boulifa et Si Abd el Aziz Zenagui, la tâche périlleuse de se lancer à travers les régions impénétrées du Haut-Atlas oriental.

Le chef de la Mission nous a donné, à M. de Flotte et à moi, un témoignage de confiance en nous laissant toute latitude pour le programme de nos explorations ultérieures. Nous nous sommes seulement entendus de façon à élargir, le plus possible, le champ de nos investigations.

Sans doute l'inconnu s'offrait partout devant moi, du moins en Bled es siba, mais il était important de combiner à l'avance une série d'itinéraires qui me permettraient de déduire de mes observations des conclusions d'ensemble.

Un problème très intéressant se présentait naturellement à cet égard, celui de la structure de la chaîne du Haut-Atlas.

Cette question de géologie et de géographie physique a déjà excité la curiosité de bien des savants, et des noms comme ceux de Balansa, Hooker, von Fritsch, de Foucauld, Thomson, Brives, Lemoine, etc., y sont attachés.

Mais le flanc méridional de la haute chaîne n'avait jamais été parcouru par un géologue[1], de même l'immense étendue de ce revers sud, comprise entre le col des Bibaoun et le col du Glaoui, n'avait été traversée qu'une fois, le long de l'Ouad Talekjount, à une cinquantaine de kilomètres à l'est du Tizi Jerba, jusqu'à la plaine du Sous, par l'éminent topographe le capitaine Larras.

1. M. Brives est le seul géologue qui ait recoupé l'extrémité occidentale du Haut-Atlas dans la région des Knafa, la partie occidentale des Ida ou Tanan et la région littorale du Sous jusqu'à Tiznit en suivant, à une variante près, la route marquée sur la carte de M. de Flotte.

Je me suis alors donné la tâche de recouper l'Atlas, le plus souvent possible, et de parcourir son versant méridional sur une étendue d'environ 300 kilomètres, depuis la côte atlantique.

J'étais préparé à l'entreprise scientifique que j'allais tenter par les recherches géologiques que j'ai poursuivies, durant de longues

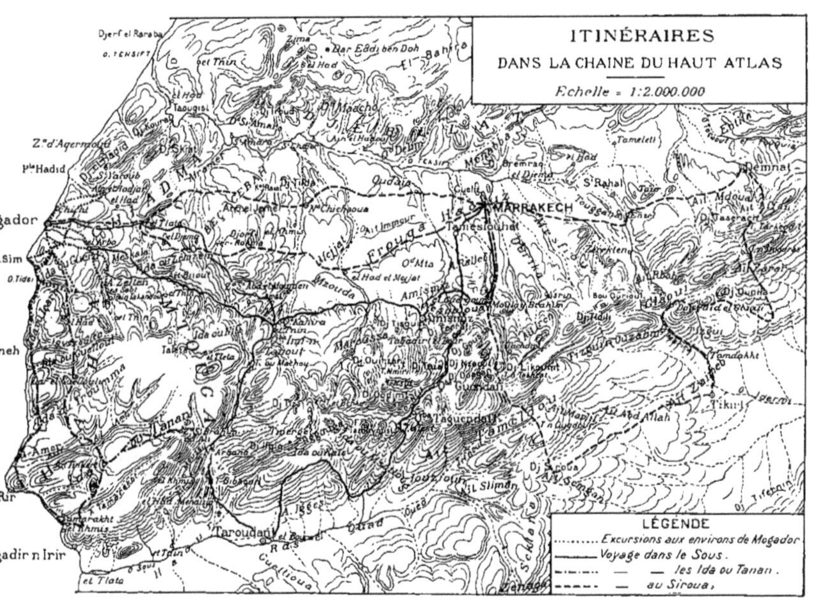

années en Algérie, notamment du côté de la frontière marocaine. Je m'étais déjà rendu compte de l'avantage qui m'était ainsi dévolu par la possibilité d'interpréter, lors de mon voyage dans le Nord du Maroc, la structure des montagnes que j'ai traversées, en particulier de la chaîne de l'Andjera.

Mais si la préparation du côté scientifique de mon voyage était peut-être suffisante, je ne pouvais en dire autant du côté pratique, puisqu'il s'agissait d'explorer des régions demeurées jusqu'ici absolument vierges des investigations du « roumi ».

J'avais déjà, il est vrai, l'avantage de l'expérience acquise auprès des Musulmans en Algérie : une certaine connaissance de la langue et surtout des mœurs arabes.

Mais comment fallait-il voyager? Me lancer délibérément à travers les pays inconnus, sans autre appui que celui d'une escorte composée d'hommes dévoués ; ou bien adopter un déguisement et un mode de voyage qui me permettraient peut-être de passer inaperçu dans des tribus demeurées encore absolument fermées à l'Européen?

Je me suis décidé pour cette dernière alternative et cela pour une foule de motifs qu'il est facile de justifier, en disant que j'ai suivi l'exemple des explorateurs marocains qui se sont aventurés assez longtemps en Bled es siba.

René Caillé, Rohlfs, Lenz, de Segonzac, de Foucauld ont voyagé, ceux-là coiffés du turban, celui-ci avec le bonnet noir imposé aux israélites du Maroc.

D'ailleurs il n'y a pas d'exemple de Qaïd, c'est-à-dire de chef du Makhzen, qui ait autorisé un roumi à continuer sa route en pays siba. La limite des régions soumises et de celles qui échappent à l'autorité chérifienne est même soigneusement surveillée, à ce point de vue, et tous les voyageurs européens, du moins ceux qui se sont présentés comme tels et qui ont étudié le Bled makhzen, — notamment le Haouz et le flanc septentrional de l'Atlas, — n'ont pu franchir la limite des crêtes de la haute chaîne, parce que les autorités s'y sont invariablement opposées.

Je suis néanmoins bien éloigné de croire qu'il sera toujours nécessaire de se dissimuler dans une escorte indigène pour traverser les pays siba. Je suis persuadé au contraire, que dans un avenir peut-être prochain on pourra circuler ostensiblement, sans risques sérieux, dans des régions qui semblent inabordables en ce moment.

Par contre, je pense qu'il serait possible, sous un déguisement et en ne s'avançant que prudemment, d'aller actuellement n'importe où.

Les Marocains sont en général de très braves gens, et s'ils sont en défiance continuelle vis-à-vis du roumi qu'ils ne connaissent pas, de même qu'à l'égard du Musulman étranger, ils sont susceptibles du plus beau dévouement envers l'Européen qui a su captiver leur confiance.

Bien entendu il ne s'agit aucunement, dans ce que je viens de dire, des régions makhzen ou même de celles qui sont placées sous une domination relative du Sultan. Dans ces contrées, en effet, non seulement il est inutile d'adopter un déguisement mais, en le faisant, on se priverait de la sécurité qui est dévolue à l'Européen et cela parce que les indigènes d'une tribu makhzen sont pécuniairement responsables de la vie, ou même des dommages qui seraient causés, chez eux, à un roumi.

On conçoit, d'après ce qui précède, la nécessité dans laquelle je me suis trouvé d'endosser la djellaba.

La suite de mes voyages a pleinement justifié ma résolution de prendre le costume arabe.

Je me fais une idée, après les diverses péripéties de mes explorations, de l'émotion que j'aurais fréquemment soulevée autour de moi, notamment au sud de l'Atlas, dans le Sous et dans la région du Djebel Siroua, si je m'étais présenté avec des vêtements européens. Il m'aurait fallu pour avancer, une escorte non seulement nombreuse, mais encore conduite par un chef ayant beaucoup d'autorité dans le pays même que j'allais traverser.

Après mes voyages dans le Sud-marocain, je ne me fais aucune illusion, sur la possibilité de passer longtemps pour un musulman; on est tôt ou tard démasqué.

Ce n'est pas qu'on ne puisse être pris momentanément par les indigènes pour un coreligionnaire, car on peut arriver à s'adapter suffisamment à leurs habitudes; d'ailleurs, on a toujours la ressource de se retrancher derrière sa qualité d'étranger. Mais pour ne jamais se trahir il faudrait ne rien faire. Prendre des notes, questionner le long de sa route et chez son hôte, le soir, voilà qui suffit au voyageur pour révéler sa qualité de roumi; car le Musulman ne s'instruit pas en s'informant, il ne s'inquiète pas, sur son chemin, du nom des rivières qu'il traverse, des villages qu'il aperçoit, des montagnes qu'il contourne : il ne peut apprendre que dans les livres.

Il est cependant très possible d'être pris pour un frère, en ne stationnant que peu de temps au même endroit; aussi me suis-je attaché à effectuer une étape quotidienne et je crois avoir ainsi, presque toujours, réussi à passer inaperçu, sauf, bien entendu, dans les cas où, comme dans le Sous, j'étais trahi par des hommes de mon escorte. Mais on apprend tôt ou tard, là où l'explorateur s'est arrêté, sa qualité de roumi. Elle est toujours dévoilée parce qu'on sait qu'un Européen est sorti de telle ville, qu'il est reparti pour telle autre, qu'il vient d'arriver de telle région sous le déguisement musulman... et surtout parce que les nouvelles, au Maroc, se propagent avec une rapidité étonnante. D'ailleurs, en admettant qu'il soit reconnu deux ou trois jours seulement après son passage, les Marocains ne sont pas assez fanatiques pour essayer de le poursuivre. Je ne crois même pas qu'ils lui en gardent jamais rancune.

De plus, le vêtement musulman peut placer le roumi sous la sauvegarde de gens qui, tout en connaissant sa véritable origine ont, par sympathie ou par calcul, le désir de le protéger. Mais il serait impossible à ces derniers de soutenir, aux yeux de leurs coreligionnaires, sa prétendue qualité mahométane s'il avait des habits européens; car celui qui abandonne le turban est, aux yeux des Musulmans, un véritable renégat.

Enfin il ne faudrait pas croire que les Marocains se froissent de voir un roumi prendre leur costume. J'ai eu, à ce sujet, plusieurs fois l'occasion de questionner des gens auxquels j'ai pu me faire connaître et j'ai toujours reçu leur approbation. « Toi, au moins, — m'a-t-on répondu un jour, — tu respectes, en même temps que notre religion et nos habitudes, notre vêtement. »

J'ai été particulièrement aidé dans la préparation matérielle de ma caravane par Si Allal Abdi, le chancelier de notre vice-consul à Mogador qui m'a, durant mon séjour dans le Sud-marocain, constamment aidé de son concours éclairé.

Si Allal Abdi est bien connu par les nombreux titres qu'il a acquis à la reconnaissance de son pays. D'origine algérienne il s'est toujours fait remarquer par son dévouement à la France qu'il a, depuis qu'il est au Maroc, contribué à faire aimer.

Comme agent consulaire français à Tétouan, il s'est distingué par son intelligente activité et a laissé, chez les Titaouni, le meilleur souvenir. Il a montré dans ces régions sa courageuse décision dans certaines affaires difficiles entre les Rifains et les Européens. On n'a pas oublié son rôle dans l'affaire des marins de la *Frasquita*, abandonnés sur la côte inhospitalière du cap Juby et victimes des entreprises chimériques de l'Empereur du Sahara. C'est Si Allal Abdi qui fut pris comme interprète par le commandant Jaurès, du croiseur *Galilée*, et qui joua le rôle, quelque peu difficile et dangereux, de parlementaire auprès des arabes qui détenaient en captivité nos malheureux compatriotes.

J'ai vu en Algérie de nombreux dévouements indigènes, j'en ai vu qui égalent peut-être celui du chancelier de Mogador; mais je n'en avais jamais rencontré d'aussi désintéressé.

Mon intention était de passer pour un Musulman très modeste et il fallait m'équiper en conséquence. Je décidai donc de prendre seulement deux ou trois hommes et, comme bêtes de charge, une mule qui porterait presque tout notre bagage et deux ânes qui sont comme la caractéristique du voyageur pauvre en pays arabe.

Si Allal Abdi me fit confectionner une tente avec deux toiles à sacs, entre lesquelles on interposa une cretonne imperméabilisée par de l'huile de lin; notre abri avait ainsi, sans en avoir les inconvénients, l'aspect d'une tente de « mesquine »[1].

1. Pauvre, mendiant.

Je m'attachai, en outre, à n'emporter, en dehors de mes instruments de travail, que des objets employés dans le pays, tels que deux petites caisses arabes devant me servir de cantines, des ustensiles de cuisine en usage dans les maisons indigènes et, pour compléter la similitude de ma modeste caravane avec celle d'un vrai marocain, je pris le soin de faire ferrer mes bêtes par un maré-

Fig. 55. — Notre campement auprès d'Imi n Tanout.

chal de la Medina de Mogador et de faire couper leur queue et leur crinière à la mode du pays.

Il est inutile enfin d'ajouter que j'apportai tous mes soins à me composer une physionomie marocaine en me faisant raser la tête, tailler la moustache et la barbe suivant l'usage[1].

Mes instruments de travail furent également réduits à leur plus simple expression, quoique l'outillage d'un géologue soit déjà des plus rudimentaires. Je m'attendais à de grandes difficultés sur le terrain, moins pour mes recherches géologiques que pour mes relevés topographiques; car il me semblait qu'il serait parfois bien

1. En Algérie les Musulmans gardent, à la mode turque, toute leur moustache; tandis qu'au Maroc ils la taillent fortement. Dans certaines régions de l'Atlas, même, ils en gardent à peine ou se rasent complètement.

compliqué de relever complètement mes itinéraires en me cachant de tous, même des voyageurs du chemin.

J'avais à ma disposition pour ces relevés :

1° Une boussole Peigné ;
2° Une petite montre Oméga ;
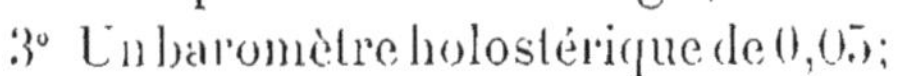
3° Un baromètre holostérique de 0,05 ;

4° Un baromètre holostérique Naudet de 0,07, que m'avait confié M. Lemoine ;

5° un thermomètre fronde Tonnelot ;
6° un thermomètre ordinaire allant à 100°.

Des appareils photographiques :

1° un panoramique Kodak petit modèle 6×18 surmonté d'une boussole ;
2° un block-notes de Gaumont de 4,5×6, également pourvu d'une petite boussole.

Mes observations topographiques devaient forcément se borner à des relevés d'itinéraire par cheminement, avec station de loin en loin, par recoupement sur des repères naturels, puisque je n'avais à ma disposition, ni sextant, ni chronomètres.

Dans le but de me servir aisément, sous ma djellaba, de mes instruments de topographie, j'ai, aidé d'un ouvrier marocain assez habile, enchâssé dans un bloc de bois la boussole Peigné avec sa pinnule, mais dépourvue de son miroir ; à côté j'ai ménagé un trou destiné à recevoir, soit le baromètre holostérique de 0,07, soit, pour les régions peu élevées, celui de 0,05 déjà entouré d'un anneau de bois. Enfin j'ai fait confectionner par un maroquinier un étui pouvant renfermer le tout et laissant la place de la montre à la partie supérieure du bloc de bois.

J'étais prêt et devais quitter Mogador le 17 décembre.

Si Allal Abdi m'avait offert l'hospitalité d'une petite maison de la ville, isolée au milieu d'un jardin, de façon à ne pas trop ébruiter mon départ et à me permettre de sortir par une porte moins fréquentée que celle de Bab Seba[1].

A ma grande déception, un contretemps tout à fait imprévu se produisit à la dernière minute. Un homme sur lequel je comptais beaucoup, parce que j'avais les meilleurs renseignements sur son dévouement et sa probité, m'abandonna au moment de charger nos bêtes. Il m'avait accompagné dans les Knafa et avait été terrifié par

1. La porte du Lion.

l'accueil d'Ould Emflous, notamment par la menace de ce dernier de le faire bâtonner; il savait que nous pourrions être arrêtés en route et se voyait déjà entre les mains du terrible Qaïd.

Il fallait, dans la journée, lui trouver un remplaçant car, pour plusieurs raisons, je ne pouvais plus longtemps différer mon départ. C'est ainsi que je me décidai à emmener avec moi un homme sur lequel je n'avais que de vagues références; c'était bien scabreux, je le savais, mais j'étais dans la nécessité de partir sans délai.

18 décembre. — Nous sortons de bonne heure par Bab Marrakech[1].

Nous sommes trois, identiquement vêtus; j'ai confié la mule chargée du matériel de campement à un indigène originaire de Tamesloht, qu'on désigne sous le nom de chérif Mohammed ou simplement de Chérif, et nous nous partageons, mon autre compagnon, un Sóuéri[2] et moi, la conduite des deux ânes. Le mien a un signe caractéristique très visible : il a perdu son oreille droite, je ne sais en quelle circonstance, ce qui nous le fera désigner dans la suite sous le nom de Bou oudzen[3].

Si Allal Abdi est là, venu pour encourager mes hommes et me serrer la main. Il me quitte dès la sortie de la ville.

Nous gravissons bientôt la dune et nous nous dirigeons droit vers l'est. Une heure après, la ville de Mogador disparaissait derrière les collines sableuses qui l'encadrent et du haut desquelles elle se présente sous son aspect le plus pittoresque; je ne devais pas la revoir avant cinq longues semaines.

Mon but est d'atteindre Imi n Tanout, en suivant la piste indiquée sur la carte au millionième et qui passe par Souq el Arba[4], Bou Riki et Tiggui; mais le chérif, qui s'enquiert de l'état du pays auprès

1. La porte Marrakech.
2. Habitant de Mogador.
3. Le père de l'oreille.
4. Marché du mercredi.

de tous les caravaniers que nous croisons, apprend que des soldats d'Ould Emflous se trouvent échelonnés partout sur cette piste. Il nous faut donc, pour les éviter, prendre un chemin tracé plus au nord, dans des tribus échappant à l'autorité du Qaïd des Knafa.

Le crochet que nous fait faire notre guide, dans cette course vers le nord, m'empêche d'aller serrer la main à M. de Segonzac et à ses compagnons Boulifa et Zenagui, à *Dar Babba*, et ce n'est pas sans une certaine émotion que je m'éloigne de cette maison isolée à l'extrémité de la dune de Mogador et où s'achèvent les préparatifs d'une exploration lointaine et périlleuse, dans les parties inexplorées et dangereuses du Haut-Atlas oriental.

C'est ainsi qu'après avoir recoupé la dune littorale, nous nous rejetons sur la route de Marrakech, qui passe par le Frouga.

Nous demeurons longtemps sur le plateau tertiaire dont les grès ravinés offrent le même modelé que dans la région d'Aïn El Hadjar, de l'Ouad Tidzi et des Knafa. D'abord disposés en bancs horizontaux et peu inclinés, ils ont ensuite tendance à se relever en s'éloignant vers l'est : cela tient à ce que, comme aux abords du *Djebel Chikhro*, on se rapproche du rivage ancien de la mer pliocène dans laquelle ils se sont formés.

Le plateau, très peu habité dans cette région, est partout couvert de bois d'arganiers assez touffus.

A sa limite, le pays change totalement d'aspect. En effet, dès que nous nous trouvons sur les calcaires et les grès crétacés qui servent de soubassement aux grès tertiaires, le paysage est tout différent : ce sont de larges surfaces de cultures de céréales, des vergers où abondent le figuier et l'amandier, tandis que l'arganier, mêlé à l'olivier, ne forme plus que des touffes isolées : des rtem se montrent sur les terrains en friche.

Nous campons sur l'emplacement du Souq et Tleta [1], auprès de la zaouïa et de la qoubba de Sidi Abdallah ben Ouasmin. Ce point

1. Marché du mardi.

est très fréquenté, car il se trouve sur le passage de la route de Marrakech ; aussi notre sécurité y est-elle assurée.

En bons Musulmans, nous laissons une bougie sur la tombe du marabout vénéré et une pièce de cinquante centimes à la zaouïa.

19 décembre. — Nous allons suivre encore aujourd'hui le chemin du Frouga, qui est désert. J'apprends que cette route de Marrakech est très peu suivie, parce que les voyageurs prennent à peu près invariablement le *Triq makhzen*, c'est-à-dire le chemin de Chichaoua ; le seul qui ait des nzala où l'on puisse se ravitailler et trouver la nourriture des bêtes.

Nous restons encore une partie de la journée sur des calcaires en bancs de 50 centimètres à un mètre d'épaisseur, intercalés de marnes, et qui forment un relief peu accidenté, avec ravins largement étalés entre lesquels se montrent des croupes arrondies.

Nous traversons encore de belles cultures, des champs de céréales admirablement entretenus, entourés de murs construits avec les pierres qu'on y a soigneusement ramassées.

La fertilité du sol de cette région d'El Kourimat est grande, comparée à celle du plateau gréseux des Ida ou Guerd. De nombreux vergers, plantés de figuiers, d'amandiers et d'oliviers, ajoutent encore à l'aspect prospère de ce pays. Enfin, les parties en friche constituent de bons pâturages. El Kourimat est, de plus, le centre d'une région d'élevage de chevaux et de mules.

Nous faisons halte auprès d'une poterie où se fabriquent des vases, pour l'usage domestique, avec des argiles jaunâtres empruntées aux couches crétacées.

A partir de ce point, nous entrons dans une vaste plaine formée par une dépression synclinale au fond de laquelle se sont accumulés des dépôts torrentiels, à cailloux calcaires et gréseux, peu roulés et mélangés à des sables argileux alluvionnaires. L'épaisseur de ces dépôts est faible et ils proviennent du remaniement, presque sur place, de roches des terrains secondaires sous-jacents.

Fig. 55. — Plaine d'El Kourimat. rtem.

La plaine est seulement utilisée comme pâturages, maigres en apparence, mais en réalité assez riches; le rtem se rencontre un peu partout.

Nous nous arrêtons au douar d'*El Aamaïmat*, où nous sommes très bien accueillis par le Chikh et ses fils. Notre tente est dressée auprès de leur maison, et je sens vite autour de moi un courant de sympathie qui me fait bien augurer de la suite de notre voyage.

Je me suis entendu désigner sous le nom de chérif, la veille, au Souq et Tleta; aujourd'hui on m'appelle encore chérif ou bien feqih[1], car mes hommes m'ont présenté comme savant en toutes choses: bon médecin, astronome, météorologiste, etc.

Aussi les consultations ne me manquent pas; c'est d'abord le Chikh que je soigne pour une conjonctivite, puis d'autres hommes, des femmes, des enfants.

Je passe près de trois heures à m'occuper de malades ce soir-là, et ces braves gens me manifestent, comme ils le peuvent, leur reconnaissance; c'est à qui m'enverra un couscous, du miel, des gâteaux.

La soirée s'écoule en conversations de toutes sortes. Je suis

1. Savant.

questionné sur le prix du sucre à Mogador, sur l'état des récoltes, etc. On me demande encore si dans mon pays d'origine il pousse du blé et l'on me pose mille autres questions auxquelles je suis obligé de répondre pour justifier de la réputation de savant qui m'a été faite en arrivant.

Mes hommes paraissent enchantés ; le Chérif surtout me félicite de l'impression que je produis autour de moi ; il déclare que nous pourrons aller n'importe où maintenant.

Mais je suis soumis à une épreuve qui pourrait compromettre à tout jamais la place que je viens de conquérir dans l'estime de ces braves gens.

Ils sont là maintenant une trentaine qui m'entourent et, après certains chuchotements dont je ne puis saisir le sens, le Chikh me demande, délégué sans doute par tous ses administrés, quel temps il fera le lendemain et à quelle époque nous aurons de la pluie.

La sécheresse règne depuis longtemps et les récoltes commencent à souffrir.

La question est bien embarrassante, mais il faut y répondre avec décision, car ces bons Musulmans ne comprendraient pas qu'un savant comme moi ne puisse les fixer sur le sort qui est réservé à leurs cultures. J'ai fort heureusement constaté, depuis plusieurs jours, une baisse barométrique constante et le ciel commence à se couvrir; aussi je réponds catégoriquement que la pluie ne tardera pas à tomber.

Mais en voyant avec quel bonheur ils accueillent ma prédiction j'ai presque le regret d'avoir apporté chez ces Marocains une fausse joie peut-être. Pourvu que j'aie touché juste!

Enfin le Chikh d'*Aamaïmat* tient à me donner une dernière preuve de son estime en me désignant comme reqqas l'un de ses fils.

Je désire avoir mon courrier avant d'entrer dans le Sous, car j'attends, avec anxiété, des nouvelles de France. Il est donc entendu que le fils du Chikh ira jusqu'à Mogador prendre mes lettres et qu'il me rejoindra à Imi n Tanout.

20 décembre. — J'ai toutes les peines du monde, le lendemain matin, à lever le camp à 8 heures.

Le chef du village voudrait me faire attendre le déjeuner, ce qui remettrait mon départ à 11 heures; mais il n'insiste pas devant ma décision : on m'apporte alors presque simultanément et de différents côtés l'assoua[1]. Les gens d'*Aamaïmat* tiennent à me témoigner ainsi leur considération.

Je prends enfin congé du Chikh et de ses fils. L'un de ces derniers ne manque pas de me dire qu'il a une grande confiance dans ma prédiction et il me fait remarquer que le temps se couvre de plus en plus!

Nous recoupons, à la sortie d'*Aamaïmat*, une petite colline formée de calcaires crétacés et de calcaires à silex, recouverte de palmiers nains, de rtem et d'herbages qui constituent, paraît-il, d'excellents pâturages.

La région s'appelle *El Oumarid*, et une petite rivière qui roule des eaux très claires, avec un courant assez rapide, m'est désignée sous le nom d'*Ouad Entaa el Oumarid*[2]; elle coule auprès du *Souq et Tenin*[3].

A partir de ce point, nous pénétrons dans une plaine très étendue, que nous allons traverser sur une largeur d'environ 8 kilomètres. Limitée par une chaîne haute de 500 à 600 mètres, à laquelle semble appartenir le Djorf er Rokma de la carte, elle est comprise entre deux plissements des terrains crétacés, et la dépression ainsi formée est, comme celle que nous avons traversée hier, recouverte d'alluvions argileuses et sableuses, grises ou rougeâtres, renfer-

1. L'assoua est une bouillie de semoule, de blé ou d'orge, un peu poivrée ou pimentée et que les gens riches améliorent en y ajoutant des œufs battus. C'est le mets qu'on sert le plus souvent au repas du matin. Je m'y suis vite habitué, et bien m'en a pris car, dans mon dernier voyage, il m'est arrivé de m'en nourrir pendant plusieurs jours sans avoir autre chose à ma disposition.

2. Rivière de l'Oumarid.

3. Marché du lundi.

mant de cailloux de roches sédimentaires généralement peu roulés.

Çà et là le soubassement de ces alluvions réapparaît; il semble bien que les couches crétacées offrent, dans le fond de ce vaste synclinal, de légères ondulations, qui font surgir dans la plaine de petites arêtes calcaires.

La région d'*El Oumarid* a de bons pâturages, parsemés de pal-

Fig. 56. — Plaine d'El Oumarid et chaîne de Bou Zergoun.

miers nains, de rtem, de jujubiers sauvages. Les parties défrichées des alluvions constituent de riches terrains de culture.

La petite chaîne que nous allons maintenant recouper porte, me dit-on, le nom de *Djebel Bou Zergoun*, qui est aussi celui d'un village bâti à son pied septentrional et entouré de beaux bouquets d'oliviers. Elle présente, sur une épaisseur de 200 mètres, les mêmes couches gréseuses, marneuses et calcaires surmontées, comme dans le *Djebel Chikhro*, par les mêmes calcaires, à silex. Ces derniers se montrent, ainsi qu'à Imi n Takandout, en bancs épais, également percés de nombreuses grottes. Ils forment de plus ici, un remarquable niveau d'eau à leur contact avec des couches marneuses imperméables.

Les ouad qui découpent transversalement la chaîne sont presque toujours à sec et offrent un large lit de cailloux calcaires peu roulés, qui leur donnent une blancheur éclatante.

Mais ce qu'il y a de plus curieux dans cette montagne de *Bou Zergoun*, c'est son profil géologique. Les calcaires, d'abord à peu près horizontaux de part et d'autre, dans la plaine, se relèvent brusquement à 45° pour redevenir horizontaux sur la crête.

La traversée de cette petite chaîne est interrompue par un orage assez violent et nous sommes obligés de nous abriter pendant plus d'une heure : « Dieu soit loué — me dit le Chérif — tu as dit vrai hier soir, tu seras béni par les gens d'Aamaïmat ».

Nous nous trouvons en ce moment sur le passage des caravanes du Sous; en l'espace d'une heure, nous en rencontrons quatre, composées chacune de cinq à six bêtes de charge. Cette route est celle des convois qui, arrivant du Sud de l'Atlas par le col des Bibaoun et Imi n Tanout, se rendent à Mogador.

Au sud du *Djebel Bou Zergoun* j'observe le même niveau d'eau que sur son flanc nord. Là encore sont disséminés de loin en loin des bouquets d'oliviers et l'on m'en désigne un qui abrite la demeure du Qaïd Ould Bachir. Le versant méridional montre les bancs de calcaires à silex entaillés par de petites vallées qui se retrécissent vers le bas et donnent à la montagne un aspect géométrique.

Fig. 57. — Flanc méridional de la chaîne de Bou Zergoun.

Nous pénétrons ensuite dans une plaine, plus large que la précédente, et s'étendant jusqu'au pied de l'Atlas ; elle offre d'abord le même coup d'œil, mais les dépôts alluvionnaires y sont de moindre épaisseur et formés, sur place, de silex noirs parfois gros comme la tête; ils proviennent indiscutablement de l'érosion ou de la dissolution, par les eaux superficielles, des calcaires qui les renfermaient.

Le sol est encore ici recouvert de cultures ou de pâturages.

Auprès de la Zaouïa Sidi Abd el Moumen, où nous allons passer la nuit, les mêmes calcaires se montrent très faiblement inclinés et forment l'entablement de gour[1], séparés par des ravins

Fig. 58. — Oasis et gour de Sidi Abd el Moumen.

très larges et peu profonds. Le niveau d'eau réapparaît ici et donne à l'oasis de la zaouïa sa belle fertilité.

Nous plantons notre tente dans un enclos attenant à la djemaa[2] : nous y passerons la nuit, paraît-il, en toute sécurité.

21 décembre. — La Zaouïa Sidi Abd el Moumen est très réputée dans le pays, de par la célébrité du marabout dont elle abrite les précieux restes et aussi, je pense, à cause de la fertilité du sol abondamment arrosé par les eaux qui émergent au pied d'une gara.

Les maisons, groupées en un village assez important, sont entou-

1. Gour, pluriel de gara, sorte de plateaux, isolés par l'érosion et couronnés par une table de roche dure calcaire ou gréseuse.
2. Mosquée, lieu de réunions.

rées de nombreux oliviers, de belles cultures et de riches pâturages : véritable oasis au milieu de la plaine complètement nue qui s'étend de la *chaîne de Bou Zergoun* à l'Atlas.

L'étape que nous aurons à franchir est très courte, car nous devons passer une journée au moins, à Imi n Tanout, qui ne se trouve plus qu'à une quinzaine de kilomètres.

Dans la plaine que nous allons traverser, on peut distinguer deux zones différentes. La première, celle que nous parcourons d'abord, est basse, elle forme des alluvions récentes cultivées par des gens venus de la zaouïa et de villages échelonnés au pied de l'Atlas. La seconde constitue un plateau limité par un brusque ressaut d'une quarantaine de mètres, formée par des alluvions plus anciennes qui vont s'appuyer contre les derniers contreforts de la haute chaîne. Cette terrasse quaternaire porte ici le nom du petit village d'*El Hoçaïn*; entaillée par des ravins qui lui donnent un relief ondulé, elle est fertile au même titre que la plaine basse de Sidi Abd el Moumen et couverte de champs de céréales ou de pâturages.

Nous nous élevons insensiblement en nous rapprochant d'Imi n Tanout et nous nous arrêtons à une petite distance de Souq el Tenin, au bord du thalweg de l'Ouad es Seratou.

Ce cours d'eau, descendu de l'Atlas, traverse ici les dépôts quaternaires anciens, dont l'épaisseur est devenue considérable, avant d'aller rejoindre l'Ouad es Seqssaoua pour former, sous le nom d'Ouad Kahira, la rivière qui passe à Chichaoua et va grossir, sur sa gauche, l'Ouad Tensift.

De chaque côté du large thalweg de l'Ouad es Seratou se trouvent des groupes de maisons, des champs, des jardins plantés d'oliviers et irrigués par ses eaux, canalisées sur un long parcours.

C'est dans l'une de ces agglomérations que se trouve la maison du Chikh Ahmed.

Celui-ci a un fils, Si Abdallah, très connu de l'un de mes hommes.

le Chérif, qui espère le décider à nous accompagner dans le Sous. Il est malheureusement absent ; parti de bonne heure pour le Souq el Arba des Mzouda, il ne reviendra qu'à la nuit. En l'attendant, nous plantons notre tente auprès du village.

Le Chikh Ahmed nous fait servir un couscous et nous lui rendons sa politesse par des tasses de thé. Il a appris avec joie que j'ai des

Cliché Ancelin.

Fig. 59. — Imi n Tanout : le Souq el Tenin.

médicaments et c'est tout l'après-midi un défilé de malades prévenus par lui. L'un deux, un Musulman de marque, le Chikh d'un douar voisin, est un beau vieillard qui souffre d'accès de fièvres palustres. Il écoute religieusement mes conseils, accepte mes comprimés de quinine et paraît surpris que je me refuse à recevoir une rétribution : « Je serai suffisamment payé — lui dis-je — par la satisfaction que j'éprouverai d'apprendre que mes remèdes t'ont fait du bien ».

Il part, mais revient au bout d'une demi-heure et me tend une pièce de vingt-cinq centimes. Je suis sur le point de refuser encore ces honoraires — non qu'ils me paraissent indignes d'un médecin tel que moi — lorsque mon regard se rencontre avec celui du Chérif qui me fait signe de les prendre. Il paraît que le vieux Chikh serait convaincu de l'inefficacité de mes remèdes si je n'acceptais pas son paiement.

C'est la première fois, je puis l'affirmer, que je reçois des émoluments pour une consultation donnée à un malade et la première fois, par conséquent, que je commets le délit d'exercice illégal de la médecine. Fort heureusement je ne suis plus en France et il n'y a rien d'illégal au Maroc, pas même la pratique médicale de la part d'un profane comme moi.

Avant même que son fils soit revenu du Souq, Si Ahmed, qui commence à nous connaître un peu, nous demande d'accepter l'hospitalité chez lui. Il a invité des gens de sa famille et du douar et je suis salué au pas de sa porte par de nombreux « Mrahba bik », paroles de bienvenue qui ne peuvent me laisser de doute sur l'accueil cordial de tous ces Marocains. Il paraît que j'ai gagné la confiance du Chikh et de tous les habitants du village.

Le Chérif, qui m'était apparu d'un naturel un peu poltron et que l'idée seule de pénétrer dans le Sous avec des camarades effrayait déjà, paraissait, à plus forte raison, peu disposé à accompagner un roumi. Mais il est radieux maintenant, il lui semble même que notre voyage de l'autre côté de l'Atlas s'effectuera sans la moindre difficulté.

Je ne suis pas tout à fait de son avis; mais je suis heureux de ses bonnes dispositions.

Ce dévoué compagnon est au comble de la joie lorsqu'il apprend que Si Ahmed serait désireux de se joindre à nous pour la suite de notre voyage. Il connaît très bien le Sous, où il a de nombreuses relations; on aurait donc avec lui beaucoup plus de sécurité. Mais il lui faut, au préalable, aller voir le Qaïd Tigguì[1], sous les ordres duquel il est placé. Ce dernier, en effet, désire faire acheter sur un marché du Sous quelques esclaves et il compte charger de ce soin son subordonné[2]. Notre hôte me demande, pour aller voir le

1. Ou Quaïd des Mtouga.

2. Le commerce d'esclaves se fait couramment au Maroc, notamment dans le Sous, où l'on rencontre beaucoup de noirs. Je me suis même laissé affirmer que

Tiggui, deux jours, durant lesquels nous demeurerons chez lui; il nous promet de faire diligence; mais, s'il était retenu par quelque considération de service, son fils nous accompagnerait.

Je souhaite bien ardemment la réalisation des projets du Chikh, mais je suis, de toute façon, rassuré en faisant la connaissance de son fils. Si Abdallah me séduit rapidement par sa physionomie intelligente et ouverte, par son air décidé. Il offre de me suivre partout où je voudrai le conduire; il me semble même désirer dans son for intérieur que son père soit retenu par le Qaïd des Mtouga.

22 décembre. — Je suis donc immobilisé à Imi n Tanout au moins pour deux journées, que je vais tâcher de mettre à profit en excursionnant dans les environs.

Comme nous suivrons, pour atteindre le Sous, la vallée de l'Ouad es Seratou, je décide d'aller examiner la structure des derniers contreforts de l'Atlas, dans la coupure que forme la profonde dépression de l'Ouad es Seqssaoua.

Abdallah m'accompagne avec son cousin El Hoçaïn.

Nous n'avons rien à emporter que notre déjeuner, car nous trouverons pour le soir, si besoin est, un gîte dans la vallée.

Nous remontons d'abord le cours de l'Ouad es Seratou, dont le thalweg n'a pas moins de 4 à 500 mètres de largeur. La rivière s'est fait un passage dans les alluvions anciennes qu'elle a ravinées sur une profondeur considérable. Son lit, large d'une quarantaine de mètres, est complètement à sec parce que nous sommes à l'étiage et que l'eau est déviée sur la rive gauche par un canal d'irrigation. Partout les berges de la rivière offrent un paysage riant et fertile.

On me montre, sur notre droite, un vieux bordj qui représente, paraît-il, la *Qasba es Soltan lakehal*[1], tandis que nous laissons, sur notre gauche, le village de *Tarroujaj*.

ce trafic était, à certaines époques, très largement pratiqué aussi sur des marchés placés à proximité de Mogador, comme le Souq el Khemis, des Meskala.

1. Casba du Sultan noir.

Avant d'atteindre les contreforts de la montagne, nous obliquons vers l'est pour gagner la vallée parallèle. Il nous faut pour cela gravir la terrasse quaternaire la plus ancienne, qui présente encore la même constitution qu'auprès du village d'*El Hoçaïn*; ce sont les mêmes alluvions argileuses et sableuses, avec graviers, cailloux roulés, donnant un sol très fertile et d'ailleurs bien cultivé. Mais ici ces dépôts ont une épaisseur considérable qui peut atteindre 80 mètres. Leur puissance tient en partie, à des éboulis descendus des pentes et qui sont venus se mélanger à l'alluvionnement produit par les cours d'eaux et par le ruissellement.

L'entrée de la vallée de l'Ouad es Seqssaoua est très pittoresque; elle forme comme une porte étroite qui s'ouvre vers l'amont sur une autre vallée large, aux flancs abrupts, terminés par des falaises à pic; tandis que vers l'aval on aperçoit l'immense étendue de la plaine de Marrakech. Les Marocains désignent ce passage sous le nom de *Foum es Seqssaoua*[1]. Il n'a pas plus de 200 mètres de largeur et est creusé à travers des bancs de grès et de calcaires fortement redressés. Avant que ces bancs aient été attaqués par l'éro-

1. Je ferai remarquer à ce sujet que tous les Musulmans du Maroc, de même que ceux de tous les autres pays de l'Islam, dans le Nord de l'Afrique, ont, dans leur vocabulaire, des mots qui définissent nettement les principales « formes du terrain ». On peut même dire que la langue arabe a, à ce point de vue, une richesse que la nôtre pourrait lui envier. Ainsi, par exemple, tandis que le mot *djebel* définit une montagne, d'une manière générale; *dahar* (dos) signifie une colline arrondie, *draa* (bras) une colline allongée, *sif* (sabre) un banc dur de calcaires ou de grès déchaussé en forme de lame de couteau; *gara* (*gour* au pluriel) signifie plateau isolé par l'érosion et couronné par une table de roche dure calcaire, gréseuse, etc. Les dialectes berbères ne le cèdent en rien, à ce point de vue, à la langue arabe, et les mots d'une signification topographique comme *ad'rar* (montagne), *ir'il* (colline), *ari* (crête), *tizi* (col), etc., y sont également nombreux. Chaque fois que dans le Sud-Marocain une vallée s'ouvre brusquement dans une autre plus large ou dans une plaine, les indigènes donnent à ce débouché le nom d'*imi* ou de *foum* (bouche). C'est ainsi que j'ai vu les Imi n Takandout, Imi n Tanout, Imi n Seqssaoua qui répondent tous à une même caractéristique topographique. En ce qui concerne l'entrée des Ouad es Seratou et Seqssaoua, dans la plaine de Marrakech, comme la langue arabe est aussi répandue que la langue chleuh dans ces régions du Nord de l'Atlas, on donne également le nom de Foum el Kheni à la première gorge et celui de Foum es Seqssaoua à la seconde.

Fig. 60. — Foum es Seqssaoua, rive droite.

sion, pour laisser libre cours à l'écoulement des eaux de la vallée, ils avaient subi, exactement au même endroit et sous les efforts de plissement de la chaîne montagneuse, une importante cassure ou faille: simple coïncidence de deux effets naturels dus à des causes différentes.

A l'entrée de la vallée se trouvent le Souq et Tleta Seqssaoua et la *Qasba Sidi Mohammed el Bekal*, entourée de beaux jardins d'oliviers. Un peu plus loin *Iloudjen*, avec son Mellah assez important, est bâti sur une berge escarpée et dans un site pittoresque. La rivière, entourée de canaux d'irrigation qui font la fertilité des belles cultures qui s'échelonnent sur la rive gauche roule, avec un courant rapide, des eaux claires dans un lit de 6 mètres de largeur sur 30 centimètres de profondeur.

Nous remontons le thalweg dont la richesse se maintient jusqu'auprès du village d'*Imi n Treli*, où nous nous arrêtons pour déjeuner.

La partie de la vallée que nous venons de parcourir est creusée dans des sédiments crétacés, formés de couches rouges avec gypses intercalés, surmontés de grès jaunâtres, puis de calcaires marneux et compacts. Ce sont ces derniers, disposés en bancs rigides, qui constituent les parois de la gorge de *Foum es Seqssaoua*.

Le même paysage riant se montre d'un bout à l'autre de notre route, de même qu'aux environs d'*Aït Ouaïnna* situé au bord de la rivière et au pied de l'escarpement de la rive droite.

A partir d'*Imi n Treli*, l'aspect change complètement; nous foulons les schistes primaires et la vallée, d'abord assez largement étalée dans les sédiments secondaires, se trouve ici resserrée.

Fig. 61. — Vallée de Seqssoua et village d'Aït Ouaïnna.

Les indigènes ont encore compris ici cette particularité topographique en la désignant sous le nom d'*Imi n Treli*.

Je n'ai pas l'intention de remonter davantage le cours de l'Ouad es Seqssaoua, parce que je pense que les schistes primaires doivent se poursuivre très haut dans la montagne, peut-être même jusqu'aux crêtes de l'Atlas ; je me rends compte d'ailleurs que la marche deviendrait difficile dans des ravins couverts de broussailles et que, par conséquent, je ne pourrais pas aller bien loin étant donné le peu de temps dont je dispose. Je préfère donc continuer mes recherches dans les terrains crétacés du pied de la chaîne.

Nous revenons un peu sur nos pas, pour remonter un ravin de gauche qui va nous rapprocher de la vallée de l'Ouad es Seratou et qui porte le nom d'*Ouad Tizi*.

Cette ascension me permet d'observer plus à l'aise une partie des terrains crétacés, et elle nous mène au *Tizi Ouarioun* où je découvre, dans des grès jaunâtres, de beaux fossiles parmi lesquels des ammonites dont je m'efforce de recueillir de beaux échantillons. Ce col se trouve sur l'arête qui sépare la vallée de *Tizi* d'un affluent de la rive droite de l'Ouad es Seratou.

Nous allons demander l'hospitalité dans un village voisin, du nom de *Dar Tizi Ouarioun*.

23 décembre. — Nous avons eu, hier soir, quelques difficultés pour obtenir un gîte et un couscous, parce que l'ami sur lequel Si Abdallah comptait était absent. Mais tout est changé aujourd'hui et celui qui nous a reçus avec défiance, après un long palabre, ne sait plus que faire pour me laisser le meilleur souvenir possible de son hospitalité.

J'ai eu la chance, il est vrai, de pouvoir apporter quelque soulagement à ce brave homme ; il est miné par la fièvre depuis plusieurs semaines et un comprimé de quinine lui a permis de passer une bonne nuit; de plus, j'ai guéri un de ses amis qui souffrait d'une violente névralgie.

Il n'en fallait pas davantage pour me faire immédiatement, dans le village et plus loin encore, une renommée de grand médecin, dont je verrai l'inconvénient tout à l'heure ; mais elle m'a tout au moins permis de demeurer un peu à *Dar Tizi Ouarioun* et d'aller fouiller, à mon aise, le gisement fossilifère que j'ai découvert au col.

Pendant qu'on nous apprête un déjeuner où rien ne sera épargné, nous descendons, par un chemin en lacet, la pente raide de l'escarpement au-dessus duquel est perché le village et nous passons plus de deux heures à la recherche des ammonites, des coquilles bivalves ou gastropodes qui abondent au *Tizi Ouarioun*.

Je comptais faire l'ascension du *Djebel Ourgouz* pour redescendre à Imi n Tanout; mais, de retour chez notre hôte, une déception m'attendait que je devais à mes prétendus talents médicaux.

Le Chikh el Bihi, qui jouit d'une certaine autorité dans le pays et habit le village d'*Aït Ouaïnna*, que nous avons vu hier au fond de la vallée, est, paraît-il, très malade. A la suite des soins élémentaires que j'ai donnés ici, on est allé le prévenir de ma présence, et le moribond s'est efforcé, sans y parvenir, de monter sur une mule pour venir me trouver. Il me fait demander d'aller le voir.

Fig. 62. — Dar Tizi Ouarioun.

Note hôte et une dizaine d'hommes qu'il a réunis à déjeuner insistent pour que j'aille voir le chef de leur douar : « *Allah ikhallasek*[1] — me disent-ils — si tu peux le soulager, car nous l'aimons tous. »

Je ne puis faire autrement que de me rendre à leurs instances, et je renonce à mon premier projet; mais, pour mettre à profit ce retour sur mes pas, je décide de suivre la crête des contreforts au-dessus de la plaine, entre le *Djebel Ourgouz* et *Foum es Seqssaoua*.

Je n'ai pas eu à regretter ce changement d'itinéraire, car j'ai pu relever une coupe géologique et avoir, de la crête, un coup d'œil d'ensemble sur la vallée de l'Ouad es Seqssaoua et sur son débouché dans la plaine.

Les couches crétacées les plus élevées sont les mêmes que celles que nous avons recoupées au nord, notamment dans la *chaîne du Bou Zergoun* qui semble représenter une ondulation affaiblie

1. Dieu te paiera.

Fig. 65. — Vue de Foum es Seqssaoua.

des derniers plissements de l'Atlas. Les contreforts septentrionaux de la haute chaîne sont constitués par la série des terrains crétacés de l'Ouad es Seqssaoua et sont couronnés par des calcaires en bancs rigides, redressés et formant, entre le *Djebel Ourgouz* et *Foum es Seqssaoua*, une arête aiguë que les indigènes désignent sous le nom de *sif*[1].

Ces mêmes bancs se prolongent au bord de la plaine, sur une étendue d'une cinquantaine de kilomètres, et les rivières comme l'Ouad es Seratou, l'Ouad Ameznaz et celle que nous avons sous les yeux, ont dû entailler profondément cette puissante barre calcaire pour se faire jour dans la plaine; c'est ainsi qu'ont pris naissance les passages relativement étroits de *Foum es Seqssaoua* et de *Foum el Kheni*.

La descente est difficile parce qu'elle est très abrupte.

Nous arrivons vers une heure à *Dar Chikh el Bihi*. On nous fait attendre quelque temps avant de nous recevoir, mes hommes et moi. Je suis enfin introduit avec un certain décorum. Le Chikh, un homme d'environ quarante-cinq ans, se trouve dans une belle pièce

1. Sabre.

couverte de tapis. Il est assis sur de riches coussins de Marrakech ; une dizaine de personnes l'entourent.

Il m'accueille de façon très affable ; il sait que je suis médecin, que je cherche des plantes pour faire des remèdes, et il s'offre à me faire protéger partout où s'étend son autorité. Malheureusement il ne peut m'être d'aucune utilité parce que mon but est d'explorer le Sous, c'est-à-dire des régions bien éloignées de sa tribu.

Il me semble, d'après les vagues renseignements que je puis en tirer, que le Chikh souffre de fièvres palustres ; ce n'est pas, du reste, le premier cas de paludisme que je rencontre dans les environs d'Imi n Tanout. Je ne puis, à mon grand regret, obtenir une confirmation nette de ce que je pense sur sa maladie parce qu'il m'est difficile de le questionner plus longtemps. Ces bons Musulmans, qui n'ont jamais vu de médecin de la ville, considèrent qu'on doit, au premier abord, reconnaître exactement ce dont ils souffrent ; un docteur doit se contenter de regarder son malade pour savoir quels soins lui donner. Sans plus insister, je me décide à soumettre le mien à un régime de quinine assez doux et je promets de lui envoyer d'Imi n Tanout les remèdes que nécessite son état[1].

Après une collation composée de gâteaux et de miel, arrosés de nombreuses tasses de thé, je prends congé de notre hôte.

Je me rends compte de la satisfaction que lui a procurée ma visite, et Si Abdallah est fier de m'avoir accompagné et amené auprès du Chikh des Seqssaoua. Il pense que cela ne pourra que lui attirer les bonnes grâces de cet homme puissant et riche ; il ne s'en cache pas, d'ailleurs, et me remercie d'être ainsi revenu sur mes pas jusqu'à *Aït Ouaïnna*[2].

1. J'ai appris deux mois plus tard, par notre agent consulaire à Marrakech, que le Chikh el Bibi qu'il venait de voir, se disait complètement guéri par mes médicaments et qu'il réclamait ma visite. Il avait naturellement appris, quelque temps après mon passage, ma qualité de Français. Malgré cela le Chikh me gardait, paraît-il, une très grande reconnaissance.

2. On peut se rendre compte, d'après les pages qui précèdent, de l'importance d'une organisation médicale, comme moyen de pénétration au Maroc. Rien ne

Nous regagnons la demeure du Chikh Ahmed, par le même chemin que nous avions pris la veille, en passant par *Foum es Seqssaoua*.

24 décembre. — J'ai éprouvé, en arrivant à Imi n Tanout, hier soir, la déception de n'y trouver de nouvelles, ni de notre hôte, ni du reqqas qui devait m'apporter mon courrier de Mogador. Je me vois donc dans l'obligation de passer ici une journée de plus, et je ne puis mieux employer mon temps qu'en visitant l'entrée de la vallée de l'Ouad es Seratou, que j'ai déjà citée sous le nom de *Foum el Kheni*.

Je fais cette excursion avec les mêmes guides. Nous longeons un canal d'irrigation creusé sur la rive gauche de l'ouad qui coule fréquemment sous de beaux bois d'oliviers; nous atteignons ainsi le Triq es Sous[1], aux abords de l'importante *Zaouïa Sidi Ali ben Salah*. Nous laissons des deux côtés du thalweg des villages, une qasba, un marché (Souq et Tenin), pour traverser plus loin la rivière.

L'Ouad es Seratou dont le lit n'a pas plus de $1^m,50$ de largeur sur 10 centimètres de profondeur, a un courant rapide; mais il ne roule qu'une assez faible quantité d'eau parce qu'il est dévié, un peu en amont, par de larges canaux. Enfin, si l'on remarque que nous sommes à l'étiage, on voit que cet affluent de l'Ouad Kahira, sans atteindre le débit de l'Ouad es Seqssaoua, a néanmoins une certaine importance.

Foum el Kheni, comme son congénère *Foum es Seqssaoua*, est formé de murailles calcaires et gréseuses, qui atteignent des proportions considérables et ne laissent à la rivière, qu'un étroit

pourrait mieux disposer les indigènes en notre faveur que des soins donnés aux malades. Aussi, indépendamment de l'œuvre de haute philanthropie entreprise par la France en installant dans les principales villes de l'Empire Chérifien des médecins et des dispensaires, il n'est pas douteux que notre pays arriverait facilement ainsi à se faire aimer des indigènes du Maroc, comme il l'est des Musulmans de l'Algérie et de la Tunisie.

1. Chemin du Sous.

passage pour se jeter dans la plaine. La vallée, sans être aussi large que celle que j'ai parcourue hier, n'en donne pas moins l'impression d'être spacieuse à la sortie des gorges d'Imi n Tanout.

Un peu plus loin, un ravin de droite descend de *Tizi Ouarioun*, sous le nom d'*Ouad Brahim*. Cette petite dépression sépare, au nord, la puissante série des terrains crétacés du *Djorf entaa Nsara*[1], du massif des Nsira formé de schistes primaires et de grès permiens.

Fig. 64. — Vallée de l'Ouad es Seratou.

Ce pic est dans le prolongement du *Djebel Ourgouz*, dont il a la constitution et la structure. C'est ainsi que je retrouve à son pied méridional les grès jaunes de *Tizi Ouarioun*. Ils se montrent sur la rive droite de l'*Ouad Brahim* aussi développés, mais beaucoup plus fossilifères; j'y fais une récolte très abondante d'ammonites et d'autres coquilles de mollusques, et mes compagnons s'intéressent comme moi à cette recherche qui leur paraît pour le moins singulière.

Après avoir chargé un âne de nos importantes trouvailles, nous allons à *Agadir Ouansa*, village situé au confluent de l'*Ouad Brahim* et de l'Ouad es Seratou, où habite le frère du Chikh Ahmed qui

1. Le Pic du Chrétien.

tient à nous faire les honneurs de son modeste logis et nous fait servir un excellent couscous.

Une poterie importante qui fabrique des ustensiles pour l'usage domestique, exploite ici les argiles vertes des terrains crétacés.

Nous sommes de retour, bien avant la nuit, chez notre hôte d'Imi n Tanout. Nous trouvons là un mot du Chikh qui est retenu chez le Qaïd Tiggui; il ne pourra donc m'accompagner dans le Sous, mais il charge de ce soin son fils Abdallah et lui fait toutes sortes de recommandations.

Malheureusement je n'ai pas encore de nouvelles du reqqas que j'ai envoyé à Mogador et j'en suis très surpris. J'ai intégralement payé cet homme avant son départ, parce qu'il me demandait l'avance de son salaire pour faire certaines emplettes à la ville; mais je ne puis le soupçonner d'avoir abandonné sa mission après avoir accepté mon argent. Ce serait la première fois que j'aurais pareille déconvenue avec un messager marocain. D'ailleurs, si un reqqas était ainsi susceptible de manquer à sa parole, ce ne pourrait être, il me semble, l'un des fils du Chikh d'*Amaïmat* chez lequel j'ai reçu si bon accueil.

Quoi qu'il en soit, il m'est impossible d'attendre plus longtemps, je finirais par me brûler complètement et rendre impossible mon voyage dans le Sous. En effet, je puis avoir des difficultés pour passer en Bled es siba, au col des Bibaoun, à cause de l'opposition systématique du Makhzen; ses agents sont là pour s'opposer à la pénétration du Sud par un roumi et je m'expose à me voir fermer ce passage si mes projets sont divulgués.

Je suis donc dans la nécessité de me mettre en route et je fixe mon départ au lendemain matin.

Cette nuit de Noël se passe tristement. Je suis désolé de m'engager dans un pays où je dois demeurer assez longtemps, sans communication possible avec le monde civilisé, alors que je n'ai pas reçu de France certaine nouvelle que j'attendais avec anxiété.

Il est fort tard lorsque je puis songer à prendre un peu de repos, parce que je dois expédier un assez fort courrier pour Mogador, en même temps que toutes les récoltes que j'ai faites depuis mon départ de cette dernière ville. J'ai à ma disposition, à cet effet, un homme sur lequel je puis compter, le neveu du Chikh Ahmed.

25 décembre. — J'aurais voulu partir de très bonne heure; mais j'en suis empêché par une foule de visiteurs qui, apprenant mon départ, viennent me demander quelques consultations et des médicaments pour eux ou pour des malades de leur maison.

J'ai un moment l'idée de protester. J'ai déjà passé deux ou trois heures de la nuit dernière à distribuer à l'un un purgatif, à l'autre de la quinine, au troisième un collyre, et voilà que des gens peu pressés attendent l'heure où nous nous mettons en route pour me demander des remèdes, sans même songer qu'il me faudra défaire une partie de mes bagages pour leur donner ce dont ils ont besoin.

Mais je regrette bien vite mon mouvement d'impatience devant la surprise que je viens de provoquer autour de moi. Je comprends — ce que m'explique d'ailleurs Abdallah, qui intervient en faveur de ces visiteurs importuns — que tous ces gens, un peu naïfs, considèrent comme incompatible la colère et la charité.

Je me mets donc à déballer la charge d'une des bêtes pour y prendre ma boîte de pharmacie et nous pouvons enfin, après deux heures de retard, nous mettre en route, accompagnés des souhaits de bon voyage de tous.

Notre cavalerie s'est augmentée d'un âne aussi résistant que petit et qui servira le plus souvent de monture à notre nouveau compagnon Si Abdallah.

Nous suivons jusqu'à *Foum el Kheni* le même chemin que la veille et il m'apparaît assez nettement que les couches épaisses qui forment les parois des gorges, sont disposées de la même façon que celles de *Foum es Seqssaoua* et sont également affectées par une cassure oblique, produite par la rupture d'un pli synclinal. Je regrette encore de n'avoir pu faire l'ascension du *Djebel entaa Nsara*, qui m'aurait permis de relever en détail le profil géologique de cette intéressante montagne.

A la sortie de la gorge, nous faisons halte auprès de *Sidi Abd en Naïm*, parce que tous les voyageurs qui vont au Sous s'arrêtent là quelques minutes pour rendre hommage à la mémoire du vénéré

Fig. 65. — Halte auprès de Sidi Abd en Naïm.

marabout dont les restes reposent sous le modeste mausolée construit au bord du chemin.

Nous allons remonter un certain temps le cours de l'Ouad es Seratou. La piste est tracée dans un large thalweg, recouvert de cailloux roulés ou de pierres éboulées de la montagne. La structure de la vallée offre une uniformité remarquable; le flanc droit est constitué par les schistes primaires du massif des Nsira; le flanc gauche, par les couches des terrains crétacés, dont les bancs se prolongent sur des kilomètres en une belle muraille inclinée et paraissant sillonnée de lignes horizontales d'une régularité géométrique.

Le massif ancien est profondément raviné et, au pied des vallées qui en descendent, on voit, mêlés à des éboulis, des amas considérables de cailloux qui, entraînés par les eaux superficielles, se sont accumulés au bas de la montagne et au bord de l'Ouad en

Fig. 66. — Thalweg de l'Ouad es Seratou.

une série de cônes de déjections, atteignant jusqu'à deux kilomètres de largeur.

Tandis que les flancs du massif des Nsira sont recouverts de thuyas et de chênes à glands doux[1], sur les dépôts torrentiels croissent d'innombrables amandiers qui s'étendent également à tout le thalweg. Quant à l'escarpement crétacé de la vallée, il est peu raviné et presque nu, à peine tacheté par quelques buissons épineux.

Nous passons au *Souq el Had*[2] et je m'arrête un peu plus loin pour permettre à mes hommes d'aller faire quelques emplettes au marché. A *Imi n Isseli* le chemin change brusquement de direction; nous allions d'abord vers le sud-ouest, nous nous dirigeons maintenant vers le sud.

Nous traversons le petit défilé *Imi n Isseli* à la sortie duquel le Tizi ou Machou nous apparaît sous un aspect vraiment féerique.

Le terrain permien, avec ses couches de grès et d'argiles, est adossé au massif de schistes primaires que nous laisserons sur la

1. L'abondance de ces chênes, dont les indigènes pauvres mangent le fruit (bellout), fait aussi désigner cette montagne sous le nom de Bellout.

2. Marché du dimanche.

gauche, et sa couleur d'un rouge cramoisi détonne étrangement sur le bleu du ciel.

Imi n Isseli dont les parois sont entaillées dans des roches aux tons sombres et ternes, semble bien fait pour accentuer encore le contraste du tableau empourpré qui doit apparaître à sa sortie.

J'ai admiré là l'un des spectacles les plus saisissants qu'il m'ait été donné de contempler dans les montagnes et, pour en jouir à mon aise, nous avons fait à *Irohaln* une halte d'une heure.

Fig. 67. — Imi n Isseli.

Un jour viendra peut-être où les touristes pourront circuler facilement dans le Sud-marocain; alors, en tête du programme des excursions à effectuer dans les vallées pittoresques du Haut-Atlas, il faudra placer celle du Tizi ou Machou.

L'épaisseur des couches permiennes, dans cette région, est considérable et il est intéressant de constater que le cours de l'Ouad es Seratou a épousé la forme du massif primaire des Nsira. Cela s'explique facilement par la grande résistance à l'érosion des schistes siluriens qui le composent, tandis que les sédiments crétacés, les inférieurs surtout, sont, comme dans la vallée de Seqssaoua, très faciles à désagréger.

Les grès et argiles rouges du Tizi ou Machou sont à peu près nus; on y voit seulement des broussailles très clairsemées, tandis que le massif plus ancien des Nsira est partout couvert de chênes qui se montrent jusqu'à la bordure.

Il nous faut, pour atteindre le col, traverser une vallée assez profonde, vraisemblablement en continuité avec celle de l'Ouad Amez naz, affluent de gauche de l'Ouad es Seratou et l'ascension se fai lentement.

Nous croisons très souvent des caravanes; mais il m'est difficile d'en apprécier le nombre, parce qu'elles se confondent avec les allées et venues des gens des tribus voisines qui vont au *Souq el Had* ou en reviennent.

Je suis obligé de me surveiller continuellement, car il ne faudrait pas laisser voir à tous ces passants que je fais la moindre observation sur le chemin. Le Chérif s'efforce de donner le change à ceux dont la curiosité pourrait être attirée sur moi en leur demandant des nouvelles du Sous. C'est ainsi que nous apprenons que la ville de Taroudant est actuellement assiégée par des tribus révoltées, mais que, jusque-là, la route est libre.

Auprès du col un Marocain qui fait, paraît-il, constamment le trajet entre Mogador et le Ras el Ouad, interpelle l'un des miens à mon sujet : « Cet homme — lui dit-il en me désignant — est un roumi, je l'ai vu à Mogador habillé en européen ».

Cette allégation est inquiétante parce que nous ne sommes plus qu'à deux journées du Sous et que la nouvelle de mon voyage vers ce pays y serait vite colportée. Mais mon compagnon ne se démonte pas et avec un air des plus indignés : « Comment cet homme serait-il un roumi, lui qui voyage comme nous, qui mène la même existence que nous, lui qui mange avec ses doigts !... »

Cette dernière affirmation semble, paraît-il, ébranler la conviction de notre interlocuteur : « Tu as raison, je dois me tromper; mais j'ai été frappé de la ressemblance de ton camarade avec un roumi de Mogador ».

Nous allons camper non loin du col, à *Tift*, en un point où se trouve un foundaq pour les voyageurs du Sous. Nous dressons notre tente, qui me permettra d'écrire à l'abri du regard indiscret des caravaniers de passage.

26 décembre. — A huit heures nos bêtes sont chargées; nous sommes prêts à partir, lorsqu'il nous arrive un visiteur des plus inattendus.

Le fils du Chikh d'*Amaïmat*, celui que j'avais envoyé en reqqas à Mogador et qui n'a pu m'atteindre à Imi n Tanout, est venu me rejoindre ici. Il est arrivé à notre dernier camp hier soir et il a marché une partie de la nuit pour nous rattraper.

Il m'explique son retard. Il lui a fallu d'abord attendre l'arrivée du paquebot-poste à Mogador; de plus, M. Lemoine à qui je demandais certains instruments, n'étant pas encore de retour, le reqqas avait été envoyé à sa rencontre par Si Allal Abdi, jusqu'au Djebel Hadid.

J'avais bien raison de penser qu'il y avait eu quelque chose d'anormal et de ne pas douter de la probité de cet homme.

Le malheureux paraît exténué, car il a fait environ 120 kilomètres en moins de vingt-quatre heures; mais il est radieux, satisfait de pouvoir me dire que, malgré tous ces imprévus, il a encore pu me rejoindre et par suite remplir la mission que je lui avais confiée.

Puis, il a de bonnes nouvelles à m'apprendre. Il est passé chez lui, *Amaïmat* se trouvant sur sa route; il y a vu le Chikh, ses frères et tous les gens du douar heureux de la bienfaisante pluie qui venait de tomber. « Si Allal avait raison, l'eau tant désirée a rafraîchi nos récoltes assoiffées. Quand il reviendra, il sera le bienvenu chez nous; nous le considérons comme un ami. »

Et tandis que je réponds hâtivement à un important courrier, afin de profiter de cette bonne occasion pour atteindre la poste de Mogador, ce brave homme, quoiqu'il doive avoir bien faim, mange distraitement les mets que je lui ai fait donner. Mais il ne songe pas à cela, tellement il est heureux de raconter l'impression des gens de son village.

Moi aussi je suis heureux, parce que j'ai sous les yeux les lettres que je désirais, parce que les nouvelles que j'attendais impatiemment sont bonnes.

Il est plus de dix heures lorsque nous nous mettons en route mais cela n'a pas d'inconvénient parce que l'étape ne sera pas longue.

Nous sommes dans la haute vallée de l'Ouad Aït Moussi, figuré sur la carte au millionième et qui porte ici le nom d'*Ouad Tagouirart*. C'est toujours les grès permiens dans lesquels cette dépression a été largement creusée; au fond, la rivière s'est fait un lit très étal et de part et d'autre croissent d'innombrables amandiers.

Nous allons demeurer longtemps dans ce beau paysage, aux couleurs rouges, encadré dans le lointain par la chaîne de l'Atlas dont j'aperçois les crêtes blanches et le pic du Djebel Ifguig. Mes hommes m'indiquent la direction des cols de Tifirelt, de Sidi Mohammed et Iloçaïn et des Bibaoun.

La vallée est comprise entre le massif primaire, que nous laissons sur la gauche avec ses sommets élevés, et un plateau étendu au bord duquel se trouve le Djebel Amsri et les Ida ou Ziki. Ce plateau est couronné par des bancs calcaires, qui forment une falaise à pic; ils appartiennent à une série de couches crétacées qui se montrent étagées au-dessus du thalweg.

Ici encore la vallée de l'Ouad Aït Moussi, de même que celle de

Fig. 68. — Vallée de l'Ouad Tagouïrart.

'Ouad es Seratou, est creusée au bord du massif de schistes primaires.

Le chemin suit un certain temps la rivière, puis il s'en écarte à plus d'un kilomètre sur la droite.

Nous passons près du bordj en ruines de *Bou Takemoust*, qu'on me dit avoir appartenu à un Sultan et, avant d'arriver à Talatirhan, agglomération assez importante, nous recoupons le confluent de l'*Ouad Tessiamt* pour passer à 50 mètres d'*Agadir ou Roumi*[1].

Fig. 69. — Bordj en ruines de Bou Takemoust.

Je suis surpris de constater la présence de l'arganier auprès de Talatirhan, soit à plus de 900 mètres d'altitude. Je ferai remarquer, à ce sujet, que cette essence forestière n'avait pas dépassé le 10°40′ de longitude et l'altitude de 500 mètres entre Mogador et Marrakech, du côté de Dar Mogaddem Messaoud et dans le Kourinat; elle se trouve ici reportée plus à l'est et à des hauteurs incomparablement plus grandes.

Nous nous arrêtons au petit village de *Timeziadiouïn*, situé au bord du chemin et, afin d'être en sécurité pendant la nuit, nous obtenons, moyennant une faible somme, la permission de planter notre tente dans la cour d'une maison. De cette façon nous n'avons rien à craindre, parce que le propriétaire devient en quelque sorte notre hôte et se considère comme responsable de ce qui pourrait nous arriver, au même titre que s'il nous offrait l'hospitalité de son toit.

1. Fort du Chrétien.

Fig. 70. — La vallée auprès de Talatirhan, l'Atlas dans le fond.

27 décembre. — A mesure que nous approchons du Sous, l'intérêt de ce voyage s'avive.

De nombreux explorateurs ont atteint le col des Bibaoun, mais peu l'ont dépassé. MM. Oskar Lenz et de Segonzac, après avoir franchi ce passage, ont gagné Taroudant par El Had Mneïzla.

Le marquis de Segonzac a rapporté de cette partie de ses explorations des documents topographiques très importants, tandis que son devancier n'a fourni, après un voyage pourtant hardi et des plus méritoires, que des indications vagues, pour la plupart peu scientifiques. Aussi y avait-il beaucoup à glaner encore dans cette direction, surtout pour un géologue.

Mais il s'agit d'arriver jusqu'à Taroudant et, si possible, de poursuivre au delà. Ce qu'il y a de plus à craindre, c'est d'être arrêté à la Nzala Argana par les agents du Qaïd Tiggui.

La journée du 27 est monotone, au point de vue de mes recherches spéciales, mais combien pittoresque! Nous nous retrouvons constamment sur les grès rouges permiens et nous suivons toujours le fond de la même vallée qui prend, un peu plus loin, à partir de la Djemaa Aït Moussi, le nom de ce dernier village jusqu'à son confluent avec l'Ouad Sous. Nous atteignons seulement, m'a-t-on dit, la limite méridionale des Nsira, mais ce renseignement me paraît un peu douteux.

La vallée s'élargit considérablement, et les deux berges sont souvent recouvertes de beaux bois et de cultures.

Peu de temps avant d'arriver à la Nzala Argana, dont le nom indique clairement l'essence forestière dominant ici, nous entrons

Fig. 71. — Vue prise du camp de Timeziadiouïn.

dans la tribu des Ida ou Ziki. L'Ouad Aït Moussi offre là un lit de 6 mètres de largeur sur 25 centimètres de profondeur.

Afin de ne pas attirer l'attention des hommes préposés à la garde de la nzala, je laisse le Souéri et Abdallah payer notre droit de passage qui s'élève à un demi-douro; ils déclarent que je suis le taleb d'un chérif de Marrakech qui se rend à Taroudant.

Je passe ainsi inaperçu. Les portes du Sous me sont ouvertes maintenant; mais il s'agira de pouvoir y demeurer le temps nécessaire à mes explorations sur le revers méridional de l'Atlas.

A partir de la nzala le chemin quitte la vallée de l'Ouad Aït Moussi pour remonter un affluent de gauche descendant du col des Bibaoun que nous voulons atteindre.

La montée est un peu dure, mais très pittoresque. Nous suivons le fond d'un ravin profond creusé dans les grès rouges, qui sont parfois fortement relevés; nous côtoyons fréquemment un petit ouad dont les eaux claires roulent en torrent sur un lit rocheux, ou bien le chemin se trouve perché sur le flanc abrupt de gorges étroites.

Le laurier-rose, qui foisonne au bas de la vallée dans laquelle nous nous sommes engagés, a maintenant disparu et l'arganier commence à décroître. On sent que nous approchons de régions plus froides; cependant il n'y a pas de neige sur les montagnes

Fig. 72. — La vallée de l'O. Aït Moussi et le plateau du Djebel Amsri.

qui avoisinent les Bibaoun. Il faut, à cette époque de fin décembre, s'élever à plus de 2000 mètres pour en trouver des traces; c'est ainsi que le Tizi Jerba, qui n'a que 1500 mètres environ, est praticable toute l'année.

Le Chérif s'inquiète très souvent de la route auprès des caravaniers allant à Marrakech ou à Mogador. On lui confirme le siège de Taroudant; un combat vient même d'être livré sous les murs de la ville et l'on parle de vingt-cinq morts et de nombreux blessés. Mais, ce qui est beaucoup plus grave aux yeux de mes hommes, c'est l'assassinat de deux marchands israélites, égorgés sur le chemin par des gens qui voulaient les dépouiller. Cela indique un état d'esprit inquiétant chez les populations du Sous.

Fig. 75. — Vue prise au-dessus d'Aglou.

Je suis ennuyé de ces nouvelles, non pas que je considère notre sécurité comme menacée, mais parce qu'elles ne peuvent que démoraliser mes compagnons que je sens faiblir un peu depuis que nous avons dépassé la Nzala Argana. Je sais qu'il en est presque toujours ainsi et que des muletiers, en apparence très crânes en pays calme, perdent de leur belle assurance à la moindre difficulté.

Mais ma détermination est bien prise; je me refuserai à rebrousser chemin s'ils ont des velléités de le faire, et il me semble que deux d'entre eux, le Chérif et Si Abdallah, ne sont pas susceptibles de commettre la lâcheté de m'abandonner s'il y avait danger. Par contre, je ne suis pas aussi rassuré en ce qui concerne le Souéri.

Aglou est très fréquenté des caravaniers; c'est un petit village où se trouve un foundaq.

Nous dressons notre tente sur une place qui domine la vallée, au milieu d'un tas de gens campés à la belle étoile et faisant leur popote. La situation ne manque pas de pittoresque; mais tous ces nomades parlent, chantent, se disputent jusqu'au matin.

DANS LE SOUS

28 décembre. — Nous prenons, en partant, un chemin étroit couvert de grosses pierres et se développant en multiples lacets. Il est suivi par de nombreuses caravanes et c'est, à chaque tournant, des encombrements dont on ne peut sortir qu'en faisant monter les bêtes sur des talus assez escarpés.

On se demande comment cette route, l'une des plus fréquentées du Maroc, puisqu'elle est naturellement indiquée à tous les voyageurs venant du Sous par le col des Bibaoun, n'est pas tant soit peu entretenue. Et pourtant tous ces caravaniers qui exposent ici la vie de leurs bêtes et qui risquent de laisser leur marchandise au fond d'un ravin, vont, plus loin, rencontrer des agents de l'administration chérifienne qui exigeront d'eux un droit de passage, impôt inique dont la taxe est arbitrairement fixée par la rapacité d'un Qaïd.

En quittant Aglou, la vue s'étend au loin sur la vallée de l'Ouad Aït Moussi, à travers la trouée du profond ravin que nous remontons depuis hier. Le sol est couvert de thuyas, de chênes et de genêts, tandis que quelques arganiers rabougris se montrent çà et là. On sent que cette essence atteint la limite de la zone climatérique qui lui est permise, et, de fait, nous n'en verrons plus jusqu'au delà du col.

L'ascension continue, toujours très pittoresque. J'ai gardé un souvenir charmant de ce chemin en montagne sous un ciel d'une pureté absolue et d'un bleu intense, par une température de 20°, au milieu d'une nature superbe que les caravanes en file, les chants des arabes, leurs cris pour stimuler l'ardeur des bêtes, rendent plus saisissante encore.

Nous sommes toujours sur les grès rouges, dans lesquels je découvre, un peu au-dessus d'Aglou, des traces de plantes ressemblant à des aiguilles de conifères et rappelant les empreintes végétales que j'ai recueillies dans les mêmes grès aux environs de Tétouan.

Peut-être ces fossiles me permettront-ils de préciser l'âge du terrain qui les renferme et qui joue un rôle important dans la structure de l'Atlas et dans celle du Rif ; aussi je m'efforce d'en réunir une collection, mais au prix de quelles difficultés ! Deux de mes hommes font le guet tandis que le troisième m'aide à dégager les plus beaux échantillons ; encore faut-il ne prendre de spécimens qu'en dehors du chemin, afin de ne pas exciter la curiosité, toujours en éveil, de ceux qui vont passer ici. Rien ne les mettrait plus en défiance que mes fouilles ; car pour le Marocain, celui qui emporte des pierres ne peut être qu'un chercheur de mines, un roumi.

Fig. 74. — Grès permiens aux environs d'Iferd.

J'observe encore, dans les grès rouges, des galets qui indiquent le proche contact d'un terrain sous-jacent qui doit former l'ossature de la montagne. Peu à peu ils deviennent plus nombreux et le grès passe insensiblement à un poudingue qui constitue des bancs épais aux approches d'Iferd.

Ce petit village est placé dans un site charmant, entouré de monolithes parfois énormes, tandis que le fond de la vallée est bien arrosé et admirablement cultivé. Des terres alluvionnaires, ou en partie formées par des éboulis, sont parcimonieusement aménagées en petits champs étagés et limités par des murs en pierres sèches.

Fig. 75. — Vallée d'Iferd.

On y cultive du blé et des légumes. Le seul arbre fruitier qui y vienne est l'amandier.

Nous faisons là, le Chérif et moi, une longue station au bord du chemin, tandis que le Souéri et Abdallah vont au village, le premier pour se procurer des provisions, le second pour y voir un de ses amis qui connaît bien le Sous; il se propose même de lui demander de se joindre à nous à titre de zettat. Il voit que mes deux autres compagnons ont peur d'aller plus loin et il pense que la présence d'un homme, bien connu dans le pays que nous allons traverser, pourrait les rassurer.

Malheureusement cet ami est absent, mais un autre Iferdi[1] s'offre à nous accompagner pendant toute la durée de notre voyage au delà de l'Atlas, et nous sommes tous d'avis de l'accepter. Il a été engagé par le Souéri qui l'a vu souvent à Mogador où il a même été en relation d'affaires avec lui.

J'éprouve une mauvaise impression à la vue de cet homme au regard fuyant, aux paroles obséquieuses, prétendant avoir parcouru dans leurs moindres recoins, le Sous, l'Anti-Atlas et plus loin

1. Habitant d'Iferd.

encore. J'en fais la remarque au Chérif et à Abdallah qui me déclarent ne pas le connaître.

Tout cela ne me dit rien de bon parce que je sais que mon Souéri me vole et j'ai peur qu'il ait trouvé quelque compère en ce compagnon de son choix ; je ne m'inquiète pas pour la somme relativement faible que j'ai avec moi, mais cela pourrait me mettre en sérieux péril dans un pays difficile comme le Sous.

Fig. 76. — Notre zettat.

Je fais part de mes craintes à mes deux hommes sûrs; malheureusement ces derniers ne croient pas au mal, ils ne peuvent supposer un seul instant que leur camarade soit assez fourbe pour me jouer un aussi vilain tour et ils insistent beaucoup pour que j'accepte le zettat. Je sens bien, de mon côté, que, si je ne me rends pas à leur prière, je ne pourrai pas dépasser les Bibaoun.

Le marché est donc conclu. Cet iferdi nous pilotera dans le Sous moyennant l'indemnité d'un demi-douro par jour.

Ses préparatifs de départ sont vite faits, car il nous rejoint bientôt auprès du col, armé d'un beau fusil à pierre, avec une poire à poudre des plus riches; il est monté sur une petite mule agile et nerveuse.

Notre zettat se présente très bien ainsi et il pourra, s'il le veut, me faire traverser des régions difficiles, mais est-ce là son unique but? J'en doute un peu et, la suite va confirmer mes soupçons.

En approchant du Tizi Jerba, le terrain change de nature. Le permien, toujours représenté par des poudingues, ne forme plus que des témoins isolés reposant sur des schistes argileux intercalés de grès siliceux.

Je suis frappé de l'extrême ressemblance de cette partie de la chaîne avec certaines régions de l'Algérie, comme le massif du Djebel Doui, au-dessus de Duperré, dans la province d'Alger. Ce sont les mêmes schistes sans fossiles que l'on est convenu de regarder comme siluriens et les mêmes poudingues. La végétation très clairsemée, surtout composée de chênes, semble vouloir ajouter encore à cette analogie frappante.

J'éprouve là, à près de 1600 mètres d'altitude, à 60 kilomètres de l'océan Atlantique et aux confins du désert, la même impression géographique que j'ai eue, il y a plusieurs années, dans des conditions pourtant bien différentes, à une soixantaine de kilomètres des côtes de la Méditerranée.

Le nom de Bibaoun ne s'applique pas au col que nous traversons et celui de Jerba, sous lequel il est encore désigné, est spécial à la région située un peu en dessous de ce défilé élevé : le vrai nom, m'affirme mon zettat, qui habite très près de là, est *Tizi n Ferq er Rih*; du moins appelle-t-on ainsi le point culminant de ce passage étroit.

Du col même, la vue s'étend tout à coup vers le sud. J'éprouve une sensation très vive en apercevant près de nous, à nos pieds, la riche plaine du Sous et, plus loin, cette chaîne encore bien mystérieuse désignée par Hooker sous le nom d'Anti-Atlas.

Que de souvenirs rapportés de ces régions encore presque inconnues par les explorateurs à jamais célèbres, Rohlfs, Lenz, de Foucauld, de Segonzac, qui ont osé s'y aventurer !

Du col des Bibaoun le coup d'œil est curieux. Le flanc méridional du Haut-Atlas paraît tomber rapidement jusqu'à la plaine, et l'Anti-Atlas semble commencer par le brusque ressaut d'un plateau, derrière lequel se profile une chaîne aux crêtes élevées, commençant au bord de l'Océan, dans le Tazeroualt, pour se poursuivre très loin vers l'est. Enfin l'on ressent nettement, de ce côté du Haut-Atlas, l'impression d'un climat désertique.

La descente du col est assez difficile, du moins pour nos bêtes, parce que la piste est souvent tracée dans des éboulis de grès qui ralentissent la marche.

J'éprouve je ne sais quel sentiment de compassion à l'égard de ces

Fig. 77. — Tizi n Ferq er Rih ou Col des Bibaoun.

petits ânes qui descendent prudemment, la tête baissée, paraissant chercher parmi toutes les pierres dont est formé le chemin, un point solide où ils pourront poser le pied. Pauvres bêtes, qui avaient bien leur part des fatigues de l'étape et qui ne m'ont jamais marchandé leurs services! Aussi je ne les ai pas oubliées et si je retourne jamais au Maroc je saurais où les retrouver.

Les schistes siluriens se montrent fortement plissés sur le flanc méridional de l'Atlas; ils sont profondément entaillés par des ravins qui descendent vers le Sous. La végétation clairsemée y est représentée par l'arar, le genévrier, le chêne; mais bientôt réapparaît l'ar-

Fig. 78. — Descente du col.

ganier bien qu'à une altitude plus élevée que le point où nous avons abandonné la zone de cette essence forestière.

Le chemin de Taroudant suit d'abord le flanc droit de la partie la plus élevée de la vallée, portée sur la carte sous le nom d'Ouad Aït Houmhi. Après avoir recoupé cette rivière, il atteint la crête du contrefort de l'Atlas qui la sépare de l'Ouad Mneïzla et est désignée par les gens du pays sous le nom d'Ang el Djemel[1].

Nous allons suivre l'arête de ce contrefort, sur lequel le chemin descend très brusquement en de nombreux petits lacets jusqu'au pied de l'Atlas, à El Had Mneïzla.

L'Ang el Djemel est constitué, dans sa région supérieure, par les terrains siluriens et, plus bas, par des schistes bruns intercalés de grès de même couleur et que je classe dans le dévonien. Des forêts d'arganiers, parfois touffues, recouvrent toute cette partie sud de la chaîne.

Mneïzla, ou plutôt El Had Mneïzla[2], se trouve au bord de la plaine, dans les Houara. C'est un village important formé de deux groupes

1. Le dos de chameau.
2. El Had est une abréviation de Souq el Had (marché du dimanche).

de maisons construites en pisé et disposées de chaque côté du large thalweg de l'Ouad du même nom.

Nous campons sur la place où se tient le marché tous les dimanches, et les tolba[1] de la zaouïa viennent nous souhaiter la bienvenue en récitant la fatiha à la porte de notre tente.

Fig. 79. — Contreforts méridionaux de l'Atlas vus de l'Ang el Djemel.

29 décembre. — Le départ s'effectue assez tardivement le lendemain matin. Mes soupçons sur notre zettat paraissent se confirmer déjà : je crois saisir une complicité entre le Souéri et lui. Ils s'entendent pour me faire dépenser de l'argent inutilement ; c'est ainsi qu'ils perdent du temps à se procurer des friandises comme des amandes et du raisin sec, qu'on me fait payer très cher, puis ils font ferrer nos bêtes, qui n'en avaient guère besoin.

J'ai maintenant la certitude que ces deux hommes malhonnêtes vont me faire chanter durant tout mon séjour dans le Sous ; mais il n'est plus temps de reculer. D'ailleurs, je ne saurais me résoudre à rebrousser chemin, sur le point d'entrer dans des régions tout à fait inconnues.

1. Pluriel de taleb.

Je fais part de mes inquiétudes au Chérif et à Si Abdallah, qui paraissent s'en émouvoir outre mesure.

Pendant l'opération un peu longue de la levée du camp, un rassemblement important se forme autour de nous. On me regarde curieusement et je sens bien que beaucoup des Soussi[1] qui nous entourent soupçonnent mon origine.

Nous sommes au pied de l'Atlas et la chaîne m'apparaît formidable. La descente brusque que nous avons dû opérer depuis le Tizi Jerba justifie l'escarpement qui m'avait frappé tout d'abord, car nous sommes descendus de l'altitude d'environ 1600 mètres à la cote de 3 à 400, sur une distance horizontale d'une dizaine de kilomètres au plus. Nous avons devant nous une vallée profonde creusée dans les terrains primaires, celle de l'Ouad Mneïzla, qu'il m'est, hélas ! impossible de photographier.

Nous allons traverser la plaine des Houara et nous diriger vers Taroudant, dont les tribus révoltées font encore le siège. Il est donc impossible d'y entrer sans s'exposer à bien des ennuis. D'ailleurs Taroudant, déjà vue par des explorateurs comme Oscar Lenz, de Foucauld, de Segonzac et le capitaine Larras, ne peut m'offrir d'autre intérêt que celui de la curiosité. Je risquerais, en pénétrant dans cette ville du Sous, d'être reconnu comme l'ont été la plupart des voyageurs qui m'ont précédé, ce qui aurait pour conséquence de m'empêcher d'aller plus loin[2].

J'accepte, dans ces conditions, d'aller demander l'hospitalité chez un ami de mon zettat, au voisinage de la ville.

Notre chemin, à la sortie du village, traverse le thalweg de l'Ouad Mneïzla, large de 80 mètres et recouvert de cailloux roulés.

1. Habitant du Sous.

2. Trois mois après mon passage, Si Abd el Aziz Zenagui, qui se portait à la rencontre de M. de Segonzac alors prisonnier des Sektana, a failli payer de sa vie son entrée dans la ville de Taroudant. La population voulait le lyncher parce qu'elle le prenait pour un roumi déguisé en musulman, et cela en dépit de la pureté de son langage arabe et de sa connaissance parfaite des versets du Coran.

Nous faisons halte un instant auprès de *Sidi el Razi*, sur la rive gauche de la rivière. Deux hommes se trouvent là qui recueillent l'offrande des passants pour l'entretien du modeste monument qui abrite les restes du marabout et aussi, je pense, pour le plus grand profit de ces fervents gardiens de sa mémoire. Une prière est dite pour la réussite de notre voyage en témoignage de reconnaissance

Fig. 80. — L'Atlas méridional, vu de la plaine des Houara.

pour ma générosité; je dois passer pour un personnage de marque, car j'ai remis une pièce de 25 centimes.

Je suis frappé, depuis quelques jours, de la fréquence de ces lieux saints où les caravanes les plus pauvres sont moralement obligées de déposer leur obole. C'est un signe du fanatisme et de la superstition des populations de ce pays et cela contribue encore à le rendre inaccessible aux Européens[1].

Nous demeurons longtemps ensuite, dans la belle forêt d'arganiers

1. Il y a lieu d'être surpris de cette impénétrabilité du Sous, quand on pense que de très nombreux Soussi émigrent chaque année vers nos régions algériennes, où ils vont travailler comme terrassiers, moissonneurs et surtout comme mineurs. C'est ainsi que l'importante exploitation des Mines de fer de Beni Saf recrute la plus grande partie de ses ouvriers parmi les habitants de cette région marocaine, qui font d'ailleurs d'excellents travailleurs. Il semblerait que ce contact avec les Européens doive rendre ces gens, le plus souvent des Hartani, plus accueillants ou du moins plus tolérants pour le roumi. Mais au contraire ils veulent que leur pays reste absolument fermé et, ayant vécu avec des roumis, ils se sont faits à leurs

des Houara. Là, notre zettat met pied à terre pour nous servir d'éclaireur; il court à droite et à gauche son fusil à la main. Le pays est, paraît-il, toujours infesté de brigands, et les meurtres y sont nombreux. Notre guide prétend que les embuscades sont particulièrement fréquentes, dans cette forêt assez épaisse, d'arganiers et de broussailles épineuses. Fort heureusement, nous ne rencontrons sur notre route que des voyageurs comme nous ou de paisibles cultivateurs occupés à leurs champs.

Fig. 81. — Plaine des Haoura, forêt d'arganiers. Col de Sidi Mohammed el Hoçaïn, dans le fond.

Nous traversons ainsi rapidement une région d'une dizaine de kilomètres réputée dangereuse. J'ai pu, néanmoins, durant cette course à travers les Houara, relever mon itinéraire et prendre des clichés du flanc sud de l'Atlas.

Nous laissons à notre gauche la dépression du col de Sidi Mohammed el Hoçaïn, dans les Ida ou Mahmoud ; le Djebel Ifguig, situé un peu plus loin, se détache nettement avec son sommet couvert de neige.

La forêt est devenue plus claire et l'on commence à voir de beaux champs, admirablement entretenus, et entourés d'épines de jujubier sauvage.

Des r'dir[1] sont aménagés un peu partout.

manières et les reconnaissent plus facilement. De fait, indépendamment du vilain rôle joué par deux hommes de mon escorte, j'ai souvent constaté, au cours de ce voyage dans le Sous, que j'étais observé ; tandis que dans les Ida ou Tanan et au Siroua j'ai presque toujours passé inaperçu.

1. Un r'dir est une dépression naturelle ou une cuvette, creusée dans le sol, dont

Fig. 82. — Une halte dans la plaine de Sous.

Un village apparaît de temps en temps dans le lointain et nous traversons celui d'*Aït Herroum*.

Nous faisons halte pour déjeuner, à 4 ou 5 kilomètres de Taroudant. Cette ville, complètement entourée d'arbres, est très peu visible de la plaine.

El Boura constitue une agglomération importante, située non loin de l'Ouad Sous, sur la rive droite de ce fleuve. C'est là que nous allons demander l'hospitalité. Ses maisons sont en pisé, comme toutes celles du Sous ; elles sont basses, composées seulement d'un rez-de-chaussée et, sur leurs terrasses, sont maçonnées de grandes jarres dans lesquelles les indigènes conservent leur grain. Fréquemment, dans l'épaisseur des murs sont aménagées des cavités, fermées par une planche percée d'un petit trou et recouverte d'un crépi de terre. Ces niches servent de ruches à des essaims d'abeilles.

Comme tous les villages de la plaine du Sous, *El Boura* est entouré de jardins, plantés d'amandiers, de grenadiers, et tous ces vergers sont protégés contre les animaux par des haies d'épines généralement faites de jujubier sauvage.

Notre zettat nous conduit chez son ami, le maalem[1]. El Bachir. Nous suivons, des rues étroites et un passage couvert, tellement resserré qu'il faut décharger les bêtes et porter le bagage à la main.

le fond est rendu imperméable avec de l'argile et où s'accumulent les eaux pluviales qui servent à abreuver les animaux.

1. Artisan.

Le maalem est assez pauvre et n'a pas un très grand logement c'est un hartani[1], comme il en existe beaucoup dans ces régions. Il est jeune, sa physionomie est intelligente et douce. Nous plantons notre tente au milieu de la cour formée par l'encadrement de plusieurs maisons.

Nous avons là une sécurité relative, car nous sommes un peu à l'abri des regards indiscrets, quoique notre hôte reçoive pas mal de visites ce soir-là. Tout irait pour le mieux si nous partions le lendemain matin.

30 décembre. — Le zettat et le Souéri prétendent qu'il nous faut faire de grosses provisions en thé, en sucre et en comestibles de toutes sortes, afin de pouvoir régaler les gens que nous rencontrerons sur notre route. Cette thèse est tout à fait invraisemblable, car elle est en contradiction absolue avec l'hospitalité musulmane. Aussi je ne me laisse pas prendre à cet artifice grossier et je suis bien persuadé que la véritable raison de ce nouveau procédé de pénétration, de mes peu scrupuleux compagnons, est qu'ils veulent prélever à leur profit, une bonne partie des sommes que je mettrai à leur disposition. Quoique je me rende bien compte de leur intention, je ne puis leur refuser ce qu'ils demandent; le Chérif et Abdallah estiment qu'il vaut mieux avoir l'air de ne pas comprendre et faire ce petit sacrifice d'argent.

Mes deux chenapans vont donc, avec douze douros à Taroudant, d'où ils ne reviennent que le soir; et au compte d'apothicaire que me fait le Souéri, il est clair qu'il me demande plus de deux fois la valeur de chaque chose.

Cette journée passée sous la tente est mortelle. J'ai d'abord le regret de demeurer ainsi inactif; de plus, les deux seuls hommes sur lesquels je peux compter sont quelque peu démoralisés. Ils

1. Au sud de l'Atlas on distingue du type blanc le hartani qui est noir ou brun.

viennent d'apprendre que la région que nous allons traverser à la sortie d'*El Boura* est dangereuse, au même titre que la plaine des Houara ; ils ont peur aussi de s'aventurer sur les pentes de l'Atlas.

Ils me proposent alors de retourner sur nos pas pour gagner l'embouchure de l'Ouad Sous vers Agadir et de prendre, à partir de là, la route makhzen jusqu'à Mogador.

Mon projet, au contraire, est de parcourir le plus loin possible le revers méridional de l'Atlas et de recouper la chaîne à l'un des cols praticables en cette mauvaise saison, le Tizi n Test, par exemple.

Ma résolution reste d'ailleurs inébranlable et j'oppose aux protestations de mes hommes une volonté absolue. Je finis par avoir raison de leurs dernières hésitations en leur disant que je vais partir seul, ou accompagné du zettat et du Souéri, vers les régions que je veux explorer. Je suis vivement touché de voir mes compagnons m'exprimer alors des regrets pour leurs craintes qu'ils reconnaissent exagérées : « Nous ne te quitterons pas — me disent-ils — car avec ces deux bandits ta vie serait gravement exposée ; ils t'assassineraient pour te dépouiller ».

Indépendamment de l'inquiétude causée par le découragement du Chérif et de Si Abdallah, il me faut supporter, enfermé dans cette cour, une température réellement surprenante à cette époque de l'année. A 10 heures, j'ai noté 26° au thermomètre fronde et à midi, sous la tente, jusqu'à 32°, et cela le 30 décembre !

A ce sujet je ferai, sur le climat du Sous, une remarque générale qui ne fait que confirmer d'ailleurs les observations de la plupart des explorateurs qui m'ont précédé.

On est très frappé, après avoir passé l'Atlas, de se trouver dans une atmosphère toute différente. La température ici est beaucoup plus élevée qu'au nord de la montagne et le sirocco souffle fréquemment, tandis que la région située en deçà est protégée des vents chauds par la puissante et froide barrière de la haute chaîne, avec ses crêtes neigeuses. On sent ici l'approche du désert, et l'Anti-

Fig. 83. — L'Anti-Atlas vu d'El Boura.

Atlas est trop peu élevé pour jouer, par rapport au Sous, le rôle du Haut-Atlas par rapport au Haouz. Aussi la limite des neiges reste beaucoup plus élevée sur le revers méridional que sur le flanc septentrional. C'est ainsi que le capuchon blanc que j'observe d'*El Boura* ne descend pas au-dessous de l'altitude de 3000 mètres et demeure même, le plus souvent, au-dessus de 3500; tandis que sur le versant nord les neiges, à cette époque, recouvrent la montagne jusqu'à 1500 mètres, dans les vallées profondes; ailleurs, elles se maintiennent à 2000.

On peut voir encore, du côté du Sous, certaines crêtes complètement découvertes, alors que la neige forme un très léger liseré sur leur arête, ce qui témoigne de son abondance sur le revers opposé.

Il est très naturel d'admettre que cette température moyenne de la vallée où nous nous trouvons est due à l'influence des vents chauds du Sud.

A son retour de Taroudant, le zettat m'offre de sortir un peu du village, ce que je m'empresse d'accepter. Nous allons dans un champ nous mettre à l'abri d'un petit palmier, d'où je puis observer les environs et prendre quelques clichés.

La plaine du Sous est presque horizontale depuis le pied du

Haut-Atlas jusqu'à celui de l'Anti-Atlas, et les derniers contreforts de ces deux chaînes sont assez abrupts au-dessus des alluvions quaternaires. La carte au millionième semble devoir subir ici une modification importante, en ce qui concerne le pied sud du Haut-Atlas.

La plaine affecte la forme d'une vaste gouttière dont le fond, occupé par le lit de l'Ouad Sous, n'est pas à plus de 80 mètres au-dessous du niveau des extrêmes bords. Elle est constituée par des alluvions que traversent, de loin en loin, des rivières dont le lit desséché se trouve entre des berges généralement très peu élevées.

L'Anti-Atlas apparaît comme un plateau régulier, s'élevant de quelques centaines de mètres au-dessus de la plaine et derrière lequel apparaît une chaîne dont les points culminants ne sont pas très élevés.

Vers l'est, l'horizon est borné par un massif important, couvert de neige, qui semble établir une liaison entre le Haut-Atlas et l'Anti-Atlas : c'est le *Djebel Siroua* du vicomte de Foucauld.

A notre retour à *El Boura*, il est décidé que nous partirons demain matin pour aller droit vers les crêtes. Le Chérif et Si Abdallah y sont décidés et les deux autres, que je m'efforce de traiter avec douceur, approuvent mes projets, avec l'arrière-pensée sans doute, de continuer à m'exploiter méthodiquement.

31 décembre. — On ne se presse pas de lever le camp, car le zettat et le Souéri ont toujours quelque prétexte pour différer le moment du départ.

Enfin à 9 heures nous sortons les bagages de la cour pour les charger et je dois demeurer ainsi exposé à la curiosité des gens du village, venus en assez grand nombre pour nous voir partir.

Le zettat circule au milieu de tout le monde avec des allures suspectes. Il parle à l'un, répond à l'autre, et l'un de nos compagnons entend un hartani prononcer cette phrase : « C'est vrai, ça doit bien être un roumi ».

Il n'y a plus de doute, j'ai été trahi par notre misérable guide.

Le Chérif et Si Abdallah sont atterrés; néanmoins, ce dernier questionné à mon sujet, riposte avec énergie. Mes dévoués compagnons précipitent tout à coup le départ et nous attendons hors du village les deux autres, qui prétendent avoir encore quelque chose à faire.

Ils viennent enfin nous rejoindre, accompagnés du maalem El Bachir armé d'un fusil. Notre hôte veut bien nous escorter dans la plus mauvaise partie du chemin qui s'étend entre *El Boura* et le pied de l'Atlas.

Fig. 84. — La plaine au sortir d'El Boura.

Cette région, couverte d'arganiers, forme le prolongement de la plaine des Houara et tous mes hommes la disent également infestée de bandits. C'est pourquoi j'avais demandé, pour traverser sans incident cette zone dangereuse, à partir de très bonne heure dès la pointe du jour. Mais le Chérif et Abdallah s'y sont opposés : ils prétendent que, ma qualité de roumi étant au moins soupçonnée par suite de l'attitude de notre zettat, nous aurions l'air de prendre la fuite et que des gens du village pourraient nous poursuivre, voyant dans notre départ précipité une confirmation de leurs doutes.

« Il ne faut pas — me disent-ils — laisser entrevoir la moindre crainte; car la peur est, pour le Marocain, la preuve de la culpabilité ».

Nous marchons bon train à travers la plaine, tandis que le zettat et El Bachir battent les abords du chemin.

La forêt d'arganiers est assez touffue et les clairières sont utilisées comme pâturages et champs de culture.

Fig. 85. — Débouché de la vallée de Mentaga dans la plaine.

A partir d'*Emcherch*, entouré de jardins bordés de haies d'épines, les alluvions quaternaires, jusqu'ici très argileuses et sableuses, renferment de gros cailloux roulés, pour la plupart d'origine granitique et qui proviennent des crêtes de l'Atlas.

Nous arrivons ainsi au pied de la chaîne après avoir traversé une zone très fertile plantée d'oliviers, de caroubiers et de figuiers, qui s'étend tout autour de *Mentaga*, dans les *Aït Taleb*.

Ce village important, de plus de 150 feux, s'étend sur les deux rives d'un cours d'eau descendu des sommets, l'*Ouad Mentaga*, qui, avant de se jeter dans l'Ouad Sous, passe au Souq ed Djemaa[1]. Cette rivière, comme toutes celles que j'ai recoupées depuis El Had Mneïzla a, dans la plaine, un thalweg assez large entre des bords peu élevés. Elle roule, près de *Mentaga*, beaucoup d'eau dans un lit de 6 mètres de largeur sur 20 centimètres de profondeur avec un courant assez rapide. Les berges sont ici hautes d'une dizaine de mètres. Nous faisons halte pour déjeuner et je profite de cet arrêt pour recueillir, dans le lit de l'Ouad, des cailloux de roches cristallines provenant des régions élevées de la chaîne.

1. Marché du vendredi.

Mentaga est bâti à la limite des alluvions de la plaine contre des grès ou des argiles jaunes qui rappellent, par leur aspect, certaines couches crétacées d'Imi n Tanout. Ces terrains, fortement relevés reposent sur un banc épais d'un calcaire massif rose ou rougeâtre et la rivière, pour franchir cette barre calcaire, a creusé une petite gorge qui n'a pas plus de 20 mètres de largeur.

Au delà, la dépression est entaillée dans des schistes noirâtres ou

Fig. 86. — Vallée de Mentaga dans les schistes dévoniens.

des grès bruns, qui forment le prolongement de la bande dévonienne que j'ai recoupée à la descente du Tizi Jerba, et l'ouad serpente dans un thalweg assez étroit. Les pentes sont couronnées par des calcaires roses qui constituent partout une falaise à pic d'une quarantaine de mètres et, au-dessous, les sédiments crétacés de *Mentaga* se développent en un plateau incliné sur le versant de l'Atlas.

Nous remontons encore le cours de la rivière le long de laquelle le chemin est tracé et il nous faut constamment en recouper le lit, ce qui rend la marche assez pénible.

Mais quel dédommagement j'éprouve à tout moment, dans cette vallée profondément creusée, où l'abondance de l'eau et la richesse d'une végétation, curieuse par l'association constante du palmier-dattier et de l'olivier, rappellent à la fois un régime de montagne et de plaine, un climat tellien et désertique.

Les flancs schisteux de la dépression ne sont jamais complètement dénudés; mais, étant donné l'abrupt des escarpements, on n'a pu songer à tirer le moindre parti du sol.

Il en est tout autrement du thalweg, quand il est assez large, ainsi que des terrasses formées par des alluvions anciennes ou des éboulis de pentes. Alors l'indigène a parcimonieusement aménagé tous ces petits lambeaux de terre, un village s'est construit au milieu de cultures soigneusement entretenues par une main-d'œuvre opiniâtre, et la rivière, qui coule en torrent entre ces jardins ombragés, ajoute encore à l'aspect de fraîcheur de ce petit coin de l'*Ouad Mentaga*.

Fig. 87. — Aït Ouadjès, dans la vallée de l'Ouad Mentaga.

Les villages d'*Imi n Ourenchouch*, de *Tassedoun*, d'*El Hassouan* et de *Timimoun* se trouvent placés dans ces sortes d'oasis.

Nous nous arrêtons à *Timimoun*, et il nous faut traverser, pour arriver au cœur de l'agglomération, trois à quatre cents mètres de plantations superbes. Nous y recevons excellent accueil, et nous dressons notre tente sur une petite place carrée de 25 mètres de côté.

Des assas[1] sont préposés à notre garde pendant la nuit et le Chikh, avec quelques autres, accepte de partager notre dîner. Au cours du repas un taleb vient de la *Zaouïa Sidi Abd er Rahman* nous lire une prière qu'il a écrite sur un morceau de papier d'épi-

1. Gardiens

cerie, d'ailleurs fort sale. Mais l'intention est bonne et mes hommes sont fiers de cette aubade marocaine, ordinairement réservée aux gens de marque.

Je finis ainsi sous d'heureux auspices cette journée qui me fait oublier complètement celle si triste de la veille. Avec elle je vois disparaître l'année 1904, non sans songer au lendemain et aux souhaits que j'aurais exprimés ce jour-là aux miens et à tant d'autres, si une chaîne gigantesque, des plaines, la mer, ne m'avaient séparé d'eux.

Et ce qui augmente encore la distance dans des proportions formidables c'est que, si je me trouve dans un éden, je n'en suis pas moins complètement isolé des mondes civilisés.

1er janvier 1905. — La levée du camp se fait au milieu d'une affluence assez considérable. Des gens du village, y compris des femmes et des enfants, viennent en nombre assister à notre départ.

Je suis dévisagé par beaucoup d'entre eux; mais je ne vois rien d'hostile dans tous ces regards; et en partant, une dizaine d'hommes nous accompagnent un instant et tous viennent m'embrasser la main ou le manteau, me témoignant ainsi les égards dus aux chérifs.

Fig. 88.
Vallée de l'O. Mentaga, près de l'Agadir Oussedrem.

Nous éprouvons d'abord quelques ennuis pour sortir de ce dédale de rues, parfois très étroites et distribuées sans ordre. Plus loin le chemin est encore plein de difficultés. *Timimoun*, en effet, est situé sur la rive gauche de l'*Ouad Mentaga* et, au sud, le flanc de la vallée se montre très escarpé; aussi ne pouvons-nous avancer que lentement.

Nous passons auprès de l'*Agadir Oussedrem* et, après avoir traversé *Tizgui*, nous atteignons un petit col du haut duquel la vue s'étend sur la vallée, aussi bien en amont qu'en aval.

Le coup d'œil est ravissant du côté de *Timimoun*, qui apparaît

Fig. 89. — Akhentrir, dans la vallée de l'O. Mentaga.

noyé dans une oasis de verdure qui s'étend sur les deux versants jusqu'à une certaine hauteur.

Vers le nord la dépression est plus étalée et, à nos pieds, *Akhentrir*, avec son agadir aux tourelles crénelées, est bâti au bord de la rivière.

Nous avons quitté les *Aït Ouadjès* à *Timimoun*, nous sommes maintenant dans les *Aït el Hadj*. Mais le chemin est difficile, il se trouve sur des pentes escarpées et, pour comble de malheur, notre trop fameux zettat, qui disait connaître le pays dans ses moindres détails, ne peut nous servir de guide. Nous sommes dans l'obligation de demander à chaque instant notre route.

Nous avons abandonné les schistes bruns dévoniens en quittant notre gîte, pour pénétrer dans les terrains crétacés, et je retrouve la

Fig. 90. — Assaka, dans la vallée de l'O. Mentaga.

série des couches que j'ai traversées en entrant dans la vallée de Mentaga, mais en sens inverse. C'est ainsi que je recoupe le calcaire rosé, puis une succession de gypse et de grès jaunâtres.

Tous ces terrains, qui étaient d'abord penchés vers le sud, sont maintenant régulièrement inclinés vers le nord. Quelques fossiles, malheureusement peu nombreux, me permettront probablement de préciser l'âge, d'une partie du moins de ces sédiments.

Le village d'*Akhentrir* repose sur des calcaires à silex. A partir de là notre chemin se poursuit longtemps tantôt sur la rive droite, tantôt sur la rive gauche de la rivière, et partout, dans les parties les plus profondes de la vallée, ce ne sont que champs de culture et beaux oliviers toujours accompagnés d'arganiers.

Cette région est très peuplée. Nous laissons un peu à l'ouest *Afensou*, siège du Chikh El Hoçaïn, et nous passons auprès d'*Assaka*.

Je profite d'une halte dans le thalweg pour faire chercher un guide par notre zettat, auquel je reproche son ignorance parfaite du pays. Bien m'en a pris, car la route devient de plus en plus difficile.

L'*Ouad Mentaga* coule ici, dans un lit de 1 mètre de largeur sur 10 centimètres de profondeur et ses eaux sont assez rapides. Nous ne tardons pas, en remontant son cours, à quitter les couches crétacées pour voir réapparaître les schistes siluriens et la limite des terrains secondaires et primaires semble formée par une cassure remarquable auprès du village d'*Armgan*. A partir de là le chemin est très fréquenté, parce que des gens des tribus voisines reviennent d'un marché important où nous allons nous arrêter pour faire quelques achats.

Le *Souq el Had Mentaga* se trouve dans un site pittoresque, au milieu d'un bois épais de beaux oliviers, encadré au nord par de hautes montagnes presque dénudées parmi lesquelles, à mi-côte, le *Djebel Roulim*.

Fig. 91. — La vallée de l'O. Mentaga, près de Souq el Had.

Je m'informe s'il n'est pas possible d'aller plus loin dans la haute vallée que nous avons remontée depuis la plaine ; mais, indépendamment du mauvais état des chemins, j'apprends qu'un col très praticable en été, le *Tizi n Tafilelt*, ne peut être franchi en ce moment, à cause de l'abondance des neiges sur les crêtes du Haut-Atlas, du moins sur le flanc septentrional de la chaîne. D'ailleurs, une tentative de ce genre attirerait singulièrement l'attention sur moi, car cette route n'est jamais suivie qu'aux plus fortes chaleurs de l'année.

J'éprouve une déception parce que j'aurais voulu relever une coupe complète de l'Atlas, jusqu'à la vallée de l'Ouad es Seqssaoua ; tandis que je vais me trouver dans la nécessité d'arrêter mes investigations à peu près à la limite des terrains primaires.

Fig. 92. — Haute vallée de l'O. Mentaga et Djebel Roulim.

Je décide alors de me diriger droit vers l'est en suivant une piste à peu près parallèle aux crêtes.

Nous restons quelque temps dans le massif de verdure du *Souq el Had*, puis nous traversons le village de *Tirekht* où se trouve la qoubba du marabout réputé de *Sidi Abdallah ben Yaqoub*. A partir de là nous remontons un ravin, sur la gauche de l'*Ouad Mentaga*, jusqu'au petit col de *Tizi el Qadi*.

La montagne devient aride ; nous sommes sur des schistes verts ou sur des schistes noirs siluriens où ne croissent que quelques arganiers et des genêts sauvages.

Nous laissons sur la droite le *Djebel Igroumellal*, couronné par les calcaires crétacés, pour descendre une vallée à peu près dirigée est-ouest et qui appartient à un autre réseau hydrographique que celui de l'*Ouad Mentaga*.

Cette partie de notre étape est pénible, parce que nous recoupons fréquemment une rivière ayant un fort courant d'eau et dont le lit atteint 3 mètres de largeur sur 15 centimètres de profondeur.

Ce qui complique encore notre marche, c'est que la nuit vient nous surprendre ; aussi avons-nous quelque peine à trouver la *Zaouïa Sidi Abd El Hoçaïn*, où notre zettat veut nous conduire.

Une discussion assez vive s'est même élevée, à ce sujet, entre ce dernier et le Chérif qui voulait s'arrêter une heure plus tôt. Mais notre mauvais guide tient visiblement à nous faire camper en cet endroit.

Nous nous installons en dehors du village et nous avons la visite d'un chérif venu, paraît-il, solliciter une offrande pour la zaouïa et auquel le Souéri donne la somme, par trop modique, de cinquante centimes.

Cette maladresse d'un de mes hommes et aussi, je crois, la trahison de mon zettat, ont failli nous mettre en fâcheuse situation le lendemain matin, au moment du départ.

2 janvier. — De bonne heure, au lever du jour, le chérif de *Sidi Abd El Hoçaïn* vient nous voir et, sous prétexte de nous souhaiter le bonjour, entre brusquement sous notre tente. Je suis, comme d'habitude, assis au fond sur ma couverture, occupé à prendre quelques notes pendant qu'on prépare le déjeuner.

Notre visiteur sort presque immédiatement en disant : « Je savais bien que c'était un roumi ».

La réflexion était pour le moins malveillante.

Mes deux fidèles compagnons se précipitent à sa poursuite, en lui demandant pourquoi il me prend pour un roumi, alors que je suis un chérif venu de Marrakech. « Parce que — répond-il — un chérif n'écrit jamais, il laisse ce soin à son taleb. »

Mes hommes insistent, soutenant qu'il se trompe; ils désignent même la grande famille de cheurfa à laquelle j'appartiens et racontent que je fais toujours du bien sur mon passage. Ils feignent d'ignorer la trop modeste offrande du Souéri et disent qu'ils sont chargés de déposer de ma part, un douro dans la caisse de la zaouïa.

Notre interlocuteur demande alors mon nom et annonce qu'il va revenir bientôt. Un quart d'heure après il arrive, en effet, en déclarant, à notre grande satisfaction, que le nom de Si Allal figure bien dans la famille de cheurfa qu'on lui a indiquée. Il se dit maintenant convaincu de mon origine mahométane et maraboutique.

Nous voici à peu près rassurés et, pour donner le change à notre visiteur quelque peu indiscret, nous l'invitons à déjeuner, ce qu'il paraît accepter de très bonne grâce.

Le départ est néanmoins un peu inquiétant, car une vingtaine d'hommes assistent au chargement de nos bêtes. Je suis insolemment observé, mes moindres mouvements sont épiés.

Nul doute que tous ces gens ont sur moi plus que des soupçons : on leur a dit que j'étais un roumi. Mais je ne crois pas leur laisser entrevoir d'inquiétude; je m'efforce, autant que possible, de revêtir le visage impassible et calme des musulmans. J'observe mes fidèles compagnons, qui pâlissent à plusieurs reprises en entendant certaines réflexions faites autour d'eux.

Enfin nous partons et, malgré ma prétendue filiation à l'une des plus grandes familles de cheurfa du Maroc, personne ne vient me donner l'accolade due à un chérif respecté !

Nous sommes déjà à une certaine distance de la zaouïa que ceux qui ont assisté à notre départ nous suivent encore des yeux.

Après avoir remonté lentement le ravin de l'*Irzer ent Frent*, en allant toujours vers l'est, nous atteignons un col.

Je commence à me croire en sécurité, lorsque nous sommes rejoints par un jeune homme de la zaouïa, à l'air déluré, qui se dispose à nous accompagner jusqu'au soir. Sa présence inquiète visiblement le Chérif et Si Abdallah qui me recommandent la plus grande circonspection.

Quant au zettat, il conserve ses allures louches d'hier; il semble vouloir accaparer notre nouveau compagnon de route, mais Si Abdallah l'en sépare autant que possible, en témoignant à ce dernier la plus grande fraternité.

Nous ne sommes pas, hélas ! au bout de nos peines. Le chemin devient difficile parce que nous suivons la limite escarpée du massif primaire et des terrains secondaires. Et, comme pour mettre un comble à notre situation compliquée, notre mule qui avait déjà eu de la peine à suivre des pistes moins mauvaises, fait une chute d'une cinquantaine de mètres en roulant sur la pente abrupte d'un ravin. Il nous faut sortir la pauvre bête de cette fâcheuse position et nous sommes aidés dans ce sauvetage, par un hartani qui vient de nous rejoindre; tandis que le zettat ne bouge pas et que le Souéri ne montre pas beaucoup d'empressement. Fort heureusement, la mule n'a que des blessures sans gravité ; notre bagage, par contre, est fort endommagé. Nous pouvons cependant, après une demi-heure, reprendre lentement notre route.

Nous sommes dans une vallée parallèle à celle de l'Ouad Mentaga, dans les *Aït Yous Oumhend*. Je ne puis songer à me servir de mes appareils photographiques, mais je n'ai pas interrompu le relevé de mon itinéraire et j'ai toujours continué mes observations géologiques.

Des schiste sprimaires, parfois très noirs et brillants, affleuraient auprès de la *Zaouïa Sidi Abd el Hoçaïn* ; nous nous trouvons maintenant sur les terrains crétacés dont nous longeons, depuis quelque temps, la limite contre le massif ancien.

Ce contact semble bien se faire par une cassure importante, vraisemblablement dans le prolongement de celle que j'ai constatée auprès du *Souq el Had Mentaga*; mais il m'est impossible, étant donnée la direction que nous suivons, de vérifier ce fait intéressant pour la structure de la chaîne.

J'observe encore une traînée d'une roche verte, sorte de brèche volcanique dont j'ai vu des cailloux roulés, descendus des crêtes, dans le lit de l'*Ouad Mentaga*, et des blocs énormes, atteignant jusqu'à 20 mètres de diamètre, dans cette même rivière auprès du *Souq el Had*.

J'aperçois, à quelques centaines de mètres de nous, une longue bande de cette roche, paraissant intercalée dans des grès rouges permiens et sur l'identité de laquelle je ne puis me méprendre, à cause des fragments éboulés qui se trouvent sous nos pas. Je pense que ces brèches peuvent appartenir à des éruptions volcaniques, contemporaines des dépôts de grès rouges; mais ce fait mériterait confirmation, étant données les conditions précaires dans lesquelles j'ai pu l'observer.

Nous sommes maintenant dans les *Aït Yous*.

Indépendamment des vallées importantes dirigées suivant la ligne de plus grande pente du flanc de l'Atlas, c'est-à-dire avec une direc-

Fig. 95. — L'Iski Ifelilis et le Tamjoutt[1], vus d'Ir'il Imoula.

tion sensiblement nord-sud, d'autres dépressions sont creusées à peu près est-ouest à la limite du massif ancien. Sur le flanc sud de chacune d'elles les bancs crétacés apparaissent fortement inclinés vers l'axe central de la chaîne. Nous arrivons ainsi au point culminant de notre chemin, à *Ir'il Imoula*, où se trouvent des maisons abandonnées, entourées d'arganiers. Nous faisons halte pour déjeuner.

Ir'il Imoula est admirablement placé pour permettre un coup d'œil d'ensemble sur le revers méridional du Haut-Atlas et la grande plaine du Ras el Ouad.

La coupure profonde de l'Ouad Talekjount est à nos pieds; elle

1. J'orthographie Tamjoutt le nom du Djebel Tamjourt de la carte, d'après la prononciation que j'ai entendue dans les Aït Tameldou.

Fig. 94. — Flanc méridional du Haut-Atlas et pic d'Iski Ifelilis.

descend des crêtes les plus élevées, dominée sur la gauche par le pic imposant d'*Iski Ifelilis*.

La haute chaîne se montre escarpée au delà de la limite des terrains crétacés, tandis que ceux-ci constituent une sorte de plateau qui, légèrement incliné vers la plaine, arrête brusquement les pentes d'abord très raides de la montagne.

La plaine du Ras el Ouad apparaît beaucoup plus étroite que celle du Sous, dont elle n'est d'ailleurs que le prolongement. Elle est resserrée entre l'Anti-Atlas et le Haut-Atlas; mais, tandis que ce dernier se termine en pente douce, comme je viens de le dire, la chaîne méridionale débute encore, comme au sud de Taroudant, par un brusque ressaut derrière lequel se profilent des sommets élevés.

Dans la partie du Ras el Ouad située le plus près de nous, la plaine alluvionnaire forme une large langue qui pénètre assez profondément dans les terrains crétacés et semble témoigner d'un ancien trajet de l'Ouad Talekjount, qui devait se jeter dans l'Ouad Sous, plus loin vers l'est. Son cours serait maintenant dévié, car l'importante rivière recoupe l'éperon des terrains secondaires compris entre Tallemt et les Menahba.

Nous descendons la montagne, formée ici de calcaires, de

gypses et d'argiles, le long d'une arête comprise entre l'Ouad Talekjount et un autre cours d'eau situé plus à l'ouest. Le sol est recouvert d'arganiers, généralement petits et donnant de loin, l'impression de taches noires sur un sol blanchâtre. Nous demeurons jusqu'aux abords de la plaine dans les *Ida ou Belloul*.

Des indigènes qui se dirigent vers El Khemis, où nous allons chercher un gîte, se joignent à notre caravane. Cette intrusion d'étrangers dans mon escorte me gêne beaucoup dans mes observations, surtout au point de vue du relevé de mon itinéraire.

Fig. 95. — Un village des Ida ou Belloul.

L'un d'eux paraît me surveiller; j'ai bien peur qu'il m'ait vu regarder sous ma djellaba, ma boussole et mon baromètre. Fort heureusement le Chérif s'en aperçoit, il marche alors à côté de lui pour le distraire, mais il ne peut éviter une question indiscrète :

« Que fait donc ton camarade à regarder si souvent dans sa chemise ?

— Tu le sais aussi bien que moi, il cherche ses poux. »

Comme on le voit cette situation, quoique un peu difficile, ne manquait pas d'un certain côté amusant.

En arrivant au bord de la plaine, à l'*Agadir Aït Bezzi*, je constate que, de même qu'à l'entrée de la vallée de l'*Ouad Mentaga*, les couches crétacées représentées ici par des calcaires, sont fortement relevées et inclinées vers le sud.

Nous campons à *Touzoumtan*, village entouré de verdure, et situé non loin de l'agadir.

Le jeune homme qui nous a accompagnés depuis la *Zaouïa Sidi Abd El Hoçaïn* et qui se dit chérif est là, ainsi que le hartani qui nous a aidé à sortir notre mule du fond d'un ravin. Des gens du voisinage viennent se joindre à eux, et mes deux dévoués compagnons, visiblement inquiets, s'empressent autour de tout ce monde. L'un d'eux n'abandonne pas notre unique fusil, tandis que l'autre me demande de lui prêter mon revolver.

On mange, on boit, on chante la plus grande partie de la nuit, si bien que je ne puis fermer l'œil qu'à une heure très avancée.

3 janvier. — Je suis réveillé avant le jour et le Chérif, auquel je demande la raison d'un départ aussi matinal, me répond par le mot *el khouf*[1].

Cet excellent homme et Abdallah n'ont pas cessé de veiller, dans la crainte de se laisser enlever leurs armes. Ils ont entendu longtemps discuter sur moi et ils savent que le zettat a dit, au jeune homme de la zaouïa, que j'étais roumi et que j'avais de l'argent. Ce bruit s'est vite répandu et mes pauvres compagnons ont fait leur possible pour persuader à tous que j'étais un docteur musulman.

Le Chérif estime que nous n'avons été respectés que grâce à notre « fusil à cartouches » dont chacun voulait voir le maniement, mais qui n'est pas sorti un seul instant de ses mains.

En quittant *Touzoumtan* nous traversons le thalweg de l'Ouad Talekjount, large d'une centaine de mètres et formé de cailloux roulés appartenant pour la plupart, à des roches granitiques entraînées depuis l'axe de la chaîne du Haut-Atlas. La rivière coule, avec un courant très rapide, dans un lit de 4 mètres de largeur sur 50 centimètres de profondeur.

Sur la rive gauche se trouve le Souq el Khemis[2], placé au bord de la plaine sur les alluvions quaternaires les plus anciennes.

L'Ouad Talekjount reçoit en ce point, un autre cours d'eau à

1. La peur.
2. Marché du jeudi.

Fig. 96. — Fernat, sur le flanc méridional de l'Atlas.

peu près desséché, mais avec un large thalweg creusé entre des berges à pic de 10 à 20 mètres de hauteur. L'*Irzer Ikouzaren*, qui n'est alimenté qu'au moment des fortes pluies, se trouve au contact des terrains crétacés et des alluvions; ce qui explique un peu, par l'affouillement facile de ces dernières, la largeur de son lit et la hauteur démesurée de ses berges.

Nous suivons quelque temps l'*Irzer Ikouzaren*, que nous devons abandonner au coude brusque qu'il fait pour descendre de la direction des crêtes, avant de passer auprès du village d'*Achbaro*. Après avoir traversé un prolongement des terrains secondaires vers la plaine et recoupé l'*Irzer ou Nift*, nous atteignons l'*Ouad Fernat*.

Cette rivière a creusé son lit dans une vallée, parallèle à celle de Talekjount, profondément entaillée dans des bancs de calcaires et d'argiles.

Nous faisons halte dans les gorges de *Tanouïnert*, où il m'est permis d'observer une série de cassures, qui affectent les couches crétacées et confirment encore mes observations antérieures sur la structure du flanc méridional de l'Atlas.

Un village important, *Fernat*, est bâti sur le versant très escarpé de la rive droite.

Une arête seulement nous sépare de l'importante dépression de l'*Ouad Amzal*[1]; nous en faisons l'ascension lentement, parce que notre étape ne sera pas longue.

Arrivé sur la crête de ce contrefort, je puis voir à une soixantaine de kilomètres dans l'est, le *Djebel Siroua*, aperçu de très loin par Hooker et par Thomson et observé, de l'Anti-Atlas ainsi que de la haute vallée du Draa, par le vicomte de Foucauld qui le premier, indiqua son nom. Il apparaît comme un massif élevé terminé par un pic très obtus, couvert de neige.

Dans la direction nord-est, le *Tamjoutt*, — le plus haut sommet, peut-être, de toute la chaîne du Haut-Atlas, — se profile au delà du *Tizi n Test*, col que nous franchirons demain et que nous apercevons dans une échancrure de la crête, à la naissance de l'*Ouad Amzal*.

Fig. 97. — Un coin du village d'Amzal.

J'ai en somme, sous les yeux, un spectacle inédit dont je ne puis me détacher qu'avec peine.

Nous arrivons ainsi à un passage étroit d'où nous descendons dans la vallée qui nous mènera au *Tizi n Test*.

La route que nous venons de suivre ne paraît pas très fréquentée; tandis qu'une autre piste qui remonte l'*Ouad Amzal* est prise de préférence par les caravanes, parties de la plaine de Ras el Ouad et allant à Marrakech.

1. Ouad le Amdad de la carte au millionième.

Nous longeons un ravin assez profond, en grande partie creusé dans les schistes primaires, et nous arrivons de bonne heure à *Amzal*, agglomération importante et dont la situation est précieuse pour les voyageurs qui y font étape avant de franchir la crête de l'Atlas.

Mes hommes sont hésitants et nous ne savons où camper. Finalement, on nous indique une petite place encadrée de maisons où nous aurons paraît-il, un assas et où nous trouverons la nourriture de nos bêtes.

Nous sommes installés depuis une demi-heure à peine, lorsque le Chérif me conseille de ne pas me montrer, parce qu'il croit voir une certaine hostilité autour de nous. Le zettat a disparu en disant qu'il allait à la djemaa.

Peu de temps après, nous entendons prononcer à haute voix ces paroles assez peu rassurantes :

« Il y a un roumi sous la tente, il faut le faire sortir. »

Le Chérif et Abdallah blémissent en entendant cette provocation, tandis que le Souéri ne bronche pas et continue, sans sourciller, les préparatifs du dîner.

La situation me paraissant critique, je prie l'un de mes dévoués compagnons de ne pas abandonner le fusil et je menace de brûler la cervelle aux traîtres, à la moindre tentative de violence de la part des gens du village.

Cette déclaration ne tardait pas à produire son effet, car une heure après le Souéri sortait en disant à qui voulait l'entendre qu'on avait raconté que j'étais roumi pour m'ennuyer; mais qu'il n'y avait pas, en réalité, de meilleur Musulman que moi.

Ce point acquis, les choses prennent une autre tournure et le reste de la journée se passe sans incidents.

Malheureusement le Chérif et Abdallah ne sont pas encore rassurés et j'ai bien peur qu'ils ne laissent percer leurs craintes auprès des habitants d'*Amzal*.

Notre zettat est revenu et son attitude sournoise nous convainrait, s'il en était besoin encore, du rôle coupable qu'il joue de comlicité avec le Souéri. Il est entrepris par mes deux hommes fidèles, ui font miroiter à ses yeux je ne sais quelles belles promesses pour es prétendus bons offices à mon égard; cet artifice paraît un peu émouvoir, car il demeure tranquille toute la soirée.

4 janvier. — Le lendemain matin au petit jour, Abdallah se rend la djemaa où il fait sa prière le plus ostensiblement possible; près quoi, il parle à l'un, à l'autre. Il tient à ce qu'on sache, dans village, qu'il a fait ses dévotions dans un lieu public; puis, il evient furtivement et pénètre sous la tente sans être vu. Alors, andis que tous les autres sont sortis, il recommence sa prière à aute et intelligible voix, de façon à persuader aux gens vite rasemblés autour de notre campement que je prie avec la correction e langage et la pureté d'intonation d'un érudit musulman[1].

Cette mise en scène produit son effet et semble assurer, momenanément du moins, notre sécurité; mais encore faut-il que le zettat t le Souéri ne renouvellent pas leurs tentatives malhonnêtes.

Nous ne nous pressons pas de partir afin de ne pas laisser entreoir la moindre inquiétude.

Il est près de huit heures lorsque mes hommes sortent les houari[2] déjà pleins, qu'ils n'auront qu'à placer sur le dos des êtes, pour écourter la durée du chargement.

Je vais alors m'accroupir, le fusil à la main, au milieu de gens ssis contre un mur. Je suis l'objet de la curiosité de tous, et les abitants d'*Amzal* sont en nombre autour de la petite place sur aquelle nous avons passé la nuit.

Je cause avec ceux qui sont auprès de moi; je parle du pays d'où e viens, de Tétouan, situé bien loin d'ici.

1. Abdallah était taleb, car il avait appris le Coran, assez longtemps, dans une zaouïa de son pays.

2. Sorte de panier double qu'on place sur le bât des animaux de charge.

Le calme le plus parfait semble régner autour de nous, lorsqu'un taleb de la zaouïa se détache d'un groupe et, avec un air courroucé, dit à Abdallah en me désignant des yeux :

« Cet homme est un roumi. »

« Non — lui est-il répondu — c'est un médecin qui fait partout du bien sur son passage ; je l'ai connu à Tétouan où il est très estimé. »

« Tu mens — reprend le taleb — c'est un roumi. »

Je sens que la situation peut devenir grave. Je me lève alors lentement et, avec le plus de sang-froid possible je dis à Abdallah : « Je désire que l'on sache ici que je considère comme une injure grave d'être pris pour un chrétien ». Puis, je vais reprendre ma place.

Des marques de sympathie se montrent immédiatement sur bien des visages et, tandis que le taleb a disparu comme par enchantement, des souhaits nous accompagnent au départ[1].

Je ne doute pas que les habitants d'*Amzal* aient gardé l'intime conviction que j'étais un roumi parce qu'ils n'auraient jamais pu admettre, chez le zettat et le Souéri, assez de félonie pour dire d'un coreligionnaire qu'il est chrétien ; ces derniers ont dû, d'ailleurs, appuyer leur trahison de raisons suffisantes, en se basant sur la nature de mes occupations.

Aussi n'ai-je pu m'empêcher de constater, avec une certaine surprise, comme un air de soulagement chez la plupart de ces gens qui ne demandaient en somme, qu'un semblant de preuves sur ma prétendue origine musulmane pour me laisser poursuivre tranquillement mon chemin.

Nous sommes à peine à 500 mètres d'Amzal, qu'un homme à l'allure distinguée, à la mise assez recherchée, vient nous rejoindre en courant. Il semble que nous ne soyons pas encore au bout de nos peines.

Cet indigène a appris que je suis médecin et il me demande des

1. Chez les Musulmans le fait seul de soupçonner injustement un des leurs et, à plus forte raison de l'accuser, est une faute grave très réprouvée par leur religion.

ou trois jours de repos, pendant lesquels mes hommes pourront faire quelques emplettes pour leurs femmes et pour leurs enfants.

L'idée de passer par la capitale les réjouit beaucoup, aussi vont-ils, malgré leur fatigue, franchir avec entrain les trois étapes qui nous en séparent.

Avant d'atteindre l'Ouad Nfis, la vallée change de structure et d'aspect : aux schistes verts succèdent les grès rouges, d'abord

Fig. 106. — Paysage dans les grès rouges.

fortement relevés et, avec leur apparition, la végétation devient toute différente.

Le figuier abonde au fond des ravins ; on voit que nous avons quitté les grandes altitudes.

Nous laissons sur notre gauche, le village de *Talat i Ako* et la Qasba Goundafi, située auprès du confluent de l'Ouad Agoundis, puis nous traversons l'Ouad Nfis en un point où il n'a pas moins de 10 mètres de largeur sur 40 centimètres de profondeur. La force du courant rend difficile ce passage à gué et nous ne pouvons songer à le franchir sur nos petits ânes.

La dépression est largement ouverte en cet endroit, à cause de la médicaments. Je crains qu'il n'y ait là qu'un artifice pour être amené à voir si, dans mon bagage, je n'aurais pas quelque objet qui puisse trahir ma qualité de roumi. Aussi ce nouvel incident ne laisse pas que de m'inquiéter un peu.

Mais je suis vite rassuré, parce que notre interlocuteur me dit, sur tous les tons, qu'il est l'ami du Qaïd Goundafi et que le puissant chef du flanc septentrional de l'Atlas descend chez lui lorsqu'il se rend

Fig. 98. — Vallée des Aït Youguest et Tizi n Test.

dans le Sous. Et, en effet, tandis que je réunis les produits pharmaceutiques dont il a besoin, il raconte au Chérif qu'il sait que je cherche des mines, — c'est là une preuve indiscutable qu'il me prend pour un roumi, — et qu'il serait très heureux d'avoir mon avis sur un gîte de cuivre qu'il voudrait exploiter. Mais le Chérif proteste; il assure que je récolte des plantes médicinales et non des minerais, et il déclare que j'ai besoin d'être rapidement de retour à Marrakech.

Nous pouvons enfin poursuivre notre chemin.

Pour atteindre le *Tizi n Test*, nous quittons la vallée de l'*Ouad Amzal* pour passer dans celle d'un de ses affluents, l'*Ouad Aït Youguest*.

Fig. 99. — Aït Youguest.

Après avoir traversé la rivière, dont le lit a 3 mètres de largeur sur 10 centimètres de profondeur, nous recoupons l'arête qui domine la rive gauche. Du petit col que nous atteignons, la vue s'étend sur toute la dépression, dont la partie la plus rapprochée de nous est admirablement ombragée, tandis que des escarpements arides se montrent au-dessous de la crête, échancrée en un point par le passage que nous allons franchir.

Aït Youguest est bâti dans une partie assez élargie de la vallée du même nom. Il est entouré par des alluvions et des éboulis quaternaires, couverts d'une belle végétation de palmiers et d'oliviers, entre lesquels les indigènes cultivent de petits champs de céréales et de beaux jardins potagers.

Fig. 100. — Village au pied de Tizi n Test.

Nous avons abandonné les grès rouges, probablement crétacés, pour pénétrer dans le massif ancien.

Notre chemin remonte un affluent de gauche, le long duquel se trouvent encore plusieurs villages ombragés et entourés de cultures. Enfin nous quittons la dépression pour gravir, par un sentier très abrupt, l'arête d'un contrefort de l'Atlas qui descend d'un sommet voisin du *Tizi n Test*.

A ce moment commence véritablement l'ascension du col.

Elle est pénible et la piste se développe en très nombreux lacets, tantôt sur des calcaires cristallins, tantôt sur des schistes primaires,

Fig. 101. — Montée de Tizi n Test et vue du Dj. Tamjoutt.

et dans ce sol à peu près nu, poussent seulement des rtem et quelques lavandes sauvages. L'arganier a disparu au niveau d'*Amzal* et d'*Aït Youguest* et le chêne à glands doux fait son apparition près du col.

La structure du flanc méridional de la chaîne se montre nettement et je puis photographier des plis de ses terrains anciens.

L'ascension, qui ne nous demande pas moins de trois heures, ne s'effectue pas sans difficulté. Notre mule fatiguée et, décidément aussi peu habituée aux régions montagneuses, fait encore une chute effrayante et nous ne sommes pas peu surpris de la voir se relever au-dessous de nous, tandis que les bagages qu'elle portait sont disséminés sur le flanc du ravin. Nous devons prendre le parti d'alléger sa charge, et les trois petits ânes vont se partager la plus

Fig. 102. — Vue prise de Tizi n Test; direction nord.

grande partie du fardeau d'une bête deux fois plus haute qu'eux.

Nous nous trouvons maintenant sur une route très fréquentée et nous ne croisons pas moins d'une dizaine de caravanes.

D'un point assez élevé du contrefort que nous gravissons j'aperçois sur ma droite, le *Tamjoutt* qui se profile dans le lointain. Je suis en ce moment, à l'endroit de ma route le plus rapproché de cet immense pic que je puis ainsi photographier.

Avant d'arriver au *Tizi n Test*, nous rencontrons une nzala où des agents du Qaïd Goundafi nous réclament un droit de passage. Je suis un peu surpris que, ayant déjà payé pour entrer dans le Sous, on nous demande encore quelque chose pour en sortir.

L'un des préposés du Qaïd m'a vu prendre des notes et il dit à Abdallah que je suis un roumi. Il est alors houspillé par ce dernier qui déclare que je suis un chérif et lui fait remarquer, avec énergie, qu'il n'entend rien à ses fonctions de gardien du chemin. Je recommande de laisser dire, car je n'ai plus rien à craindre maintenant puisque nous entrons en Bled makhzen.

L'échancrure du *Tizi n Test* correspond à un lambeau de grès rouges permiens, pincés dans un pli de schistes anciens, et qui, par leur facile désagrégation, ont marqué une dépression de la montagne.

La vue ne s'étend pas très loin devant nous. Un ravin profond, tributaire de l'Ouad Nfis, paraît descendre du col jusqu'à un coude brusque de cette rivière importante. Toutes les crêtes sont couvertes de chênes et la neige, qui n'existe pas sur le revers méridional, apparaît à quelques pas de nous, sur le flanc nord.

La descente s'effectue lentement par une pente assez raide, et nous devons passer sur la neige en suivant des pistes fraîches, marquées par le pas des hommes et des mules[1].

Nous allons écourter notre étape parce que nos bêtes sont très fatiguées. D'ailleurs il nous est impossible d'atteindre aujourd'hui la Qasba Taguendaft, seul endroit où nous puissions trouver un bon gîte.

Nous nous arrêtons à quelques kilomètres au-dessous du col, à l'endroit appelé *Iguer ent Guern*, sur un tertre entouré de neige. Tandis que j'aide le Chérif à dresser la tente, Abdallah apporte des troncs d'arbres morts qui vont servir à entretenir, toute la nuit, du feu près de notre abri, car nous nous attendons à un froid assez vif. Le ciel très clair, l'altitude de 2000 mètres à laquelle nous nous trouvons, le font facilement prévoir ; je n'oublie pas non plus que nous sommes maintenant sur le versant septentrional du Haut-Atlas. De fait, à 7 heures le thermomètre ne marque déjà plus que 2 degrés.

DE TIZI N TEST A MARRAKECH.

5 janvier. — Il est plus de 9 heures quand nous nous mettons en route, tant nous avons eu de peine à nous réchauffer après une nuit

1. Il y a peu de chameaux dans les caravanes qui recoupent ici la haute chaîne, et, jusqu'à Marrakech nous n'en verrons pas. C'est que la route de l'Ouad Nfis est souvent formée de sentiers très étroits, ayant parfois moins de 50 centimètres et tracés sur les flancs escarpés de la vallée. Ils sont forcément inaccessibles aux chameaux qui sont faits aux chemins plus larges et moins pierreux de la plaine. Par contre, les caravaniers ont de petites mules nerveuses qui gravissent sans difficulté les parties les plus raides des sentiers, dans ces régions montagneuses. La même remarque s'applique à la traversée de l'Atlas par le col des Bibaoun.

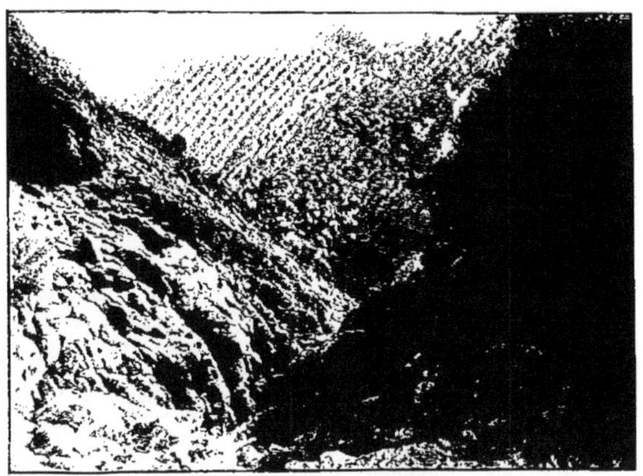

Fig. 105. — Gorges d'Iguer ent Guern.

passée par plus de 5 degrés de froid, sous une toile couverte de givre et sur un sol constamment glacé.

Le Chérif surtout n'est pas matinal, ce qu'excuse son âge; il voudrait aujourd'hui voir apparaître le soleil avant de partir et je n'aurais garde de lui refuser cette satisfaction.

Nous sommes dans un site des plus sauvages, sur une montagne schisteuse aux formes arrondies; la profonde vallée de l'Ouad Nfis se trouve non loin de nous.

Nous pénétrons bientôt dans une gorge étroite où le chemin descend, en petits lacets aux coudes anguleux, au milieu de blocs de calcaires bleuâtres éboulés des parois à pic du défilé. Les caravanes sont très nombreuses sur la route, et chaque fois que nous en croisons une il faut nous ranger de façon à laisser le passage libre aux bêtes haletantes.

La piste est longtemps tracée dans les schistes verts, intercalés de calcaires cristallins et recouverts par des schistes noirs siluriens; le sol devient de plus en plus aride.

Des lambeaux de grès rouges permiens se montrent çà et là, pincés dans des plis de terrains plus anciens, ou enclavés entre des failles.

Nous recoupons des ravins en laissant toujours, à quelques kilomètres à gauche, l'Ouad Nfis. Notre itinéraire est donc différent de celui qui est tracé sur la carte au millionième.

Après avoir franchi un col peu important, nous descendons dans une partie de la vallée assez fertile, arrosée par des affluents de la rive droite et couverte de jardins et de grands arbres, parmi lesquels je remarque le noyer.

Nous sommes alors aux abords de la Qasba Taguendaft, sorte de bordj important, par sa situation élevée à la pointe d'un rocher et rappelant, avec ses tours carrées, certains châteaux du moyen âge. Ce bordj domine toute la dépression, et des hommes placés dans son donjon sont là, dit-on, pour en surveiller tous les abords. C'est l'ancienne demeure du Qaïd Goundafi, qui habite actuellement beaucoup plus bas, tandis que la Qasba Taguendaft est occupée par son khalifa.

Fig. 104. — Qasba Taguendaft.

Nous traversons les villages qui se trouvent au pied du bordj pour atteindre la naissance d'un ravin, tributaire de l'Ouad Nfis, que nous allons suivre; c'est là que nous campons dans un bouquet d'arbres, où nous serons un peu plus à l'abri du froid.

6 janvier. — Le pays est maintenant tout à fait sûr, car nous nous trouvons entre la Qasba du Qaïd Goundafi et celle de son suppléant, qui représentent l'autorité makhzénienne.

Je n'ai donc plus rien à craindre de notre zettat dont j'ai assez longtemps subi la société dangereuse. Je n'hésite pas à le renvoyer, et j'aurais déjà pris cette mesure hier, si cet homme n'avait été indisposé tout le jour.

Fig. 105. — Notre chemin au-dessous de la Qasba Taguendaft.

Je le congédie non sans lui reprocher énergiquement son attitude coupable, et il essaie d'opposer à mes allégations de formels démentis. Il va, par étapes successives, regagner Iferd.

La présence du Souéri m'est non moins odieuse. Il vient encore d'aggraver son cas en prenant dans ma petite cantine, que j'avais par inadvertance abandonnée ouverte quelques instants, une somme de 120 piécettes hassani. Je m'en aperçois aussitôt, mais ne veux pas lui en faire l'observation ici, parce que je saurai où le retrouver plus tard. Sous le prétexte que j'ai une nouvelle urgente à faire tenir au vice-consul français et au pacha de Mogador, je le renvoie là-bas avec ma mule chargée de quelques bagages devenus inutiles. Je conserve seulement la tente et le strict nécessaire pour poursuivre ma route.

Quel soulagement j'éprouve de me trouver seul avec le Chérif et Si Abdallah, ces deux compagnons dévoués, intègres, grâce auxquels j'ai pu me tirer de bien des mauvais pas !

Aussi je désire leur montrer ma gratitude et, pour leur en donner un premier témoignage, je me propose d'aller jusqu'à Marrakech, que j'étais d'abord décidé à brûler. Nous prendrons là deux

Fig. 107. — Vallée du Goundafi.

présence des grès permiens. Le travail d'érosion de cours d'eau importants, comme l'Ouad Nfis et l'Ouad Agoundis, descendus des crêtes les plus élevées de l'Atlas, ont eu facilement raison de leur faible résistance.

Mais l'Ouad Nfis change maintenant de régime, parce que nous abandonnons le lambeau permien du Goundafi pour entrer au cœur des schistes primaires qui vont se développer en masses puissantes, sur une vaste étendue; ils sont en général, fortement redressés et leur succession alternative indique qu'ils forment une série de plis intenses.

La vallée est profondément entaillée dans ces schistes anciens, et la rivière serpente, entre des berges resserrées, en une infinité de méandres.

Rien n'est plus pittoresque que ce chemin de l'Ouad Nfis, car il est presque constamment tracé sur des flancs à pic, dominant le thalweg, parfois de plus de 200 mètres.

Cette structure témoigne de la dureté des roches dans lesquelles la dépression est creusée et aussi de la haute antiquité de cette dernière.

Que de siècles d'un travail incessant il a fallu à l'Ouad Nfis pour atteindre son niveau actuel! Mais s'il a pu, grâce à la chute considérable qui sépare sa source de son niveau de base, situé dans la plaine de Marrakech, affouiller ainsi des terrains résistants comme les schistes anciens de l'Atlas, c'est aussi qu'il a choisi une direction générale parallèle à leurs plissements. De cette façon les schistes ont été pris dans le sens de leur fissilité, c'est-à-dire de leur plus faible résistance.

La vallée que nous descendons offre un beau coup d'œil. Par

Fig. 108. — L'Ouad Nfis au-dessous de la Qasba Goundafi.

contre la piste n'est pas toujours facile, quoiqu'elle soit entretenue, non pas je pense, pour le plus grand bien des caravanes qui se rendent au Sous, mais plutôt parce qu'elle aboutit à la demeure d'un seigneur, d'un potentat qui aime son bien-être et ne s'inquiète guère de la vie des voyageurs qui ont besoin de la suivre fréquemment. Le chemin du col des Bibaoun nous a montré tout le mépris du Makhzen pour les trafiquants du Sud; il ne mène pas, il est vrai, à l'habitation d'un Qaïd, tandis que celui du *Tizi n Test* conduit directement à la Qasba du Goundafi!

Il est inutile d'ajouter que cette dernière route n'est en bon état que jusqu'au bordj du chef des Goundafa et non plus au delà.

Nous campons à côté d'une maison isolée située non loin du village d'*Imidel*.

7 janvier. — Nous nous proposons de faire une longue étape, parce que je voudrais bien arriver demain soir à Marrakech.

Le chemin se présente toujours dans les mêmes conditions, tantôt sur la rive droite, tantôt sur la rive gauche, et les schistes varient de composition : nul doute qu'ils n'appartiennent à plusieurs niveaux des terrains primaires. Il nous faut souvent recouper la rivière, mais les gués fréquentés par les caravanes sont praticables à cette époque de l'année ; l'un d'eux, par exemple, n'a que 35 centimètres de profondeur sur 25 mètres de largeur.

La vallée est toujours très encaissée et comprise entre des parois abruptes, et resserrées.

Ça et là se montrent des terrains d'alluvions, utilisés avec le plus grand soin par les indigènes. Ils sont à des niveaux variables par rapport à la rivière ; c'est ainsi que j'ai eu l'occasion de constater toute une série de terrasses jusqu'à une hauteur verticale de plus de 100 mètres au-dessus du thalweg[1].

Une étude détaillée de tous ces lambeaux quaternaires serait des plus intéressantes ; elle permettrait de suivre la marche du creusement de la vallée depuis l'époque pliocène jusqu'à nos jours.

Les schistes de l'Ouad Nfis sont nus ou à peine recouverts de quelques arbres. Le chêne à glands doux, qui existe à profusion au *Tizi n Test*, a disparu depuis une altitude assez élevée ; il a fait place à des thuyas, parfois de grosseur tout à fait exceptionnelle. Cette essence forestière est accompagnée de genévriers, de lavandes et de genêts sauvages.

En quelques points la dépression s'élargit, par suite de la présence de petits affleurements de grès rouges, comme par exemple à *Imidel*.

1. M. Paul Lemoine a déjà attiré l'attention sur ces dépôts quaternaires.

Un peu au-dessus de Tagadirt el Bour, la rivière change complètement de régime parce qu'elle sort du puissant massif schisteux de l'Atlas.

A partir de là, en effet, l'Ouad Nfis pénètre dans une succession de sédiments plus récents, permiens, triasiques ou crétacés. Alors il abandonne sa direction générale vers le nord pour atteindre, après une série de divagations, son confluent lointain avec l'Ouad Tensift.

Fig. 109. — La vallée l'Ouad Nfis, auprès de Tagadirt el Bour.

La vallée, d'abord très large sur une dizaine de kilomètres, est creusée dans des gypses salifères, des marnes colorées triasiques et des grès rouges permiens ou crétacés. Elle forme la dépression de Ouanserou, limitée au sud par le bord abrupt du *plateau d'Aguergour*, puis la rivière se porte vers l'ouest pour traverser au point le plus faible, dans les Nesquioua, avant de se jeter dans la plaine.

La route abandonne l'Ouad Nfis et, à partir de là, elle se dirige à peu près droit vers le nord. Il nous faut gravir l'extrémité méridionale du plateau, haut de près de 100 mètres au-dessus du thalweg, et recouper d'abord un affluent de gauche, roulant des eaux très salées. Un gîte de sel gemme, en effet, est exploité ici dans les marnes colorées et les gypses salifères des terrains triasiques.

Fig. 110. — Aguergour n Qiq.

La montée de l'Aguergour est non moins intéressante, car son soubassement est constitué par les grès rouges permiens intercalés ici, d'une succession de coulées de laves, de produits de projections et de cendres, traversés par des filons et formant un amas d'au moins 80 mètres d'épaisseur. Il y a en ce point, des vestiges de manifestations volcaniques importantes, remontant vraisemblablement à l'époque permienne.

Au-dessus, la couverture est formée d'une épaisse couche de grès, de gypses, d'argiles et de calcaires d'âges crétacés.

Nous allons planter notre tente auprès d'Aguergour n Qiq.

8 et 9 janvier. — Le *plateau d'Aguergour* offre un relief faiblement ondulé par l'érosion ; sur son pourtour cependant il est crevassé par des ravins profonds, formant parfois de petites gorges entaillées dans des couches calcaires, épaisses de plus de 80 mètres. Enfin il est traversé, de l'est à l'ouest, par une légère dépression transversale paraissant correspondre à une cassure rectiligne ayant cette direction. Le sol est très fertile et cultivé dans ses moindres recoins. Par place, dans les petits ravins, des sources émergent d'une nappe souterraine, au contact des bancs superficiels et de lits argileux imperméables. En ces points on voit souvent de beaux bouquets d'arbres et aussi des agglomérations, dont les plus importantes sont le village où nous venons de passer la nuit et celui de Dar el Guergouri.

Nous descendons le bord septentrional du plateau auprès d'*Iouzel*, de la *Qasba Aguergour* et de *Tigzi*.

On voit encore apparaître, dans l'Ouad Nfis, le soubassement constitué soit par les grès rouges permiens, soit par les marnes colorées et salifères du trias ; ces derniers terrains reposent sur des schistes primaires.

Nous effectuons une descente de plus de 250 mètres pour arriver dans la plaine du Haouz.

J'aurais voulu atteindre Marrakech le soir même ; mais il nous reste trop peu de temps pour franchir avant le coucher du soleil, avec des ânes à l'allure lente, la distance de plus de 30 kilomètres qui nous sépare de la capitale marocaine ; nous serions très exposés à trouver fermées les portes de la ville et je préfère aller coucher à Tamesloht.

Nous passons par Oumenast, en laissant Akreïch sur notre droite, et nous arrivons avant la nuit, à la ville où réside un grand et richissime chérif. Je sais qu'il est très bien disposé pour les Français et je n'aurais qu'à me faire connaître pour recevoir bon accueil de lui. Mais je suis fatigué et la perspective d'une soirée interminable et d'un repas sans fin m'effraie ; aussi, malgré l'avis de mes hommes, nous allons dans un foundaq d'une saleté repoussante, peuplé d'israélites et qui me donne une idée de la promiscuité de certains Mellah.

Je préfère planter ma tente au milieu de la cour que d'occuper la chambre que m'offre le maître de l'auberge et je m'efforce de faire abstraction des cris que j'entends, des odeurs nauséabondes qu'exhalent les gens et les bêtes qui m'entourent, pour dormir un peu. Je sais que la nuit ne sera pas longue, car nous serons en route avant la pointe du jour.

En effet, nous quittons Tamesloht le lendemain matin, par un froid de 0 degré et guidés par un clair de lune magnifique.

Nous suivons en courant pour nous réchauffer, nos ânes qui n'ont pas l'air de comprendre ce réveil matinal alors qu'ils auraient volontiers profité encore de la bonne nourriture et du confortable gîte que nous leur avions donnés.

Nous arrivons à la porte de Bab er Roub vers 8 heures, et nous entrons dans l'une des capitales du Maroc, la ville sainte du Royaume de Marrakech, ancien séjour de tant de Sultans renommés et aujourd'hui délaissée par le fils de Moulaï Hassan, toujours enfermé dans Faz, sa résidence préférée.

10 et 11 janvier. — Il a déjà été beaucoup dit sur Marrakech et il y aurait encore beaucoup à dire sur cette cité curieuse, aux hautes murailles en pisé, aux rues bordées de maisons élevées sans autres ouvertures qu'une porte et qui donnent parfois l'impression d'interminables chemins de ronde.

Mais je me suis fait une règle de laisser, en dehors de mon récit, les villes makhzen déjà vues par des voyageurs distingués et des explorateurs illustres.

Je ferai cependant une exception en ce qui concerne les écoles de l'Alliance israélite universelle[1], à Marrakech.

Je me proposais bien de me rendre compte de leur rôle au Maroc parce que j'ai toujours été frappé, dans notre grande colonie du Nord de l'Afrique, de l'assimilation rapide, parfois brillante, des juifs algériens. Le Maroc allait m'offrir un terme de comparaison entre ces deux populations de même race encore placées, il y a trois quarts de siècles, dans des conditions à peu près identiques; mais dont l'une a évolué avec une rapidité extraordinaire, sous l'impulsion féconde de la civilisation française, tandis que l'autre est

1. Les écoles de l'Alliance israélite à Marrakech ont été vues notamment par MM. Descos et Doutté, ensuite par mon ami, M. Lemoine, qui est passé dans la capitale marocaine quelques semaines avant moi.

demeurée dans le même état de quasi servitude, sous la domination musulmane.

Des plumes autrement autorisées que la mienne ont traité déjà cette intéressante question, et le rapport remarquable de M. Augustin Bernard, publié dans le « Bulletin du Comité du Maroc », renferme des renseignements précieux sur ces écoles et des conseils éclairés au sujet de leur avenir.

Mon appréciation sur ces centres d'éducation intellectuelle et morale est la même que celle de mon collègue. Elle serait meilleure encore, si la chose était possible, que celle de M. A. Bernard, quant à leur rôle au point de vue de notre influence au Maroc.

J'ai eu l'occasion d'habiter, le Mellah de Marrakech, à trois reprises différentes, par suite de circonstances que je vais dire tout à l'heure. Je me suis alors trouvé en contact avec la population juive.

J'ai vu très fréquemment les élèves des écoles, je les ai interrogés à maintes reprises, j'ai causé avec eux bien souvent, puis j'ai été reçu par des notables de la Communauté, en particulier par son président, M. Corcos.

J'ai emporté de ces journées, vécues un peu de la vie de tous ces indigènes israélites, un excellent souvenir.

Je me propose, en arrivant à Marrakech, d'abandonner sinon mon costume — car je n'ai pas de quoi le changer — tout au moins mon incognito.

Cette existence de contrainte est très pénible et j'ai bien assez des semaines de précautions constantes que j'ai dû m'imposer depuis mon départ de Mogador! D'ailleurs il me serait très difficile de me faire passer ici pour un Musulman. De plus, j'ai le désir de me mettre en relation avec les Européens que je pourrai rencontrer.

Il y a à Marrakech un agent consulaire français, un Arabe, excellent homme, dévoué au possible; mais il n'a du titre de Français que son attache officielle à la Légation de France, qui lui crée la situation de « protégé » et, par suite, les énormes avantages qui en découlent vis-à-vis de l'autorité chérifienne, quelque peu versatile et vénale.

Je m'empresse de dire que cet agent consulaire mérite, à tous égards, le privilège qui lui est ainsi donné, mais il a un défaut : celui de ne pas connaître un seul mot de notre langue.

Je me mets à sa recherche et, après avoir circulé pendant plus de deux heures dans les rues poussiéreuses de Marrakech, je dois convaincu de son absence, renoncer à le découvrir.

Je me souviens alors de M. Falcon que j'ai connu sur le bateau entre Tanger et Mogador, alors qu'il se rendait avec sa famille, à Marrakech, pour y prendre la direction des écoles de l'Alliance israélite universelle.

Je pense trouver auprès de lui, malgré son arrivée récente, tous les renseignements utiles pour passer quelques jours dans la ville et y prendre un peu de repos. Je ne me suis pas trompé, car l'obligeance de M. Falcon a considérablement dépassé ce que je pouvais attendre. Il a essentiellement tenu à me faire accepter l'hospitalité de sa maison, et il a eu raison de ma résistance en me démontrant qu'il m'était bien difficile de m'installer ailleurs pour si peu de temps[1].

C'est cette circonstance qui m'a amené à habiter le Mellah, plutôt que la Medina où se trouvent quelques commerçants européens.

Il y a deux écoles de l'Alliance israélite dans le Mellah ; celle des garçons a pour directeur M. Falcon, originaire de Smyrne, mais bien Français de cœur. Ancien élève de l'école d'Auteuil, il a conservé pour notre pays une grande sympathie, dont il a donné un premier témoignage en épousant une Parisienne, qui dirige avec beaucoup de dévouement l'école des filles.

Son adjoint, M. Souessia, comme lui élève d'Auteuil, est sujet

1. Les Français qui vont à Marrakech s'installent, par l'intermédiaire de notre agent consulaire, dans une maison du Makhzen non meublée, sorte de caserne qui était occupée par la Mission militaire française, lorsque le Sultan habitait la capitale du Sud-marocain.

marocain. Natif de Mogador, il connaît admirablement le caractère de ses compatriotes; il est très estimé, autant des Musulmans que des Israélites. Ses sentiments français sont aussi à toute épreuve et, de même que M. Falcon, il sollicite à grands cris la naturalisation que, pour des raisons soi-disant très compliquées, on n'est pas encore parvenu à accorder à ces deux pionniers de notre civilisation au Maroc.

La population du Mellah de Marrakech est beaucoup plus en retard encore que celle des villes de la côte Atlantique, notamment de Tanger et de Mogador; aussi les deux maîtres se heurtent-ils, pour avoir des élèves, à des difficultés énormes.

Ce n'est pas que les jeunes gens soient réfractaires à l'instruction; mais les parents ont toujours la crainte que, sous prétexte de les instruire, on essaie de christianiser leurs enfants. Le fanatisme religieux, relativement faible chez le Musulman, est grand et parfois même un peu farouche chez l'Israélite au Maroc.

Aussi après avoir circulé dans le Mellah et côtoyé des gens sales, après avoir vu la promiscuité répugnante de la plupart de ces intérieurs juifs, est-on frappé de la propreté relative et aussi de l'application au travail qui règnent à l'école.

Ce qui m'a le plus surpris, c'est de voir aux cours d'adultes, des hommes de trente, quarante ans et plus, qui, après une journée de labeur fatigant, venaient, ne sachant pas un seul mot de français, apprendre à lire, à écrire et à parler notre langue.

J'ai été réellement étonné de l'attention avec laquelle ils écoutaient leur professeur et les résultats auxquels arrivaient la plupart d'entre eux.

J'en ai vu qui, au bout de quelques mois de ce travail du soir, parvenaient à écrire une lettre d'une clarté et d'une précision déjà suffisantes.

J'avoue avoir éprouvé chaque fois un vrai plaisir dans mes visites aux écoles du Mellah de Marrakech, et je remercie M. Falcon et son adjoint, M. Souessia, de m'en avoir si obligeamment facilité l'accès.

En ce qui concerne les jeunes filles, la situation est différente. On voit moins chez elles ce désir de s'instruire; mais par contre, ces enfants sont avides d'être initiées à la couture et à tous les travaux spéciaux à la femme[1].

Si l'on songe au puissant intermédiaire que peut être le Juif du Maroc, par suite de ses rapports avec les Musulmans, on se fait une idée du rôle important qu'il pourra jouer dans l'œuvre de civilisation au Pays du Moghreb.

Sans doute l'Israélite se trouve ici dans une condition inférieure; cependant il est indispensable au Marocain, qui, tout en ne le considérant pas comme son égal, le met à contribution et ne le maltraite pas.

Il semble bien qu'au point de vue de l'influence à exercer au Maroc, celui-là aurait le plus d'action qui saurait acquérir la confiance et s'assurer le dévouement des Mellah.

Mon voyage au Siroua n'a été possible que grâce à l'intervention d'un notable israélite de Marrakech; car son correspondant, à Tikirt, m'a valu le concours du Chikh de cette ville du Sud de l'Atlas.

RETOUR A MOGADOR.

Je me propose, en retournant à Mogador, de recouper les contreforts de l'Atlas en explorant la partie inférieure de certaines vallées, plutôt que de suivre l'une des routes de la plaine que j'aurai forcément l'occasion de voir dans un autre voyage.

1. Depuis mon retour à Paris, l'administration centrale de l'Alliance a consenti encore de nouveaux sacrifices en faveur des écoles de Marrakech. C'est ainsi que le nombre des déjeuners servis chaque jour — œuvre créée par la baronne Hirsch — aux enfants pauvres des écoles, a été augmenté: qu'un nouvel adjoint a été donné à M. Falcon et qu'une maîtresse de couture viendra désormais en aide à la directrice de l'école des filles. Ces améliorations sont dues à l'initiative de M. Bigart, secrétaire général, et à la bienveillance de M. Leven, président de l'Alliance israélite universelle.

12 janvier. — Je vais commencer par remonter l'Ouad R'er'aïa, situé un peu à l'est du méridien de Marrakech.

Nous sortons assez tard par la porte de Bab er Roub et nous longeons, pendant plus d'une heure, d'abord les murs de la ville, puis ceux qui entourent l'immense enclos de l'Agoudal[1] que nous laissons sur notre gauche.

Notre chemin va côtoyer, jusqu'au pied de l'Atlas, la seguia qui

Fig. 111. — Vallée de l'Ouad R'er'aïa en aval de Tarzint.

amène au jardin du Sultan une dérivation des eaux de l'Ouad R'er'aïa et sert, sur son parcours, à l'alimentation de plusieurs villages.

Nous passons successivement auprès de Tasseltant, de *Douar n Taddert*, de *Douar Oulad Brahim*, et nous allons camper à l'entrée de la vallée, auprès du village de *Tarzint*.

Nous avons suivi un certain temps la rive droite de l'Ouad R'er'aïa dont le lit est desséché, très large et à peine creusé dans les alluvions.

La rivière offre ce régime jusqu'aux abords des contreforts de la montagne. Cela résulte de la constitution générale de la plaine de

1. Jardin du Sultan.

Marrakech qui est formée, sur la grande majorité de son étendue, par des dépôts quaternaires récents, tandis qu'elle est bordée par une ou plusieurs terrasses plus anciennes.

Je retrouve ici ce que j'ai déjà observé aux environs d'Imi n Tanout, à cette différence près que la *terrasse de Tarzint* est beaucoup moins élevée que celle de l'Ouad es Seratou.

Jusqu'à *Tarzint*, la plaine se montre nue. C'est à peine si des

Fig. 112. — Vallée de l'Ouad R'er'aïa, gisement carbonifère.

bouquets d'oliviers apparaissent autour de quelques villages; les autres n'ont pas le moindre ombrage.

13 janvier. — Nous remontons le cours de l'Ouad R'er'aïa et suivons sa rive droite.

Une riche végétation se montre un peu partout dans le fond de la vallée. Avant de recouper la rivière, nous voyons successivement *Dar El Hadj*, *Zider*, *Tahnaout* avec la belle *Qoubba Sidi Al el Mourih*, *El Heri es Soltan*[1], le *Souq el Tleta*, la *Zaouïet n Bou Haya*.

La structure de la dépression apparaît très simple. En quittant la terrasse alluvionnaire la plus élevée, on se trouve sur des bancs de

1. Grenier du Sultan.

grès et d'argiles rouges, avec lits calcaires renfermant des traces de coquilles. Ces couches crétacées reposent sur des grès et argiles de même couleur du terrain permien, lequel est fortement relevé, et s'appuie sur des schistes noirs profondément entaillés par l'Ouad, qui coule ici dans de belles gorges aux parois à pic.

Ces schistes, qui donnent de véritables ardoises, sont intéressants parce que c'est vraisemblablement là que le botaniste Balansa a recueilli des empreintes de végétaux de l'époque carbonifère.

Cette découverte est importante puisqu'elle affirme, pour la première fois, la présence du terrain carbonifère dans l'Atlas marocain.

M. Paul Lemoine, dans la mission qui lui a été confiée par le Comité du Maroc, s'est efforcé quelque temps avant moi, d'examiner ces mêmes schistes et, malgré des recherches attentives, il n'a pu retrouver le gisement de plantes fossiles de Balansa.

J'ai été un peu plus heureux que mon ami. Après avoir passé quelques heures à casser, à cliver des fragments de ces ardoises au pied d'un escarpement recouvert de nombreux éboulis, sur la rive gauche de l'Ouad, j'ai en effet, trouvé des traces de plantes qui confirment, sans précisément l'enrichir, la belle découverte du botaniste dont l'exploration remonte à l'année 1868[1].

Les schistes ardoisiers forment un petit massif recouvert de thuyas, de genévriers, de rtem, qui sont assez espacés pour laisser voir un peu partout, la roche noire, ainsi reconnaissable de loin.

Nous apercevons du haut de ce massif la Zaouïa Moulaï Ibrahim, où je voudrais aller passer la nuit; mais le Chérif ne paraît pas être de mon avis.

Ce brave homme, qui a été si dévoué à ma cause pendant toute la durée de mon voyage dans le Sous. est las de me suivre depuis si

1. On verra un peu plus loin que ma trouvaille est amplement confirmée par la découverte que j'ai faite, au retour de mon voyage au Djebel Siroua, à un niveau inférieur de ces schistes, d'une belle faune qui place, en partie du moins, les schistes ardoisiers de l'Ouad R'er'aïa à la base du terrain carbonifère.

Cliché Ancelin.

Fig. 115. — La Zaouïa Moulaï Ibrahim.

longtemps : il a peur que je l'entraîne encore jusqu'aux crêtes de l'Atlas et cherche mille petites raisons pour me détourner d'excursions lointaines, surtout dans les régions montagneuses. Il lui tarde en somme de rentrer à Mogador.

Je me rends compte qu'il vaut mieux ne pas trop insister et je fais une première concession en me détournant un peu de ma route, pour aller camper, au bord du plateau d'Aguergour, auprès de *Dar El Hadj Embarek*. Nous sommes là sur les mêmes bancs de calcaire crétacé que j'ai observés à Aguergour n Qiq. Pour y arriver j'ai dû, en quittant les schistes carbonifères, traverser un ravin qui se trouve sur une fracture intéressante, laissant voir un affleurement des marnes et gypses du trias qui semble bien se trouver sur le prolongement du gîte salifère de l'Ouad Nfis.

14 janvier. — Nous avons reçu bon accueil d'El Hadj Embarek, et comme je n'ai rien à craindre dans ces régions makhzen, je ne lui ai pas caché ma qualité de roumi.

Il m'a cru tout d'abord parce que je lui ai offert mes services et, devant un médecin européen, s'est découvert une foule de maux; il en a également reconnu à tous les membres de sa famille. J'ai dû lui donner des médicaments, aussi nombreux qu'inoffensifs, convaincu de la parfaite santé de mon hôte et de tous les siens. Mais El Hadj Embarek n'a plus voulu croire que j'étais un roumi lorsque le Chérif et Abdallah lui ont raconté notre voyage dans le Sous.

Il lui a bien fallu s'incliner cependant devant l'authenticité de ce récit, aux détails circonstanciés que lui ont donnés mes hommes; mais il a pensé que je voulais me vanter en me faisant passer pour un Européen quand jamais, disait-il, un roumi n'avait pénétré dans le Sous.

El Hadj Embarek, on le voit, n'était pas tout à fait au courant des hardiesses de l'exploration française : les noms de Foucauld et de Segonzac n'étaient pas parvenus jusqu'à lui!

Quoi qu'il en soit, nous nous sommes quittés excellents amis.

Je voudrais bien aller encore jusqu'à Tagadirt el Bour, revoir cette partie très intéressante de la vallée de l'Ouad Nfis, mais je suis convaincu que le Chérif ne peut décidément plus me suivre.

Je prends alors le parti de regagner la route makhzen, de Marrakech à Mogador, par Amzmiz où nous irons coucher ce soir.

Pour atteindre cette ville, nous avons à traverser tout le *plateau d'Aguergour*, dont j'ai eu l'occasion de dire la belle fertilité.

Nous passons au village de *Taddert*, puis auprès d'Aguergour n Qiq où nous avons déjà campé une nuit, et nous descendons par la coupure profonde d'un ravin (*Ouad Aguergour n Qiq*), entaillé dans les calcaires de la surface et qui semble s'être creusé à la faveur de la cassure qui traverse le plateau de part en part.

L'Ouad Nfis, auprès de *Taouzart*, a creusé son lit dans les alluvions quaternaires qui se montrent ici, sur une grande épaisseur et forment une succession de terrasses.

Nous venons déjà d'en descendre trois sur une hauteur verticale de 60 mètres; sur la rive gauche, la puissance de ces dépôts alluvionnaires est encore plus considérable. C'est ainsi qu'à la première terrasse, située à 10 mètres au-dessus du thalweg, en succède une deuxième de 40 mètres plus élevée; tandis que la dernière est approximativement à 130 mètres au-dessus de l'Ouad Nfis. Ces observations concordent avec celles de mon ami, M. Paul Lemoine, qui avait déjà parcouru ces régions.

Ces alluvions, constituées parfois par des amas de cailloux roulés, sont entaillées par des vallées profondes et bien arrosées. Les indigènes, à l'aide de canaux d'irrigation, tirent parti de l'eau pour leurs champs et leurs jardins, bien ombragés par l'olivier et l'amandier. Les villages sont nombreux et nous rencontrons sur notre route *Taouchgal*, *Arbalou*, *Aït Bouzid*, *Tizguiri* et *Tidzi*.

Le chemin est un peu long pour gagner Amzmiz; il nous faut recouper toute une suite de ces dépressions parallèles, descendues des pentes de la montagne, et nous n'arrivons qu'à la nuit.

Nous allons nous installer dans un foundaq assez propre, parce qu'on nous a empêchés de camper sur une place de la ville.

17 janvier. — La sortie d'Amzmiz offre un aspect pittoresque, à cause de l'originalité de la ville et de la végétation serrée qui l'entoure. Ce sont, dans la vallée de l'Ouad Amzmiz, de beaux bois d'oliviers.

Tout le long de notre route nous allons ainsi traverser des bouquets de cet arbre, échelonnés sur les alluvions quaternaires, au pied de la chaîne; tandis que d'autres, non moins touffus, se montrent vers le centre de la plaine.

Nous passons auprès d'*Azerou*, au Souq el Khemis, à *Aït Ali*, à *Dar en Nems*, à *Bouzouga ou Dirir*, et nous allons demander l'hospitalité chez un ami d'Abdallah, à *Zaouïet Ifensa* situé dans les mêmes conditions pittoresques.

16 janvier. — Rien de bien saillant dans cette journée.

Nous demeurons toujours dans la plaine et, à partir de Dar Qaïd

Mzoudi, nous longeons le pied de la chaîne de l'Atlas, qui est formé par une muraille de calcaires secondaires, d'abord redressés pour se plisser à l'approche de Foum es Seqssaoua.

Nous atteignons ainsi l'Ouad Kabira, après avoir traversé ou cotoyé les villages d'*Aït Minhal*, *Aït Ouardas*, *Sratout*, Souq el Arba et *Sidi Mansour Tagennourt*, et nous arrivons vers deux heures à Dar Chikh Ahmed où je suis heureux de revoir des figures amies.

Contre mon attente, je ne trouve pas mon courrier. Le cousin d'Abdallah, El Hoçaïn, devait aller le prendre quelque temps auparavant à Mogador, mais il en a été empêché par la maladie. Il me faut donc regagner la côte le plus vite possible.

17 janvier. — Notre petite troupe est augmentée d'El Hoçaïn, dont l'âne va alléger la charge de nos pauvres bêtes.

Nous allons suivre la route makhzen par Tiggui et Bou Rikki.

Jusqu'à Tibt nous sommes encore dans la plaine alluvionnaire de Marrakech, mais à partir de ce point, nous foulons les terrains secondaires et tertiaires.

La fracture que j'ai observée à *Foum es Seqssaoua* et à *Foum el Kheni* se prolonge bien au delà de l'Ouad es Seratou, et les contre-

Fig. 114. — La plaine et la chaîne de Bou Zergoun.

forts de la chaîne de l'Atlas se termine brusquement par une falaise calcaire assez abrupte.

Nous sommes sur les calcaires à silex qui se poursuivent, avec une inclinaison régulière et toujours faible, vers les gour de Sidi Abd el Moumen, pour se plisser brusquement dans la *chaîne de Bou Zergoun*.

La coupure de l'Ouad Ameznaz, à travers le dernier contrefort de l'Atlas, offre de belles coupes géologiques qu'il serait important d'examiner, mais je suis bien décidé à poursuivre directement mon chemin.

L'ouad Ameznaz, à l'endroit où nous le traversons, n'a plus qu'un filet d'eau ; on voit dans la vallée des bouquets d'oliviers, tandis que partout ailleurs, le sol est à peu près nu.

Nous arrivons ensuite sur un plateau très intéressant, tant au point de vue de sa structure que de son rôle dans l'orographie du pays.

Ce plateau est constitué par des terrains à peu près horizontaux s'étendant, entre le pied de la haute chaîne, l'Ouad Ameznaz et le Bou Zergoun. De plus, il sépare le bassin de l'Ouad Kahira de celui de l'Ouad Igrounzar qui, sous le nom d'Ouad Kseb, va se jeter dans l'Océan.

Enfin il est très fertile, couvert de champs de céréales, et l'on y rencontre quelques villages ; nous passons auprès de l'importante *Zaouïa Trouloukou*. Nous sommes maintenant dans les *Ida ou Talet* et nous campons auprès d'une maison isolée sur le versant ouest du plateau.

18 janvier. — Nous descendons dans la vallée de l'Ouad Igrounzar par un ravin profondément entaillé, puis nous atteignons Dar Qaïd Tiggui pour nous arrêter le soir, à quelques kilomètres au delà de Tagonaout, sur la rive droite de l'Ouad.

Ce trajet est instructif : la vallée suit, sur un certain parcours, une dépression synclinale dans laquelle l'ouad a creusé les bancs

Fig. 115. — La vallée de l'Ouad Igrounzar.

supérieurs d'une succession de couches d'argiles, de grès et de calcaires à silex.

Ces derniers sont presque toujours arides; ils sont couverts d'arganiers, depuis 8 kilomètres environ en amont d'Aït Biiout; tandis qu'au voisinage du thalweg on observe surtout l'olivier et l'amandier. Enfin, des affleurements d'argiles et de grès sont particulièrement propices à la culture des céréales.

19 janvier. — Notre dernière étape sera un peu longue, néanmoins je désire arriver à Mogador avant la fermeture des portes.

Au lieu de prendre la route tracée sur la carte, par Bou Rikki, nous quittons l'Ouad Igrounzar pour traverser les Meskala.

C'est ainsi que nous passons à Souq el Khemis, auprès de Dar Qaïd Khoubban.

Nous recoupons la petite chaîne du Djebel Tamerzakt, formée des couches crétacées que j'ai rencontrées plus au nord, notamment dans le Kourimat et, en descendant le flanc oriental de cette petite chaîne, nous laissons derrière nous la *Nzala Aït Ameur* située auprès de l'Ouad Kseb, avant d'atteindre le Souq el Arba.

Nous sommes sur les grès tertiaires depuis un certain temps et l'arganier, déjà abondant sur le Tarmerzakt, forme des bois de plus en plus serrés.

Nous suivons un chemin tortueux, contournant une foule de jardins et de champs enclos de murs en pierres sèches, jusqu'à la dune fixée. Nous laissons Tagouïdert à notre gauche pour retomber dans la vallée de l'Ouad Kseb, tout près de Diabet, et nous entrons à Mogador avant le coucher du soleil.

Voyage dans les Ida ou Tanan

Une semaine passée à Mogador m'a suffi pour classer mes notes, expédier mes caisses de fossiles et de minéraux, et mettre à jour ma correspondance délaissée pendant plus d'un mois et demi.

L'abondance des neiges sur les crêtes de l'Atlas m'engage à ne pas tenter une nouvelle traversée de la haute chaîne. Je me suis rendu compte en effet, dans le Sous, qu'à l'exception du col des Bibaoun et du Tizi n Test, praticables toute l'année, tous les autres passages sont actuellement interceptés.

Je me propose donc de parcourir la région comprise entre le méridien de Tizi Jerba et la côte atlantique.

De nombreux voyageurs ont suivi les pistes marquées sur la carte; on peut citer entre autres, Thomson, le vicomte de Foucauld, le marquis de Segonzac, le capitaine Larras. Récemment encore M. Brives a effectué un remarquable voyage en suivant le même chemin et en faisant, à l'est de l'itinéraire de M. de Foucauld, un crochet qui lui a permis de pénétrer, plus loin que ses devanciers, dans la tribu des Ida ou Tanan qui descend des hauteurs jusqu'à la mer, entre le cap R'ir et l'Asif Tamerakht.

Dans le but que je me propose, je dois constituer une nouvelle caravane. Le Chérif et Abdallah sont usés, car ils s'affolent à l'idée d'aller dans une tribu fermée, même aux Musulmans ayant la moindre attache avec le Makhzen.

Mon premier soin en arrivant à Mogador, a été de m'occuper du Souéri qui s'était si mal comporté à mon égard, dans mon exploration du Sous. M. Jeannier a porté plainte contre cet homme, auprès du Pacha de la ville, se basant sur le fait qu'il m'avait volé une somme de 120 piécettes, et le Gouverneur l'a fait incarcérer en disant qu'il demeurerait en prison aussi longtemps que je le voudrais. D'ailleurs, la malhonnêteté de mon ancien compagnon est bien connue; il a déjà purgé une peine de deux années d'emprisonnement pour un vol important commis au préjudice d'un négociant de Marrakech.

Fig. 116. — Mon compagnon Moulaï Ibrahim.

D'un autre côté, je récompense de mon mieux le Chérif et Abdallah dont je m'attache à vanter la probité et le dévouement.

Je prends deux hommes à mon service, l'un un Tanani[1] sur lequel j'ai les meilleures références et qui nous pilotera dans son propre pays, l'autre que j'ai eu l'occasion de voir fréquemment lors de mon premier séjour ici et que mon ami Si Saïd Boulifa, qui l'a mis à contribution pour ses études de linguistique berbère, m'a vivement recommandé. La suite me dira combien l'appréciation de mon collègue était justifiée.

1. Originaire des Ida ou Tanan.

Moulaï Ibrahim est originaire de Tamgrout, dans le Draa, et il appartient à une famille connue de cheurfa du Tafilelt. Il vit à Mogador où il travaille de préférence pour les Européens, dont il est très estimé.

Je simplifie un peu ma caravane en supprimant ma mule, car en outre des difficultés qu'elle m'a causées dans la haute montagne, j'ai constaté qu'elle me donnait une trop grande importance aux yeux des indigènes; et je porte à trois le nombre de mes ânes.

DE TAGOUÏDERT A TAMERAKHT

27 et 28 janvier. — Si Allal Abdi s'offre à m'accompagner jusque dans les Ida ou Iceurn, où il a des amis qui ont déjà accueilli, sur sa recommandation, M. Paul Lemoine. Il pense me faire donner là une lettre pour des gens du Sud et, si possible, me procurer un guide ayant des relations dans les régions que je me propose de traverser.

Nous partons le matin de la Palmera et nous nous dirigeons, à travers la dune vers le littoral, pour atteindre Sidi Kaouki dont la blanche qoubba s'élève au-dessus de la plage que nous allons suivre jusqu'à l'*Ouad Arbalou*.

L'Ouad Tidzi se jette à la mer à travers une barre sableuse de 150 mètres.

Les grès tertiaires affleurent depuis le cap Sim et forment une falaise de 10 à 20 mètres de hauteur qui laisse apparaître, en beaucoup de points, les terrains crétacés sous-jacents. Elle supporte, à l'extrémité d'un petit cap, les ruines d'un ancien fort portugais, dans lesquelles on voit encore des canons de fonte. Là, le sol est couvert de lentisques et d'herbes donnant d'excellents pâturages.

Entre ce cap et l'embouchure de l'*Ouad Arbalou*, la plage toujours très belle, est tachetée par un sable noir qui s'attache, en formant des barbes de plume, à la lame de mon couteau. Il est formé de petits grains de fer aimant, qui me semblent devoir provenir du lavage de produits volcaniques d'une région voisine. Je pense pouvoir élucider cette question un peu plus loin.

L'*Ouad Arbalou* débouche à la mer entre deux falaises de 30 à 40 mètres de hauteur, constituées par des argiles vertes et des bancs de calcaires et de grès, renfermant de nombreux fossiles crétacés. Au-dessus s'étendent les grès tertiaires.

Après avoir fait une bonne récolte, nous remontons un moment la rivière, pour arriver sur le plateau au village d'*Arbalou*. C'est là que se trouve la maison de Moulaï Ali qui va nous offrir l'hospitalité.

Cette étape a été des plus agréables, faite en compagnie de Si Allal Abdi et la présence de cet excellent ami m'aidera encore à supporter mon internement de demain.

En arrivant nous apprenons, en effet, que le Qaïd Emflous, qui m'avait fait rebrousser chemin lors de ma visite un mois et demi auparavant, a donné des ordres pour m'interdire de circuler sur le territoire placé sous son commandement, et notre hôte a peur que je ne sois reconnu, parce qu'il pourrait être ennuyé par le potentat des Knafa. Si Allal Abdi me conseille vivement alors de ne pas sortir de toute la journée, pour ne pas donner l'éveil. Il ne faut pas m'exposer a être ramené encore une fois à Mogador par les soldats du Qaïd ; cela m'empêcherait et pour longtemps peut-être, de faire le voyage que j'ai projeté.

Je suis donc dans la nécessité de demeurer enfermé, mais j'envoie le Tanani et Moulaï Ibrahim à la recherche de fossiles, aux gisements que j'ai déjà vus dans le voisinage. Ils reviennent bientôt avec de beaux échantillons et déclarent avoir été surveillés par des hommes, que la venue d'un inconnu à Arbalou avait déjà intrigués.

29 janvier. — Afin de ne pas trop éveiller l'attention des gens du pays, nous partons de très bonne heure, à la pointe du jour, tandis que Si Allal Abdi, qui doit demeurer quelque temps ici, sortira dans la journée pour laisser croire que je suis encore dans la maison de Moulaï Ali.

L'un des fils de notre hôte, du nom de Moulaï Ahmed, va nous servir de zettat jusqu'à Tamerakht où habite l'un de ses oncles.

Notre nouveau compagnon est un jeune homme de 22 à 23 ans, à la physionomie sympathique et intelligente, aux manières distinguées.

Nous nous éloignons sans incident, par un chemin qui mène vers le sud, parallèlement à la côte. Nous traversons d'abord de belles cultures, des champs entourés de murs, pour pénétrer à partir de la qoubba de *Sidi Ali el Mouden*, dans un bois d'arganiers qui semble s'étendre à tout le plateau tertiaire.

L'un de mes hommes me montre, sous un bel arbre, un trou creusé naturellement dans les grès et soigneusement recouvert de menues branches. Tout autour sont accumulées des pierres prises sur le chemin et disposées en petits monticules. Le trou marque la trace ineffaçable d'un pied du cheval de Sidna Ali, beau-frère du prophète, et les pierres sont placées là par les voyageurs, en témoignage de leur vénération pour le plus grand des saints....

Le plateau s'élève graduellement en avançant vers le sud; aussi, tandis qu'il est entaillé, auprès de l'Ouad Tidzi, par des ravins de peu d'importance comme celui de l'*Ouad Arbalou*, nous laissons sur notre droite, des vallées de plus en plus profondes qui descendent à la mer.

La piste que nous a fait prendre notre zettat est évidemment la plus commode; mais je m'aperçois qu'elle va me faire demeurer toute la journée sur les grès pliocènes alors que je préférerais examiner les falaises. Je dois insister auprès de mes hommes, trop heureux de suivre une route presque horizontale pour obtenir de nous diriger droit vers la côte.

A cet effet nous nous engageons dans une jolie dépression, creusée d'abord dans les grès tertiaires qui forment le couronnement d'une épaisse série de sédiments crétacés. Des argiles vertes intercalées de calcaires marneux, sont largement affouillées par l'*Ouad Sidi Ahmed Caïh* que nous descendons ; elles sont très favorables à la culture ; aussi la vallée est-elle habitée, et *Guerouna*, avec sa djemaa, y constitue un assez important village.

Après une halte à l'embouchure de la rivière, nous poursuivons notre chemin sur le bord de la mer. Nous demeurons quelque

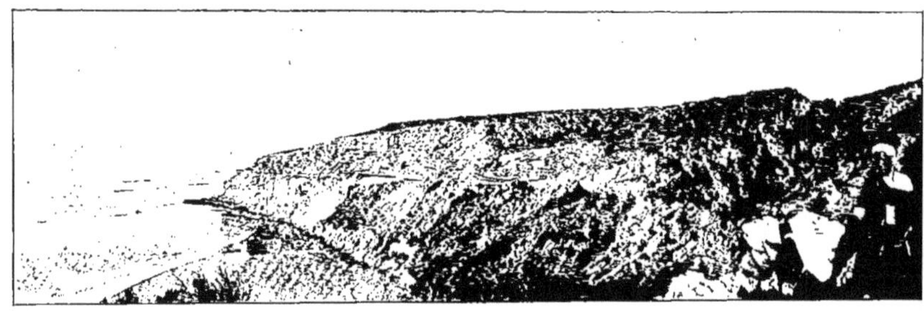

Fig. 117. — La falaise crétacée et le plateau tertiaire.

temps sur la plage où je retrouve les sables aimantifères d'*Arbalou*. J'acquiers ici la certitude qu'ils proviennent de la désagrégation, par les flots, de roches crétacées qui doivent renfermer cet oxyde magnétique.

Nous devons ensuite prendre une piste difficile, tracée sur la falaise abrupte formée de grès jaunes et d'argiles vertes couronnés par le plateau tertiaire ; j'observe à marée basse, à nos pieds, une terrasse d'abrasion comparable à celle de Casablanca.

Une végétation curieuse recouvre la côte sur une assez grande étendue ; elle est composée de lentisques, d'asphodèles et d'une plante qui forme de très belles touffes, de plus de 1 mètre de diamètre, et que les indigènes désignent sous le nom de tallelt.

Le sentier que nous suivons, entaillé dans une paroi rocheuse très abrupte et situé à une hauteur de 10 à 20 mètres au-dessus de la mer, est presque impraticable. Il est étroit, couvert de pierres éboulées, et suit en lacets brusques les moindres anfractuosités de la falaise. Aussi nos ânes ont-ils de la peine à marcher, et mes hommes ne les font avancer que très lentement dans la crainte d'une chute qui serait irrémédiable.

Sur notre parcours la région est déserte, mais le plateau qui s'arrête au-dessus de nos têtes est, paraît-il, habité. De fait nous voyons de temps en temps, des troupeaux qui paissent dans les beaux pâturages des grès tertiaires.

Nous arrivons ainsi au puits de *Bir Ikrou* situé au débouché du ravin du même nom.

Nous sommes là auprès de Ras Tafetneh, qui apparaît avec une tout autre constitution ; il semble bien que ce cap soit produit par l'avancement dans l'Océan, d'un pli anticlinal de terrain calcaire dirigé de l'est à l'ouest. Il offre un front presque à pic, d'environ 60 mètres de hauteur.

Nous pourrions peut-être, quoique avec difficulté, contourner la pointe de Tafetneh ; mais il est préférable, afin de me permettre d'en mieux saisir la structure, de recouper la montagne dont la partie supérieure est désignée par les indigènes sous le nom de *Taguent*.

La montée s'effectue en suivant un ravin assez profond, creusé dans les sédiments crétacés, au contact des calcaires de Tafetneh qui me rappellent ceux du Djebel Hadid.

Nous traversons là l'une des plus belles forêts d'arganiers que j'aie vues dans mes voyages et, arrivés à *Bou Dhag*, nous campons auprès du village, dans un petit enclos dont le propriétaire nous fournit la nourriture de nos bêtes et s'offre à nous servir d'*assas*[1] pendant la nuit.

30 janvier. — Le matin, au lever du soleil, *Taguent* m'apparaît avec un aspect étrange. Il forme un plateau à la fois aride et fertile, nu en certains endroits, couvert d'arganiers en d'autres.

1. Gardien.

Bou Dhag est tout près de nous. Parmi ses maisons se détachent les deux tours carrées de Dar Chikh[1] et tout autour ce ne sont que jardins aux clôtures de pierres.

La vue est assez étendue vers le sud ; on aperçoit des sommets élevés se profilant au loin. Dans la direction du nord-est, l'horizon est barré, à une faible distance, par une petite colline qui semble offrir toute la puissance des grès tertiaires. Et partout l'arganier se

Fig. 118. — L'Asif Igouzoulen près de son embouchure.

détache, au premier plan avec son port massif, tandis qu'il se projette dans le lointain, comme autant de taches noires sur un sol en apparence aride.

Nous allons poursuivre notre marche vers le sud.

Nous descendons de *Taguent* par un chemin tracé dans un ravin encaissé, appelé *Talat i Ifis*, pour arriver au bord de la mer, sur la belle plage d'*Affes entaa Taguent*[2].

J'ai maintenant les données nécessaires pour établir la structure du plissement du cap Tafelneh. Il se montre avec des flancs assez redressés, entre lesquels les calcaires gris forment un toit ondulé

1. Maison du Chikh.
2. Baie de Taguent.

Fig. 119. — Ras Tafetneh et la Baie de Taguent.

dessinant sur le plateau, de faibles arêtes rocheuses et stériles qui limitent grossièrement de petites zones de culture.

L'Asif Igouzoulen vient se jeter à la mer, en coupant une barre sableuse attenant à une dune littorale peu importante; on est frappé de voir cette rivière déboucher dans la baie, à travers une série de bancs de calcaires et de marnes peu inclinés relativement à ceux du versant méridional du pli de Ras Tafetneh.

Nous faisons halte au bord de l'Ouad pour déjeuner parce que je désire rechercher des fossiles dans ces couches crétacées. Ils sont assez nombreux en effet, mais fortement engagés dans les roches dures, et j'ai le regret de laisser quelques ammonites dont l'une mesure 0 m. 40 de diamètre et pèse plusieurs kilos; elles augmenteraient trop rapidement la charge de nos ânes au début de ce voyage.

Nous sommes ici à la limite du territoire du Qaïd Emflous, car l'Asif Igouzoulen sépare sa tribu de celle du Guellouli, et sur cette frontière se sont livrés, il y a quinze jours encore, des combats sanglants. On me montre le retranchement dressé sur la rive gauche par les soldats du Guellouli et aussi de nombreuses traces de balles.

Après avoir quitté la rivière pour nous diriger un peu vers l'est, nous devons recouper la montagne en traversant la dune qui s'étend au fond de la baie et repose sur les argiles vertes crétacées qui sont ici à peu près horizontales. Puis nous gravissons le plateau tertiaire qui réapparaît et va se poursuivre assez loin tout le long des côtes.

Les Ida ou Iceurn ne s'arrêtent pas à la limite des domaines du Knafi, ainsi que l'indique la carte; ils forment une bande littorale qui se poursuit vers le sud.

Sur quelques kilomètres, notre route est tracée dans le thalweg desséché de l'*Ouad Assoufid*, affluent de gauche de l'Asif Igouzoulen. Je trouve là, non loin de *Bir Assoufid* de jolis petits oursins fossiles, dans les grès pliocènes. Auprès de la Djemaa, l'olivier apparaît associé à l'arganier.

Nous nous arrêtons au *Douar Imerdetsen* et plantons notre tente auprès d'un groupe de quelques maisons.

31 janvier. — Moulaï Ahmed, qui connaît très bien le pays que nous parcourons, me dissuade de suivre la falaise marine à cause de nos bêtes ; le chemin y est encore plus impraticable que celui que nous avons suivi hier; il est même interrompu en plusieurs points

Je m'incline devant ces conseils et je décide de me diriger droi vers le réseau hydrographique de l'Ouad Ida ou Troumma.

Je suis surpris de ne pas rencontrer l'Asif Ida ou Guelloul indiqué sur la carte. Faut-il donner ce nom à l'une des dépressions que je recoupe depuis que j'ai quitté la baie de *Taguent*? Ou bien n'existe-t-il pas de cours d'eau parallèle à l'Asif Igouzoulen dans cette région? Je pencherais plutôt pour cette dernière hypothèse Il serait assez étonnant, d'ailleurs, si cette rivière existait, qu'elle portât le nom d'Asif Ida ou Guelloul, attendu qu'une bonne partie de son parcours se trouverait dans les Ida ou Iceurn qui se prolongent jusqu'aux Aït Ameur.

La côte est fort mal connue depuis l'Ouad Tidzi.

Le plateau tertiaire se montre ici avec tous ses caractères. Les grès pliocènes ont une puissance d'une centaine de mètres, ils sont disposés en couches horizontales ou légèrement inclinées vers le littoral, ce qui rend très indécise la direction des ravins et a donné lieu à un réseau hydrographique assez compliqué. Le modelé est ici généralement peu accentué.

Quant à la végétation, elle est à peu près constante. L'arganier

Fig. 120. — Paysage des grès tertiaires, arganiers.

constitue de belles forêts et, dans le *Chabet*[1] *Azouka*, se montrent de beaux thuyas à gomme sandaraque. Quelques clairières seulement sont cultivées; celle de *Dar Oubelka*, appartenant au Khalifa du Qaïd Guellouli est à citer.

Il est bon de remarquer encore que l'épaisseur considérable des grès tertiaires ne peut permettre une nappe d'eau souterraine qu'à des profondeurs notables, au contact des argiles crétacées. Or, les vallées ne sont pas assez profondes pour atteindre ces couches imperméables; aussi il en résulte que les sources sont très rares et

1. Ravin.

les villages peu nombreux. Il en existe néanmoins, qui sont alimentés par des citernes et l'on rencontre de ces medfia en ras campagne, dans de légères dépressions qui permettent l'accumulation des eaux de pluie au moment des forts orages[1].

Après avoir dépassé le village de *Tillelt*, dans les Aït Ameur nous arrivons au bord des ravins encaissés qui forment le résea de l'Ouad Ida ou Troumma, de la carte. Nous descendons l'un d'eu par un chemin très raide, qui m'offre une coupe géologique des plu intéressantes par la variété des sédiments et l'abondance des fossiles qui s'y trouvent accumulés sur une hauteur verticale d'au moins 200 mètres.

Le chemin recoupe successivement d'épaisses couches de grè jaunes, puis de calcaires à ammonites, de grès à oursins, d'argile renfermant de riches faunes de mollusques dont la série représent plusieurs horizons remarquables des terrains crétacés.

Je recueille le plus de matériaux possible. Mes hommes m'aident dans ce travail avec beaucoup de zèle; le Tanani surtout es habile dans cette recherche; il s'efforce de faire comme moi e d'opérer avec méthode.

Nous sommes heureusement assez tranquilles parce que ces ravin sont inhabités et que la piste que nous suivons n'est pas un chemi habituellement fréquenté. Cependant cette récolte nous prend d temps et, pour aller plus loin chercher un gîte, j'aurais le regret de n pouvoir la prolonger. Je décide donc de camper au fond de la vallée

Ce sont nos pauvres bêtes qui souffriront le plus de cette étape e pays désert, puisque nous ne trouverons rien à leur donner; nou avons pour nous une nourriture suffisante, le pain seul manquera

1. C'est un fait intéressant que de constater la fréquence de ces citernes su les routes et de voir des villages exclusivement alimentés par des eaux pluviale ainsi recueillies. Il n'en est pas de même en Algérie. C'est ainsi qu'au Maroc de régions privées de sources, comme ce plateau tertiaire de la côte atlantique, son habitées; au contraire de vastes surfaces soumises à la même sécheresse, dans le régions plus orientales de l'Afrique du Nord, sont complètement désertées par le indigènes. Ce fait, comme beaucoup d'autres, plaide en faveur des Marocains.

1er février. — C'est la première fois que je passe une nuit sous la tente, loin de toute habitation et à l'abri des visites indiscrètes ou importunes des indigènes du pays.

La solitude qui nous entoure, l'aspect sauvage de ces vallées profondément creusées, aux flancs abrupts et couronnées par des falaises rocheuses, ne manquent pas d'un certain charme.

Mes hommes ne comprennent pas bien le plaisir que j'éprouve

Fig. 121. — Embouchure de l'Igueni Ouram et Zaouïa Lallat Tigouramin.

dans ce lieu isolé, eux qui ont passé une assez mauvaise nuit à monter la garde, à tour de rôle auprès de nos ânes, dans la crainte de nous voir razziés.

Nous quittons le camp de bonne heure, le Tanani et moi, pour aller à la recherche de nouveaux matériaux, tandis que Moulaï Ibrahim et Moulaï Ahmed apprêtent le déjeuner.

Ces quelques heures avant le départ sont bien employées, et j'augmente sensiblement ma récolte de fossiles; je puis aussi relever vers l'amont le cours de la rivière que j'entends appeler ici *Ouad Aïn Oufra* ou plutôt *Igueni*[1] *Ouram*; le nom d'Ouad Ida ou Troumma n'est pas employé dans la région.

1. Ravin.

Nous descendons la vallée, qui offre partout la même structure et qui entaille de plus en plus la série des dépôts secondaires. C'est ainsi qu'auprès de l'embouchure, je recueille dans les argiles vertes, des fragments d'ammonites et un tronçon de bélemnite plate qui caractérisent les couches inférieures des terrains crétacés.

Des arganiers et des tamarix se montrent un peu partout.

On voit de *Lallat Tigouramin* la falaise crétacée, couronnée par les grès tertiaires, s'étendre au loin vers le nord.

A partir de là notre chemin suit le bord de la mer.

Une belle dune fixée ou en progression, d'une largeur variable, atteignant jusqu'à 3 kilomètres, vient s'appuyer contre un escarpement abrupt.

Après avoir recoupé l'*Asif Talat Enterfek*, nous arrivons à la *Qoubba Sidi Mahommed ou Abdallah*, située sur la route ordinaire du Sous. Une sorte de camp est établi en ce point où font étape les caravanes du Sud.

Après une halte, nous suivons à travers les dunes, parsemées de rtem aux beaux bouquets de fleurs blanches si agréablement odoriférantes, ce chemin très fréquenté. A partir de Timassinin, il forme une large allée d'une cinquantaine de mètres, ménagée sur le sable par l'enlèvement des rtem; elle descend en pente douce, jusqu'à l'embouchure de l'Asif Ameur, qu'on aperçoit dans la trouée de cette allée sableuse, ainsi que les falaises d'Aferni et la pointe du cap R'ir.

Le coup d'œil est des plus pittoresques, agrémenté encore par la présence de nombreuses caravanes qui s'avancent vers nous, au pas lent des chameaux[1].

Nous campons à la Djemaa Aït Ameur, à 60 mètres de la Qoubba

1. Le chemin que nous suivons est presque toujours en terrain plat, depuis le Sous jusqu'à Mogador; aussi la bête de charge préférée est-elle le chameau. Cette route du Sud diffère, à ce point de vue, de celles que nous avons déjà suivies à travers l'Atlas, celles du col des Bibaoun et du Tizi n Test.

Fig. 122. — Chemin du Sous près de Mersat Aït Ameur.

Sidi Bou Zeki, non loin de l'embouchure de l'important cours d'eau qui prend sa source dans le plateau du Mtouga.

Pendant que mes hommes sont occupés à dresser la tente, je voudrais voir un peu les environs; mais il ne faut pas attirer l'attention. Le Tanani a alors l'idée ingénieuse de m'emmener à la rivière pour y faire boire nos ânes et, pendant qu'il m'attend avec les bêtes, je fais une petite reconnaissance des berges crétacées de l'Ouad.

Je ne regrette pas ma tentative, car je découvre un banc gréseux fossilifère que je ne puis malheureusement pas fouiller à mon aise. Je suis dérangé par des hommes, au retour des champs; mais il nous sera facile de revenir demain matin en nous déviant un peu de notre route.

2 février. — L'*Asif Aït Ameur* coule, près de son embouchure, au fond d'une dépression assez large, dans un thalweg alluvionnaire établi sur un terrain argileux et gréseux. Son régime paraît être depuis longtemps le même, si j'en juge du moins par ce que je vois dans le lointain.

La vallée semble creusée, sur un certain parcours, dans des argiles et grès analogues à ceux de l'*Igueni Ouram*; et en effet, je recueille sur la rive gauche les mêmes fossiles qu'aux environs de notre avant-dernier campement.

Des laboureurs se trouvant dans un champ voisin, nous avons quelque peine à faire notre récolte. Je simule alors un léger accident arrivé à nos bêtes que je fais débâter et, tandis qu'on s'occupe très lentement à recharger les ânes, le Tanani et moi faisons une ample moisson de coquilles, d'ammonites et de bélemnites.

Nous nous sommes un peu écartés de la route et je préfère, au lieu d'aller la rejoindre, recouper en ligne droite un contrefort rectiligne qui forme le cap R'ir.

Il y a une analogie frappante entre ce cap et celui de Ras Tafetneh : même avancement dans la mer d'un éperon rocheux désigné sous le nom d'*Aferni* et rappelant à s'y méprendre celui de *Taguent*; il va être très intéressant d'observer sa structure.

Arrivés auprès de Dar Chikh Kerbid, nous prenons un guide. Nous nous trouvons ici à la limite de la dune fixée qui est caractérisée par une végétation curieuse de rtem et d'une plante grasse, l'euphorbe cactoïde, désignée par les chleuh du pays sous le nom de tikiout.

Le soubassement du cap R'ir est formé des mêmes calcaires gris qu'à Tafeteneh. Mais le *plateau d'Aferni* diffère de celui de *Taguent* en ce qu'il est couronné par les grès pliocènes; nous y accédons par un mauvais chemin, tracé dans un ravin qui laisse voir les bancs rocheux, fortement relevés et inclinés vers le nord.

La région est très peuplée, parce qu'elle offre une assez grande surface d'un sol fertile et facilement cultivable. Ce sont partout de beaux champs de céréales, en terrain plat. Les arbres sont rares, et les parties en friche souvent recouvertes de lavandes et de genêts.

Le sol, rocailleux partout ailleurs, devient au centre, sableux et argileux, composé de terres rouges provenant de la désagrégation des grès tertiaires; il est très riche. Les villages sont nombreux et nous passons successivement auprès d'*Aferni*, de *Dar Brahim ou Abdallah*, de *Djemaa Imaa Ditsen*.

Nous faisons halte pour déjeuner auprès d'une citerne, à l'extrémité méridionale du plateau, sur un passage très fréquenté. J'apprends que nous nous trouvons sur le chemin qui passe à la Zaouïa Sidi Hoçaïn ou Mhend, c'est-à-dire sur l'un des itinéraires suivis par de Foucauld.

Au lieu de contourner l'éperon de Ras R'ir par la route littorale, les caravaniers qui n'ont que des mules ou des ânes le recoupent par une piste assez mauvaise, mais qui a l'avantage de raccourcir très sensiblement le trajet de Mogador. Les chameliers seuls sont dans la nécessité de suivre le pied de la falaise.

De fait, la descente d'Aferni jusqu'à la nzala du même nom est difficile. Le sentier est tracé dans un ravin aux parois presque verticales, sorte de gorge qui rappelle à tous égards celle de *Talat i Ifis*, à *Taguent*. Ce sont en effet, les mêmes calcaires gris en lits épais de 50 centimètres, intercalés dans les marnes et redressés jusqu'à 45°; au contraire, sur le plateau ces couches sont à peine ondulées, mais dans leur ensemble à peu près horizontales.

L'analogie de structure entre les plates-formes de *Taguent* et d'*Aferni*, entre les pointes de Ras R'ir et de Ras Tafetench, est donc complète.

De plus, je constate que les bancs calcaires, au lieu d'être à peu près dirigés est-ouest, prennent ici une direction un peu nord. Ceci apporte une confirmation à l'idée que je me faisais de l'existence d'un plissement de ces terrains, jalonné par le cours de l'*Asif Aït Ameur* tel qu'il est dessiné sur la carte au millionième.

Il y aurait grand intérêt, tant au point de vue orographique qu'au point de vue géologique, à pouvoir déterminer l'âge des terrains que nous traversons et dont la succession forme un ensemble d'environ 150 mètres de puissance. Aussi je m'attache à la recherche de documents paléontologiques et j'ai la bonne fortune de mettre la main sur une ammonite dont l'étude attentive permettra, je pense, de fixer avec précision l'âge de ces calcaires jurassiques.

Fig. 125. — Le chemin du Sous, auprès de la Nzala Aferni.

Malheureusement je ne puis pas longtemps poursuivre mes investigations. Le chemin descend maintenant en lacets, sur le flanc méridional de ce pli et nous nous trouvons sur un plan incliné, complètement dénudé, exposés aux regards de tous les caravaniers qui montent lentement et avec beaucoup de peine cette pente aride.

Nous rejoignons, au pied de l'escarpement, la route du littoral avant d'arriver à la Nzala Aferni.

La côte est encore bordée par des dunes fixées, associées à des éboulis descendus d'anciennes falaises crétacées, actuellement en retrait à plus d'un kilomètre du rivage.

Il serait possible aussi que nous soyons sur une plage quaternaire soulevée ; mais il m'est difficile de contrôler ce fait parce que je ne puis pas m'arrêter. Nous avons perdu beaucoup de temps à la descente d'Aferni et il nous faut gagner un gîte ; je dois donc renoncer à atteindre Tamerakht comme je l'aurais désiré.

Nous campons dans la cour d'un vieux bordj qui remonte, nous dit-on, au Sultan Moulaï Ahmed Dhabi. Ce bordj en ruines se trouve à l'embouchure de la rivière désignée sur la carte sous le nom d'Asif Ouaguedal et qu'on nomme ici *Asif Ar'roud*. Il sert maintenant de foundaq aux caravaniers du Sous, mais il est peu fréquenté à cause de la proximité de la Nzala Aferni. Nous pouvons néanmoins nous y procurer la nourriture de nos bêtes et, pour nous, du pain et du poisson.

Comme la veille, c'est moi qui, accompagné d'un de mes hommes, conduis les ânes à un mauvais r'dir situé dans le voisinage parce que l'Ouad est complètement desséché. Mais cette petite reconnaissance ne m'apprend rien de bien nouveau.

3 février. — L'étape ne doit pas être longue ; de plus, notre route va suivre souvent le bord de la mer : aussi cette journée sera-t-elle presque un repos pour nous.

Nous suivons d'abord la *plage d'Ar'roud*, après avoir franchi un imposant cordon de galets parfois gros comme la tête. Ce cordon rectiligne, large de 50 mètres et haut de 4 à 5 mètres, forme la bordure de cette grande plage sur une étendue d'au moins 3 kilomètres.

Un certain nombre d'indigènes vivent ici du produit de la pêche.

Nous traversons le lit complètement à sec de l'*Asif Ouaddar*, situé dans une vallée beaucoup plus importante que celle de l'*Asif Ar'roud*.

La route quitte le rivage pour s'engager, en pente douce, sur une série de roches crétacées, argileuses, gréseuses et calcaires, où

Fig. 124. — Plage d'Ar'roud ; à droite le cordon de galets et le Bordj.

je vais faire de nombreuses récoltes de fossiles et particulièremen d'huîtres, à test admirablement plissé.

Ces dépôts secondaires ont ici la même allure qu'au nord d la ride jurassique du cap R'ir.

Nous nous arrêtons au bord de l'eau, au pied d'une petite fa laise, près d'une source qui suinte sous un banc de calcaire à silex.

J'observe, en outre, les vestiges d'une ancienne plage, situé

Fig. 125. — Vue de la côte ; au dernier plan le Cap R'ir et le plateau de Taguent.

à une quinzaine de mètres au-dessus du niveau moyen de la mer et dans les sables de laquelle je recueille toute une faune de mol lusques quaternaires, qui diffère bien peu de celle qui vit actuelle ment dans les eaux de l'Océan.

Le chemin du Sous suit longtemps encore une belle plage d 150 à 200 m. de largeur, bordée sur la gauche par une dune fixée

Nous passons auprès de Sidi nou Asif, après avoir laiss Tamerakht sur notre gauche et avant d'arriver à l'embouchure d l'Ouad du même nom. Cette rivière coule très lentement dans un li de 10 mètres de largeur sur 10 centimètres de profondeur.

Le Souq el Khemis se trouve dans la partie gauche du thal

Fig. 126. — La côte auprès de Tacmrakht.

weg, à 4 kilomètres environ de la demeure du Chikh Moulaï Abdallah. Celle-ci est située dans la vallée de l'*Asif Asersif*, que nous remontons en passant auprès du village et de la *Qoubba Sidi Ameur ou Saïd.*

Il fait nuit noire lorsque nous arrivons.

DANS LES IDA OU TANAN

4 février. — L'accueil de notre hôte, hier soir, a été très cordial. Le Chikh a paru lire avec intérêt la lettre de Moulaï Ali et m'a souhaité la bienvenue de façon fort aimable.

Moulaï Ahmed semble très aimé ici, surtout des quatre fils de la maison, ses cousins.

On montre beaucoup d'empressement à m'être agréable et je suis obligé dans la matinée, de faire autant que possible honneur aux quatre repas successifs qui me sont envoyés par la femme du Chikh, puis par celle de chacun de ses fils mariés.

Je me proposais d'aller jusqu'à Agadir n Ir'ir, car j'espérais poursuivre jusque-là ma route pour remonter ensuite vers le nord, en traversant les Ida ou Tanan, dans leur partie orientale et centrale; alors que nous avons déjà longé cette tribu, au bord de la mer, depuis *Ar'roud*.

Je suis contraint de renoncer à ce projet parce que je sens faiblir le Tanani sur qui je comptais essentiellement; il a peur d'aller avec nous jusqu'au Sous. D'autre part Moulaï Ahmed pense que nous ferions mieux de nous diriger directement vers l'est pour pénétrer au cœur de la tribu. Quant à Moulaï Ibrahim, qui ne connaît pas le pays, il est assez sérieux pour s'abstenir de conseils en cette circonstance.

J'avais l'intention de faire des provisions à Agadir; mais mes compagnons sont unanimes à me dissuader d'y aller et je pense qu'ils ont raison. Cette visite à la ville attirerait sur moi l'attention et rendrait peut-être impossible la suite de mon voyage. J'y envoie donc Moulaï Ibrahim et le Tanani.

C'est ainsi que je suis immobilisé pendant toute une journée au moins, et les repas que m'envoient sans interruption les femmes de mon hôte et de ses fils sont loin de me distraire. Aussi dans l'après-midi, je demande à Moulaï Ahmed de faire, sous prétexte d'aller à la chasse, une excursion aux environs.

Nous sommes accompagnés d'un des fils du Chikh.

Le moment de sortir est peut-être mal choisi, car plus de cent hommes, venus de différents points des Ida ou Tanan, sont rassemblés, sous la présidence de Moulaï Ali, à la *djemaa d'Asersif* Le pays de Tamerakht fait partie des territoires placés sous l'autorité du Qaïd Guellouli et ce dernier entend imposer tous ses contribuables d'un douro chacun, pour l'aider à payer les frais de la guerre qu'il a soutenue, pendant plusieurs mois, contre les attaques et les prétentions de son irascible voisin le Qaïd Ould Emflous.

Les paisibles habitants de Tamerakht, demeurés tout à fait en dehors des luttes qui se sont livrées à la limite des Ida ou Guelloul, refusent tout d'abord de s'incliner devant les exigences de leur

Fig. 127. — Asersif vu de la maison du Chikh

chef, parce qu'ils ont réprouvé la guerre entre les deux tribus voisines. De là des assemblées et d'interminables discussions dans la djemaa du village.

Moulaï Ali désapprouve l'imposition du Qaïd, mais il estime qu'il n'y a qu'à s'exécuter. Une résistance de la part des gens de son douar aurait comme conséquence immédiate l'arrêt de leurs caravanes et la confiscation de leurs marchandises.

Le Chikh sait fort bien qu'au Maroc, il n'y a d'autre justice de la part des gens du Makhzen, que celle du droit du plus fort; or le Guellouli est le maître des routes fréquentées par les caravanes allant vers Mogador.

Je n'ai pas à regretter mon excursion aux environs d'*Asersif*; elle a été des plus intéressantes et m'a amené à la découverte de couches de grès sableux, de couleur crème, appartenant à l'un des niveaux les plus élevés des terrains crétacés et représentant, dans cette région, la craie blanche ou craie de Meudon, du Bassin de Paris. J'y trouve, en effet, des coquilles qui ne peuvent me laisser de doute à cet égard.

Ces grès sont développés surtout sur la rive droite de l'*Asif Asersif*.

Nous rentrons à la nuit et, arrivés à Dar Chikh, Moulaï Ahmed apprend que des mkhazni du Qaïd Guellouli vont être les invités de notre hôte.

Il est donc prudent de ne pas me montrer, et mon compagnon obtient de son oncle l'autorisation d'aller nous loger dans une chambre sans fenêtres, où se trouve de la paille hachée pour les animaux.

5 février. — J'étais ennuyé hier soir, de ne pas voir revenir Moulaï Ibrahim et le Tanani. Ils ne sont de retour d'Agadir n Ir'ir qu'assez tard dans la matinée; la route est longue et ils ont dû passer la nuit au foundaq.

Pour comble de malheur, je constate que le Tanani, qui devait nous accréditer et nous servir de guide dans son pays, est dans un état d'esprit inquiétant. Il a peur de me conduire et ne voit plus maintenant que difficultés et dangers.

Il vient d'apprendre qu'il y avait eu des coups de fusil dans les Ida ou Tanan, et s'affole en entendant dire que je suis sorti hier pour chercher des mines dans les environs. Les mkhazni ont questionné notre hôte à ce sujet; on a remarqué, comme je le redoutais, que je ramassais des fossiles, et il n'en fallait pas plus pour éveiller la méfiance des indigènes.

J'ai hâte de quitter *Asersif*, où j'ai déjà trop demeuré. C'est même la première fois que je reste si longtemps au même endroit, tant je redoute de me brûler par un contact prolongé avec les mêmes indigènes; mais il est bientôt midi et notre départ exciterait une curiosité déjà en éveil. Il vaut mieux attendre le lendemain matin et partir à la première heure. D'ailleurs, il me semble qu'en ce moment le Tanani ne me suivrait pas, tant il est effrayé.

Moulaï Ahmed me conseille de patienter encore vingt-quatre heures. Je passe tristement cette journée, ainsi cloîtré et condamné à une inactivité d'autant plus pénible qu'il m'est presque impossible d'écrire. Nous ne pouvons nous éclairer, car il nous faut prendre de grandes précautions pour ne pas mettre le feu à l'énorme tas de paille qui encombre notre réduit.

Je m'efforce de raisonner le Tanani, et j'espère encore lui rendre un peu de courage.

J'ai fait de gros ballots de tout ce que j'ai recueilli sur ma route depuis Tagouïdert et, comme pour porter à son comble les craintes au moins exagérées de mon compagnon, le Chikh, sur qui nous comptions pour faire parvenir mes fossiles à Mogador, exige une indemnité au moins dix fois égale au prix de leur transport par chameau.

6 février. — Nous quittons enfin Dar Chikh après un séjour qui m'a semblé interminable.

Le matin de bonne heure, notre hôte préside lui-même à nos préparatifs de départ, au chargement de nos bêtes. Il fait une foule de recommandations à mes hommes et, pour nous prouver encore sa sollicitude, nous donne comme zettat l'un de ses fils et un jeune pêcheur de Tamerakht, à l'air déluré.

A la demande du Tanani, qui semble désirer se retremper un peu dans le recueillement, nous prenons part à la prière récitée à haute voix, à sa demande, par Moulaï Ali ; puis ce dernier nous accompagne jusqu'à un demi-kilomètre et il me fait ses souhaits de bon voyage.

J'ai éprouvé une certaine gêne à ce départ un peu solennel, aussi je ressens un véritable soulagement lorsque, après avoir traversé l'*Ouad Asersif*, je vois de l'autre côté de la rivière disparaître la maison du Chikh.

Nous recoupons la crête qui sépare cette vallée de celle de l'*Asif Tamerakht*, en nous dirigeant vers le bord de la mer. Cette petite partie de notre étape me permet d'observer encore les grès crétacés, et j'ai la confirmation que ces couches représentent bien la craie des environs de Paris.

L'arganier se montre un peu partout ainsi que l'euphorbe cactoïde,

Fig. 128. — L'Asif Tamerakht avec ses euphorbes cactoïdes (tikiout).

le tikiout, que j'ai déjà remarqué sur les falaises des Ida ou Iceurn et qui est ici très abondant.

L'*Asif Tamerakht* coule dans une petite plaine d'alluvions très cultivée, couverte de champs plantés de palmiers, de figuiers et de cactus.

Mon premier plan d'exploration des Ida ou Tanan consistait à remonter jusqu'à sa source, l'*Asif Tamerakht*, puis à redescendre jusqu'à son embouchure, le cours de l'*Asif Aït Ameur* en le prenant à sa naissance. J'aurais de cette façon, traversé de long en large la tribu que l'on dit très redoutée des gens du Makhzen et complètement fermée à l'Européen. De plus, j'aurais pu relever le cours de ces rivières importantes et voir, dans leurs vallées respectives, des coupes géologiques intéressantes, d'où je comptais déduire la structure d'ensemble de la région terminale du Haut-Atlas.

J'ai dû renoncer à ce projet parce que mes observations le long de la route de Mogador à Dar Chikh Moulaï Ali, et ma courte excursion dans l'*Ouad Asersif*, m'ont indiqué une relation entre les directions suivies par ces deux cours d'eau et les plissements de la partie la plus occidentale de la haute chaîne. Dès lors, au lieu d'être dirigés à peu près est-ouest, mes itinéraires vont prendre, pour atteindre le même but, une direction perpendiculaire afin de recouper transversalement les rides de l'Atlas.

C'est ainsi que je me décide, non plus à remonter l'*Asif Tamerakht*, pour descendre l'*Asif Aït Ameur*, mais à explorer la région comprise entre ces deux rivières et qui représente la plus grande partie des Ida ou Tanan.

Mais comment réaliser ce progamme? Nous n'avons de recommandation qu'auprès du Chikh Lahcen que notre Tanani connaît beaucoup, et les *Aït Tinkert* se trouvent à peine à mi-route du trajet que je voudrais parcourir.

Il existe aux sources mêmes de l'*Asif Tamerakht* une zaouïa qui a la garde des restes d'un marabout, très réputé dans tout le pays, la *Zaouïa Sidi Brahim ou Ali*. Je propose alors à mes hommes de faire un pèlerinage à ce lieu saint, et ils acceptent avec empressement, sauf le Tanani, qui n'ose décidément plus assumer la responsabilité de piloter un roumi dans son pays natal. Mais comme je suis convaincu que ses craintes sont exagérées, je ne tiens aucun compte de ses objections, bien décidé à accomplir jusqu'au bout mon nouveau programme.

Au voisinage de l'embouchure de l'*Asif Tamerakht* où nous arrivons, après avoir quitté l'*Asif Asersif*, nous passons sur la rive droite de la rivière pour ne plus la quitter.

Nous recoupons une puissante série des terrains crétacés, en partant des plus élevés pour rencontrer successivement les plus inférieurs, à mesure que nous gravissons la montagne. Cette particularité me donne l'un des caractères de la structure du Haut-Atlas occidental, que l'on peut définir en disant qu'il y a abaissement graduel, vers la côte atlantique, des rides de cette partie terminale de la chaîne.

La vallée de l'*Asif Ouaddar* apparaît sur notre gauche et nous remontons une crête qui la sépare de celle de l'*Asif Tamerakht*. Nous avons dû ainsi nous éloigner un peu de cette dernière rivière à cause de la difficulté de trouver un bon chemin, et aussi pour aller demander l'hospitalité à un ami du Chikh Moulaï Ali, qui habite à *Tizi Ouarioum*.

Nous venons de traverser des affleurements, tantôt argileux et gréseux, tantôt calcaires; et suivant le cas, le sol est couvert de champs de culture avec des figuiers, des amandiers, des arganiers, ou bien il supporte des forêts de thuyas à sandaraque.

Mais les villages sont rares dans ces régions montagneuses et,

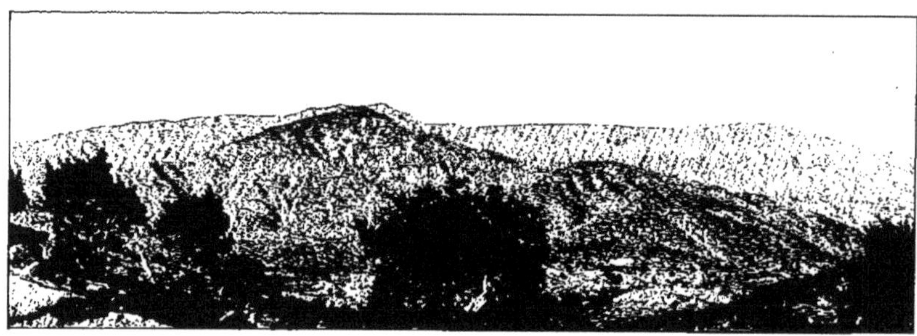

Fig. 129. — Le Tizi Ouarioun.

jusqu'à notre halte du déjeuner, nous n'avons pas rencontré une seule maison. Nous traversons seulement *Timristin* avant d'arriver à la *dépression de Tizi*.

A nos pieds j'aperçois un col remarquable, qui sépare une branche importante de gauche de l'*Asif Ouaddar*, d'un affluent de droite de l'*Asif Tamerakht*.

L'*Asif Tizi* est bien connu des Tanani, sans doute parce qu'il relie les deux importantes vallées que je viens de signaler et établit une communication entre le centre des Ida ou Tanan et le bord de la mer, auprès du cap R'ir. C'est vraisemblablement à cette rivière qu'il faut attribuer le nom d'Asif Tidsi sous lequel a été désigné parfois l'*Asif Tamerakht*, ainsi qu'il est indiqué sur la carte au millionième[1].

1. Je suis frappé des relations de l'Asif Ouaddar et de l'Asif Tizi. L'affluent du

Il nous faut, pour arriver à ce col, descendre par un chemin en lacets, sur une pente très rapide, le long de laquelle je puis relever une succession importante des terrains crétacés.

Au col je trouve un très riche gisement fossilifère avec ammonites, oursins, coquilles bivalves, dont je fais une bonne récolte.

Nous allons demander l'hospitalité chez l'ami du Chikh Moulaï Ali pour lequel j'ai une lettre de recommandation.

7 février. — Nous avons reçu un excellent accueil, mais je n'ai pu consigner la moindre note sur mon carnet; aussi je désire partir de très bon matin. Nous ferons à l'heure du déjeuner, une halte un peu plus longue dont je profiterai pour écrire mes impressions d'hier.

La piste est difficile. Nous allons contourner l'*Asif Ouaddar*, qui prend naissance à un petit col, pour atteindre le *Djebel Tazenakht*, vraisemblablement représenté par la cote 1500 de la carte au millionième.

Cette montagne importante est constituée par les calcaires jurassiques qui offrent ici la même disposition qu'à la pointe R'ir. Le *Djebel Tazenakht* est situé, en réalité, dans le prolongement

premier, qui descend du col de Ouarioun, a une pente relativement douce, tandis que l'Asif Tizi forme un torrent qui passe assez brusquement, sur l'espace de quelques kilomètres, de l'altitude du col au lit profond de l'Asif Tamerakht. Il en résulte que la vitesse de creusement de l'Asif Tizi est beaucoup plus grande que celle du tributaire de l'Asif Ouaddar et que le col s'abaissera progressivement en se déplaçant vers ce dernier, c'est-à-dire du sud vers le nord. Il arrivera donc un moment où le Tizi Ouarioun sera reporté au niveau de l'Asif Ouaddar; alors les eaux réunies par tout le réseau supérieur de cette rivière iront se jeter dans l'Asif Tamerakht : c'est ce que les géographes expriment en disant qu'il y a capture du premier cours d'eau par le second. Bien entendu ce phénomène ne peut être l'œuvre que du plus grand facteur de la nature, le temps; il n'en est pas moins intéressant à constater. Telle est d'ailleurs la destinée de l'Asif Tamerakht, dont la vallée met en relation des sommets très élevés (1700 mètres, d'après la carte) avec le bord de la mer, et dont le travail d'érosion est par suite, encore très actif. Les affluents de cette importante rivière sont appelés à drainer, par une série de captures, les rivières latérales comme l'Asif Ouaddar, qui se jettent aujourd'hui directement dans l'Océan.

vers l'est du plissement d'Aferni, sur le flanc méridional duquel nous nous trouvons.

Je fais, accompagné de deux de mes hommes, l'ascension d'un sommet de cette montagne ; de là, il m'est permis de voir à la fois le Sous dans le lointain, l'imposante vallée de l'*Asif Tamerakht* à nos pieds, et l'*Asif Ouaddar* descendant jusqu'à la mer au sud du cap R'ir.

Je puis également me rendre compte, de ce point, de la ligne de partage des bassins de l'*Asif Aït Ameur* et de l'*Asif Tamerakht*. Ce dernier est limité par une chaîne analogue à celle où nous sommes et qui le sépare de la plaine du Sous.

On me montre, dans la dépression profonde de *Tamerakht*, le lieu d'un combat qui a consacré, pour longtemps peut-être, l'indépendance des Ida ou Tanan lorsque, après avoir soumis le Sous, le Sultan Moulaï Hassan est venu, à la tête de nombreuses troupes, essayer de réduire par la force les Tanani qui refusaient de reconnaître l'autorité chérifienne.

La tribu des *Aït Tinkert* est située sur le revers septentrional de la chaîne, que nous avons quelque peine à traverser. La marche est pénible dans ces calcaires dont les débris embarrassent continuellement le chemin.

Nous atteignons un col qui nous fait passer du flanc méridional du plissement jurassique au centre de cette ride montagneuse, dont l'importance orographique ne peut échapper, et nous descendons un affluent de l'*Asif Aït Ameur*. Nous avons donc quitté le bassin hydrographique de l'*Asif Tamerakht*.

Depuis le *Tizi Ouarioun* nous n'avons rencontré qu'une seule maison, entourée de quelques amandiers et, pour déjeuner, nous sommes réduits à nous arrêter auprès d'un r'dir, dont l'eau boueuse sert aux troupeaux qui viennent paître dans la forêt ; nous nous en contentons pour boire et faire notre thé.

Les calcaires sur lesquels nous nous trouvons sont depuis *Tizi Ouarioun* couverts d'ar'ar, et c'est là une des caractéristiques physiques de cette chaîne jurassique. Nous atteignons *Ar'ouri* en suivant l'*Asif Tinkert*, qui descend dans des gorges superbes.

Le village est perché sur le versant septentrional de la montagne, tandis que l'habitation du Chikh Lahcen s'élève dans un coin de verdure formé d'oliviers et de hauts palmiers.

Le Chikh est absent, il est au Souq et Tleta. Nous sommes très bien reçus par des gens de sa maison, par son jeune frère et par son taleb, qui nous font patienter en nous offrant des tasses de thé et, pendant que nous l'attendons, notre Tanani me conte un peu son histoire.

Il ne faut pas perdre de vue que nous sommes ici dans une région des plus indépendantes du Maroc, car le Chikh est l'un des trois chefs de la grande tribu des Ida ou Tanan.

C'est un homme très jeune, il n'a pas vingt-cinq ans. Son père a longtemps occupé l'importante situation dont lui-même jouit actuellement dans le pays et il a payé de sa vie sa fidélité aux traditions sociales de ses compatriotes. C'est lui qui était au pouvoir lorsque Moulaï Hassan, qui a laissé partout la réputation d'un Sultan puissant, essaya en vain de soumettre les Ida ou Tanan. Depuis cet échec, le Makhzen a tenté de gagner par la ruse l'importante tribu qu'il n'avait pu réduire par la force. Le Chikh des *Aïn Tinkert* a été, plus que ses collègues, en butte aux tracasseries du gouvernement chérifien parce que son district touche aux Ida ou Guelloul et, comme il ne voulait pas céder, il a été victime d'un procédé parfois employé au Maroc : on l'a assassiné.

C'est ainsi que le Chikh Lahcen a dû, très jeune, assumer la lourde et périlleuse responsabilité que lui a léguée son père et il paraît l'avoir acceptée, non par ambition, mais par devoir. Il sait, m'a-t-on affirmé, que son sort pourra être le même que celui de son prédécesseur; aussi, ne sort-il qu'accompagné d'un ou deux hommes armés et s'éloigne-t-il le moins possible de sa tribu.

Je suis surpris de son excellent accueil; il me reçoit avec un cérémonial auquel ma façon modeste de voyager ne m'a pas habitué.

On nous sert un dîner somptueux où le tajin[1] aux amandes et au caramel, le couscous au sucre, sont accompagnés de gâteaux au miel et à la cannelle et de fruits secs; sans compter les traditionnelles tasses de thé vert, offertes en attendant le repas.

Je suis l'objet de marques d'attention toutes spéciales. C'est ainsi qu'on m'invite à m'asseoir sur un coussin de Marrakech et qu'on m'apporte, à plusieurs reprises un brûle-parfum, sur la braise duquel le Chikh jette quelques fragments de bois à encens, qu'il conserve précieusement dans un petit coffret d'argent.

Notre hôte a tenu à sortir ses plus belles pièces d'argenterie : théière, samovar, plateaux, et il s'attache à me les faire apprécier.

Une lettre de recommandation de Si Allal Abdi, que je lui ai remise en arrivant, sert d'entrée en matière à une longue conversation sur les Musulmans de mon pays — je passe pour un Arabe d'Alger — et sur les Français. Je comprends, à certaines réserves de cet homme si fin, qu'il ne se fait guère d'illusion sur ma véritable origine.

Comment pourrait-il en être autrement d'ailleurs, puisque je me suis présenté sous les auspices du chancelier du Vice-Consulat de France à Mogador, dont le dévouement à la cause française est connu jusqu'ici! Mais je n'ai plus rien à redouter des gens du pays après un accueil aussi cordial d'un chef puissant et respecté.

8 février. — Mon but est toujours d'atteindre les sources de l'*Asif Tamerakht*, et le prétexte à cette longue excursion est encore une visite à la *Zaouïa Sidi Brahim ou Ali*.

Malheureusement le Tanani me fait complètement défection. Hier soir il s'est catégoriquement prononcé : il prendra volontiers avec moi le chemin de Mogador; par contre, il se refuse à pénétrer plus avant dans les Ida ou Tanan.

1. Ragoût de poulet.

J'ai alors déclaré que j'étais disposé à continuer seul; mais Moulaï Ibrahim et Moulaï Ahmed n'ont pas voulu suivre l'exemple de leur camarade: il est entendu qu'ils ne me quitteront pas.

Ma ferme résolution de suivre mon plan jusqu'au bout a alors suggéré au Tanani l'idée d'obtenir pour moi un guide du Chikh Lahcen.

Je fais part de bonne heure à ce dernier de mes projets et il répond qu'il applaudit à mon idée, car la *Zaouïa Sidi Brahim ou Ali* mérite d'être vue d'un étranger. Mais il désire que je sois accompagné par un homme de confiance, son taleb, et me demande seulement de ne pas partir avant d'avoir déjeuné.

Je suis décidé à laisser ici mes ânes et mon campement, de manière à aller plus vite. Nous préparons rapidement une petite provision de pain, de thé, de sucre, que l'un de mes compagnons portera dans un sac, tandis que l'autre se chargera de mon khidous[1]. J'ai quant à moi, assez de mes appareils.

Pendant le repas, notre hôte donne à son taleb une foule de conseils. Il lui remet trois lettres de recommandation et lui ordonne la prudence, car il se considère comme responsable de ma personne.

Il insiste pour que je prenne ses deux mules; mais je n'accepte pas cette offre aimable, parce que je serai ainsi beaucoup plus libre de mes mouvements et pourrai suivre des chemins plus difficiles.

Nous partons tous quatre vers dix heures, et le Chikh tient à me donner une nouvelle marque de considération en me conduisant à une certaine distance de sa maison. Au moment de nous séparer, il renouvelle ses ordres à notre guide et me souhaite bon voyage.

Notre chemin remonte un ravin, affluent de l'*Asif Tinkert*, creusé au pied du revers septentrional du plissement jurassique et il laisse le village d'*Ar'ouri* sur notre droite.

1. C'est le nom donné au Maroc à un burnous épais destiné à garantir du froid. Je m'en sers toujours pour me couvrir pendant la nuit.

Les deux flancs de la vallée apparaissent avec une constitution différente ; le versant gauche est formé de bancs calcaires redressés, tandis que sur la rive droite, ces mêmes calcaires prennent une allure faiblement inclinée et sont recouverts par des sédiments où dominent les argiles et les grès.

Cette structure se révèle encore par la végétation ; c'est ainsi que le thuya est développé d'un côté et qu'il laisse une place prépondérante à l'arganier de l'autre.

Nous arrivons à un col d'où la vue s'étend assez loin.

J'ai pris la précaution, pendant cette première partie de notre étape, de faire faire la leçon à notre zettat. Il est bien entendu que je suis un Musulman d'Alger qui désire s'instruire et prendre des notes pour fixer ses souvenirs.

Fort heureusement le taleb, qui doit cependant « flairer le roumi », ne connaît que les ordres de son maître ; il me donne tous les renseignements possible, m'invite à écrire et même à sortir mon appareil photographique. Je me rends compte qu'il sera le plus parfait des guides ; il connaît admirablement le pays, sait le nom de tous les pics, des plus petits ravins.

Nous sommes au pied du *Djebel Aoukchtim*, la crête jurassique

Fig. 150. — Vallée de l'Asif Timentchti.

Fig. 131. — Dépression anticlinale d'Anckloul vue de Tizi n Mikti.

se poursuit vers l'est par les pitons du *Djebel Talemst* et du *Djebel Tidili*, et une vallée profonde, tributaire de l'*Asif Aït Ameur*, s'étend à nos pieds. L'*Ouad Timentchti* coule au fond de cette dépression creusée dans les terrains crétacés. On aperçoit le long de la rivière, de grands palmiers formant autour d'un village une belle palmeraie.

Après avoir suivi pendant quelque temps le flanc de la montagne par un chemin très rocailleux, nous remontons l'*Asif Timentchti* qui entaille le massif jurassique, jusqu'au *Tizi n Mikti*, col important au pied du *Djebel Tougrou*. J'ai la chance de trouver là, à la base des calcaires, un certain nombre de mollusques et de brachiopodes, qui permettront sans doute de fixer leur âge, d'autant plus que l'ammonite que j'ai trouvée à Aferni est à un niveau un peu plus élevé.

Mes hommes m'aident à recueillir des fossiles et le taleb ne fait pas la moindre allusion malveillante à cette recherche, pour le moins singulière de la part d'un Musulman ; il s'y montre même plus acharné encore que mes deux compagnons habituels.

Une autre surprise non moins intéressante m'attendait à *Tizi n*

Mikti. J'ai devant moi, vers le sud, une vaste dépression elliptique d'une quinzaine de kilomètres de longueur sur 6 environ de largeur, qui se montre comme entaillée dans le plissement jurassique lequel, assez étroit à Aferni, semble s'élargir tout en s'élevant vers les crêtes du Haut-Atlas.

Notre traversée du massif calcaire, entre *Tizi n Ouarioun* et *Ar'ouri* a été longue, car il a dans cette région, une amplitude déjà très grande ; mais ici, il apparaît encore plus étalé et son sommet est éventré. Du col je puis me rendre compte de la disposition des calcaires qui forment partout des parois abruptes sur le pourtour de la vallée qui s'étend à nos pieds.

Mais comment s'est produite cette dépression? Est-elle due à l'érosion ou bien résulte-t-elle d'un affaissement? Elle va me permettre sans doute d'examiner l'ossature de la ride jurassique que je n'ai pu observer à *Taguent* ni à *Aferni*. Autant de problèmes intéressants, que la suite de ce voyage me permettra peut-être d'élucider.

Nous descendons par un chemin très raide et je constate, presque immédiatement, que le soubassement des calcaires est constitué par les grès rouges permiens. Ces mêmes grès se continuent jusqu'au centre de la vallée anticlinale, dont nous allons suivre maintenant le grand axe en nous dirigeant vers l'est.

Bientôt notre route recoupe un lambeau de calcaires secondaires qui se trouve ici, vraisemblablement encadré entre deux cassures et dont la présence plaide en faveur de l'hypothèse d'un effondrement de la voûte jurassique.

Ce terrain est encore reconnaissable à sa végétation préférée, le thuya ; tandis que tout autour, sur les grès, sont répandues des broussailles de lentisques et de lavandes.

Les terres cultivées sont assez nombreuses, surtout en s'avançant vers l'est où se trouve intercalée, dans les grès rouges, une accumulation considérable de roches volcaniques qui donnent à la

Fig. 132. — Centre de la dépression d'Aneklout.

région une richesse particulière. Les formations éruptives ont, par leur décomposition, fourni un sol meuble, riche en potasse, recherché par les indigènes; aussi cette partie orientale de la dépression est-elle couverte de champs et de vergers où le figuier et le palmier dominent.

Ce pays fertile est encore privilégié par une eau abondante, coulant au fond d'une vallée qui échancre la falaise méridionale, pour aller se jeter vers le sud-ouest, dans l'*Asif Tamerakht*.

Nous arrivons ainsi à *Aneklout*, où le taleb nous fait donner sur la recommandation du Chikh, une cordiale hospitalité.

Notre hôte habite une maison à un étage. Il nous introduit dans une chambre très propre et je suis émerveillé du soin avec lequel il prépare lui-même son service à thé.

Si Ahmed n'est certainement pas riche, car il nous sert un dîner frugal, et pourtant on voit qu'il s'efforce de nous bien traiter. Les amandes et les figues de son jardin, l'excellent gâteau de miel de sa ruche, tout ce qu'il a chez lui nous est offert; il se croit même obligé à faire de fréquentes fumigations à l'encens.

Mais à ce modeste repas, accompagné d'une franche gaieté de la part de tous les convives, devait succéder une cérémonie assez peu agréable pour moi.

Nous allons tous passer la nuit ensemble et les nattes d'alfa qui ont formé notre table vont maintenant nous servir de lit. J'ai l'habitude de coucher ainsi par terre, à côté de mes compagnons de voyage ou de mon hôte et de ses invités, mais je me trouve cette fois, entouré de taleb et de chérif, par conséquent d'hommes qui, lorsqu'ils sont en société, ont l'impérieux devoir de faire leur prière en commun.

On sait bien que je ne suis ni taleb ni chérif, mais comment me

Fig. 155. — Vue prise de la maison de Si Ahmed, à Aneklout.

récuser en cette circonstance que je n'avais pas prévue, puisque Si Ahmed et Si Abdallah savent que je vais en pèlerinage à la *Zaouïa Sidi Brahim ou Ali*. Je n'ai donc qu'à m'exécuter malgré la crainte que j'ai de laisser percer, par quelque hésitation, par quelque gaucherie, ma qualité de roumi.

9 février. — *Aneklout* se trouve à l'extrémité orientale de la dépression que nous avons parcourue hier dans toute sa longueur. Ce coquet village est situé au pied d'une haute falaise calcaire. dans un bouquet de verdure où abonde l'amandier.

Nous partons seulement vers 9 heures, parce que notre hôte a

Fig. 134. — Haute vallée de l'Asif Tamerakht.

tenu à nous faire déjeuner au préalable ; d'ailleurs le trajet qui nous sépare de la zaouïa n'est pas très long.

Il nous faut passer maintenant sur l'autre versant du plissement jurassique, et nous prenons un sentier très abrupt qui s'élève sur le bord méridional de la dépression.

La piste que nous suivons est d'abord très dure, mais elle est intéressante parce que je puis avoir de là un coup d'œil d'ensemble sur la région et que, d'autre part, je découvre un nouveau gisement de fossiles qui paraît être au même niveau que celui de *Tizi n Mikti*.

De ce point je constate aussi que les calcaires s'étalent sur une grande étendue. Le chemin va descendre sur ces roches, jusqu'à la zaouïa, et la marcke est assez pénible dans ce sentier encombré de pievres.

Nous arrivons d'abord dans une vallée tributaire de l'*Asif Tamerakht*, dont nous remontons le thalweg jusqu'à un col, passage fréquenté par les caravanes venues des Mtouga et se rendant au Sous.

Je désire m'arrêter un instant ici, parce que la vue s'étend au loin autour de moi et la présence d'une citerne nous invite à faire halte pour déjeuner.

Nous sommes à la limite des Ida ou Ziki et des Ida ou Tanan et la *Zaouïa Sidi Brahim ou Ali* est à nos pieds, à moins de 3 kilomètres.

L'*Asif Tamerakht* prend naissance par plusieurs branches, descendues des hauteurs des Ida ou Ziki, et l'une d'elles commence au col où nous nous trouvons. Un peu au-dessous de la zaouïa la vallée est assez large; elle est limitée au sud par une chaîne importante, dont la crête s'incline uniformément vers la mer et de laquelle émerge le *Djebel Legouz*.

Il m'est impossible d'entrevoir d'ici la structure de cette impor-

Fig. 155. — La haute vallée de l'Asif Tamerakht. Zaouïa Sidi Brahim ou Ali au second plan et Dj. Legouz dans le fond.

tante vallée. Les calcaires jurassiques ont une pente très faible, dans la région supérieure de l'*Asif Tamerakht*, et ils paraissent se relever assez brusquement, sur la rive gauche, pour retomber vers le Sous en décrivant un pli anticlinal dont l'arête du *Djebel Legouz* dessine grossièrement la direction.

Il semble bien, ainsi que je le pensais, que la vallée est encadrée entre deux plissements jurassiques qui affleurent complètement dans les régions hautes, de façon à se réunir par une dépression synclinale. Ces deux rides calcaires s'abaissent graduellement vers la mer pour aboutir, la première au rivage de l'Océan, par la pointe du cap R'ir et le plateau d'Aferni, tandis que l'inclinaison de l'autre ne lui permet pas d'atteindre la côte; car elle s'enfouit, avant d'arriver à Agadir n Ir'ir, sous les sédiments crétacés.

Partout ici on voit la même végétation de thuya à sandaraque, l'arganier a complètement disparu ; dans le fond des ravins, autour des villages et des maisons, croît l'amandier.

Les Ida ou Tanan produisent, dit-on, les meilleures amandes du Maroc et ce fruit joue un certain rôle dans le commerce de Mogador.

Je me rends compte d'ici que je n'aurai pas d'observation importante à faire en allant jusqu'à la zaouïa. Il me faudrait, pour poursuivre mes investigations, pousser bien au delà jusqu'au *Djebel Legouz*, de façon à voir le bord de la vallée du Sous. Mais le taleb consulté à ce sujet, considère la chose comme impossible.

Quel motif invoquer, en effet, aux yeux des gens de la zaouïa, pour dépasser le lieu de notre pèlerinage ? Je suis muni des recommandations nécessaires pour me rendre à *Sidi Brahim ou Ali*, mais je ne puis aller plus loin. Je vais donc avoir tous les inconvénients de ma visite à la zaouïa sans en tirer aucun profit scientifique. Je redoute beaucoup d'autre part, de coucher dans une djemaa et à plus forte raison, auprès d'une qoubba aussi réputée.

Je propose alors à Si Abdallah de retourner sur nos pas, sous un prétexte quelconque, et de gagner *Aneklout* dans la soirée, par une marche forcée. Ce brave homme, qui ne se fait décidément plus aucune illusion sur ma qualité de roumi, accepte ma détermination avec empressement ; il semble même soulagé de voir que je renonce à coucher à *Sidi Brahim ou Ali*, sans doute parce qu'il garderait un remords d'avoir introduit un chrétien dans un lieu saint ; mais surtout, je crois, parce qu'il aurait assumé une grande responsabilité aux yeux des gens du pays, si j'avais été reconnu dans la suite.

Moulaï Ibrahim et Moulaï Ahmed sont ravis de ma nouvelle décision ; mes compagnons voyaient tous les inconvénients et les dangers de mon premier projet ; mais par dévouement, ils n'osaient pas m'en dissuader.

Malgré l'heure tardive, nous atteignons *Aneklout* à la nuit, après avoir franchi en trois heures un espace de près de 20 kilomètres.

10 février. — Si Ahmed n'a pas paru surpris de notre retour précipité, ou du moins il n'a rien manifesté. Il s'est au contraire, montré plus aimable encore et a tenu à me laisser la meilleure impression possible de son hospitalité, par un empressement affectueux. Il apporte tous ses soins à nous servir à déjeuner avant notre départ, il me demande même de revenir le voir et se promet de me faire visite à Mogador.

Nous quittons *Aneklout* un peu tard dans la matinée. J'exprime le désir de prendre un autre chemin pour retourner à *Ar'ouri* et

Fig. 156. — Vallée d'Aneklout.

le taleb me fait suivre le bord septentrional de la vallée anticlinale, par une piste qui longe le pied du *Djebel Tougrou*. Cette nouvelle route me permettra de contrôler mes observations premières et je puis relever, au nord de la maison de Si Ahmed, une série d'au moins 80 mètres d'épaisseur, de coulées de laves, de cendres et de tufs volcaniques, intercalés dans les grès rouges permiens. De plus, je constate que ces couches primaires forment un pli au centre de la dépression.

Nous arrivons au *Tizi n Mikti* où je puis augmenter ma récolte de fossiles; puis, tandis que mes hommes continuent ce travail, je

Fig. 157. — Vallée de l'Asif Timentchti.

fais, avec Moulaï Ibrahim, l'ascension d'un sommet du *Djebel Tougrou*, situé à une soixantaine de mètres au-dessus de nos têtes. J'ai, de là, un beau point de vue sur les Ida ou Guelloul, les Ida ou Troumma et les Ida ou Tanan.

Notre retour à *Ar'ouri* s'effectue, à partir du col, par la même route qu'à l'aller.

11 février. — Le Chikh Lahcen m'a accueilli avec plus de cordialité encore qu'à mon arrivée à *Ar'ouri*. Le bruit s'est répandu qu'il avait un invité étranger, un Musulman d'Alger, et ils étaient là une vingtaine pour m'exprimer leurs souhaits de bienvenue.

Notre hôte voudrait nous retenir plusieurs jours; mais je décline son offre aimable, parce que je me suis fait une règle de ne pas séjourner longtemps au même endroit, dans la crainte de compromettre la suite de mon voyage. Je consens seulement à demeurer ici encore une matinée et je profite de ces quelques heures de repos pour aller visiter, sur le conseil du Chikh, les *Aïoun Ar'ouri*[1].

1. Sources d'Ar'ouri; Aïoun, pluriel d'Aïn.

Comme je l'ai dit, l'*Asif Ar'ouri*, profondément entaillé dans les calcaires et dans les gorges pittoresques que nous avons descendues en venant du *Tizi Ouarioun*, offre des bancs très redressés dans les anfractuosités desquels poussent le thuya, l'arganier, l'olivier et le genévrier, accompagnés de lentisques ; le laurier-rose croît un peu partout au bord de la rivière.

Tandis que la partie supérieure du ravin est complètement à sec, ici sourdent des eaux en quantité considérable. Il est facile d'expliquer l'existence de ces sources, en ce point de la vallée, par un petit pli synclinal situé au pied du flanc septentrional de la grande ride jurassique dans lequel se forme une nappe d'infiltration, dont les sources d'*Aïoun Ar'ouri* représentent le principal point d'émergeance.

Le Chikh nous a fait préparer un excellent repas, auquel sont invités des gens du pays. Après ce déjeuner, alors que mes hommes s'occupent de charger les ânes, il me remet avec une certaine solennité, des présents composés de raisins secs, d'un panier de dattes, d'un sac de noix et d'amandes, d'une corbeille pleine de henné.

Cet excellent homme m'offre tout ce qu'il a de meilleur dans sa maison et s'excuse encore de me faire d'aussi modestes cadeaux. Il me demande de revenir et se propose d'entreprendre avec moi un voyage dans les montagnes des Ida ou Tanan.

Il me fait ses souhaits de bon voyage et insiste pour que son taleb nous accompagne encore jusqu'à deux journées de marche.

Enfin, il veut montrer à tout le monde en quelle estime il tient son visiteur, en me conduisant à quelque distance sur le chemin. Il est suivi par une vingtaine de personnes, qui désirent appuyer la déférence qui m'est témoignée par leur chef.

RETOUR A MOGADOR

Nous descendons un certain temps le cours de l'*Asif Tinkert*, dont la vallée est des plus pittoresques; puis la piste remonte un ravin de gauche, qui nous permet d'éviter des gorges resserrées dont le

Fig. 158. — Tamesguina.

passage est très difficile pour les animaux. Nous sommes dans les mêmes calcaires dont la puissance totale paraît atteindre le chiffre élevé de 300 mètres.

A la sortie de ce ravin, nous nous trouvons sur un plateau crétacé, dans les marnes et les grès duquel je ne tarde pas à découvrir de beaux gisements fossilifères.

Les sédiments secondaires sont disposés en couches bien stratifiées, peu inclinées, qui contrastent avec l'allure mouvementée des calcaires jurassiques du massif que nous venons de quitter. La dépression de l'*Asif Tinkert* se montre profondément creusée dans ces sédiments, dont l'affouillement par les eaux est facile. Les couches argileuses presque horizontales, comportent des coupures abruptes, par suite de l'intercalation de lits gréseux ou marneux, rigides.

Il en résulte un relief tout à fait caractéristique sur lequel de précédents voyageurs, notamment M. Brives, ont déjà appelé l'attention. Le *Djebel Telezza*, que nous contournons avant d'arriver au bord de la vallée de l'*Asif Aït Ameur*, est couronné de bancs épais d'un grès rougeâtre.

Après avoir laissé, sur notre droite, le pays fertile de *Tamesguina*

Fig. 139. — Le Djebel Aouljdad.

et le village du même nom, nous passons auprès de *Tifermit* avant d'arriver à l'*Asif Tinkert*, que nous recoupons au *Souq et Tleta*.

Nous pourrions camper ici, mais Si Abdallah, qui est muni d'une recommandation de son maître pour un habitant d'*Aït el Façi*, nous fait faire une marche de nuit pour atteindre ce groupe de maisons situé à 5 kilomètres environ de la rivière.

Depuis que nous avons quitté le massif jurassique, non seulement le modelé du terrain a changé, mais encore la végétation, qui n'est plus la même. Le sol est peu couvert, il supporte l'arganier, tandis que l'ar'ar a complètement disparu.

12 février. — Cette journée est l'une des plus fructueuses, au point de vue géologique, de toutes celles que j'ai passées au Maroc.

Fig. 140. — Paysage crétacé au pied du Djebel Aouljdad.

Dès la sortie d'*Aït El Façi*, je trouve un gisement fossilifère remarquable ; puis, sur plusieurs kilomètres d'étendue, j'observe une succession de couches d'argiles, de marnes et de calcaires blanchâtres dans lesquels je découvre plusieurs niveaux paléontologiques très riches, qui permettent un parallèle entre ces sédiments crétacés et les dépôts synchroniques du Sud-Est de la France.

Mes hommes m'aident avec beaucoup de zèle dans mes récoltes.

Au pied du *Djebel Aouljdad*, où nous nous arrêtons pour déjeuner, je recueille une belle faune d'ammonites rappelant celle de Clansayes, dans la Drôme et, un peu plus loin, des formes identiques à celles de Gargas, en Provence[1].

Il serait très intéressant de faire l'ascension de la colline qui se dresse devant nous ; mais le Tanani, qui se trouve ici près de son village natal, a peur et se refuse à m'accompagner. Il me faut donc poursuivre ma route vers Mogador.

Avant d'arriver à *Aït Moujjout*, je retrouve les calcaires blancs du pied de la montagne. Ils se poursuivent ici en un banc régulier, épais de 20 à 30 mètres, qui affleure sur 3 à 400 mètres de longueur et

1. Ces intéressants fossiles ont été déterminés, avec une rare compétence, par M. W. Kilian, professeur à l'Université de Grenoble.

Fig. 141. — Aït Moujjout.

150 de largeur; il est pétri d'ammonites, ayant pour la plupart 1 à 2 décimètres de diamètre. C'est, sur cette grande étendue, un véritable pavage de coquilles.

J'avoue n'avoir jamais rien vu d'approchant. L'accumulation formidable de ces mollusques céphalopodes de la mer crétacée semble devoir défier, au point de vue du nombre des individus entassés dans cette couche, les plus riches gisements fossilifères connus.

Fig. 142. — Vallée de l'Asif Aït Ameur.

Nous recevons à *Aït Moujjout* une cordiale hospitalité de Si Ilhemt, ami de Si Allal Abdi.

13 février. — *Aït Moujjout* comprend un groupe de maisons assises sur les calcaires à ammonites, au pied d'un mamelon et non loin du *Djebel Aouljdad*. Des arganiers sont disséminés sur ce sol blanchâtre assez bien cultivé.

Le chemin à la sortie du village, descend par une pente assez

Fig. 145. — Le Djebel Timskatin.

raide jusqu'à l'*Asif Aït Ameur*. Au-dessous du niveau d'*Aït Moujjout* se montre une puissante série d'argiles sableuses et de lits de grès dans laquelle je recueille des oursins.

La vallée est très belle. L'Ouad serpente dans une petite plaine d'alluvions et coule, avec un courant de vitesse moyenne, dans un lit de 3 mètres de largeur sur 50 centimètres de profondeur.

Nous le recoupons auprès de *Slam*, puis nous remontons le flanc droit de la dépression qui semble correspondre à un faible pli synclinal des sédiments crétacés qui se relèvent un peu, vers la ride jurassique d'Aferni.

Nous allons demeurer longtemps sur les argiles sableuses et les

Fig. 144. — Plateaux crétacés des Ida ou Troumma.

grès; j'y rencontre de nombreux points fossilifères où dominent les brachiopodes. Des rhynchonelles se trouvent ici en quantité considérable et l'on pourrait en recueillir plusieurs quintaux en quelques heures.

Ces gisements ont déjà été signalés par M. Brives sur l'itinéraire de qui je me trouve depuis *Aït Moujjout*. A partir du bord de la vallée, nous sommes sur les mêmes terrains crétacés qui constituent une série de petits plateaux, légèrement inclinés vers l'Océan. Cette disposition s'explique par la succession imposante de couches argileuses intercalées de bancs de grès, qui affleurent sur de grandes surfaces planes et protègent les argiles sous-jacentes contre l'action du ruissellement.

Ce modelé apparaît déjà à la limite nord des Ida ou Tanan, depuis le pied du *Djebel Timskatin*, et il caractérise plus nettement l'orographie des Ida ou Troumma. La plate-forme de *Tihririn* et celle de la *Zaouïa Sidi Ahmed Embarek*, dans cette dernière tribu, sont les types les plus remarquables de ce relief, qui a fait désigner, par les voyageurs précédents, les parties littorales du Haut-Atlas sous le nom de région des plateaux occidentaux.

Partout l'arganier recouvre les affleurements de grès, et des champs de culture sont étagés sur les sols argileux. De petites plaines, comme celle de *Zaouïet Amsissen*, sont situées au fond des vallées ou bien elles se trouvent sur des plateaux crétacés et, en ce cas, elles résultent du remaniement des argiles par les eaux superficielles.

Nous nous arrêtons auprès de la *Zaouïa Sidi Ahmed Embarek*. Notre Tanani compte demander l'hospitalité à un ami; malheureusement ce dernier est absent.

Nous pourrions dresser notre tente, mais j'ai l'intention de partir de très bonne heure et, afin d'être plus vite en route, je décide qu'on couchera à la belle étoile. Et cette nuit, passée sous un ciel parfaitement pur et étoilé, ne manque pas d'un certain charme.

14 février. — Je tiens à être à Mogador demain, parce que c'est le jour de l'*Aïd el Kebir*.

J'estime que mes hommes méritent d'être récompensés pour leur dévouement et je voudrais leur permettre de prendre part à cette grande fête musulmane. Nous sommes encore très éloignés de la ville et, pour arriver à midi, nous allons forcer la marche. J'aurai toujours la ressource de revenir sur mes pas, si je trouve le long de ma route quelque chose d'important.

Nous demeurons d'abord sur les terrains secondaires, dans une

Fig. 145. — Vallée crétacée de l'Asif Igouzoulen.

région fertile où l'on rencontre de nombreux villages. C'est ainsi que nous traversons la *Djemaa Aït Tirs*, pour pénétrer ensuite dans une plaine d'alluvions que nous suivrons longtemps. Ces dépôts quaternaires reposent sur les terrains crétacés à droite, sur le plateau tertiaire à gauche, et se poursuivent jusqu'au Souq el Arba des Ida ou Guelloul.

La plaine est cultivée ou constitue de bons pâturages ; l'arganier

Fig. 146. — Forêt d'ar'ar du Djebel Amsiten.

s'étend partout, accompagné de l'olivier. Les terres en friche sont généralement couvertes d'asphodèles et de jujubiers.

Les grès pliocènes se poursuivent au delà et se montrent encore sur les deux rives de l'Asif Igouzoulen ; ils s'appuient tantôt sur les calcaires du cap Tafetneh, tantôt sur des grès et argiles crétacés, et la vallée correspond à un synclinal auquel succède l'anticlinal, très marqué ici, des calcaires de Taguent. Ce dernier pli est accentué au point de montrer, sous la *Zaouïa Amsiten*, les couches jurassiques légèrement déversées vers le sud ; il laisse apparaître à son sommet le substratum constitué par des marnes colorées et des gypses salifères du trias, dont nous laissons des affleurements à droite et à gauche. Aussi le cours de l'Asif Igouzoulen suit, au moins sur le parcours qui nous sépare de la baie de Taguent, le flanc méridional de la ride du cap Tafetneh.

Avec les grès pliocènes nous avons abandonné l'arganier; cette essence a fait place au thuya à gomme sandaraque, très développé dans le *Djebel Amsiten*.

A partir d'*Aïn Azla*, nous demeurons sur le plateau littoral des Ida ou Iceurn qui contourne le pli que nous venons de recouper, et ici les grès tertiaires offrent partout le même paysage couvert d'arganiers et de rtem actuellement en fleurs. Des champs s'étendent à droite et à gauche de notre route; la région semble très fertile.

Nous suivons maintenant une rivière desséchée, affluent de l'Ouad Tidzi, qui se dirige vers le nord, et nous arrivons à la nuit à la Zaouïa Sidi Bou Zekri. Nous campons à la belle étoile sous un grand arbre.

15 février. — Nous partons au petit jour afin d'arriver de bonne heure à Mogador. Notre chemin se poursuit sur le thalweg que nous descendons depuis *Aïn Azla*, d'abord dans une dépression très faible, qui se creuse de plus en plus, puis dans une vallée aux parois escarpées, qui forme une sorte de gorge aux abords de l'Ouad Tidzi.

La structure géologique du pays paraît un peu compliquée; car j'observe encore les marnes colorées salifères du trias, les calcaires jurassiques et les sédiments crétacés, recouverts par les grès tertiaires. Je continue ma course, ne pouvant débrouiller hâtivement tout le complexe de ces terrains et je me propose de revenir faire une tournée de quelques jours dans cette région qui me paraît mériter une étude attentive.

Nous suivons un moment le bord du plateau des Ida ou Iceurn et nous atteignons l'Ouad Tidzi à la *Nzala Araouchi*.

J'arrête là mes observations et le relevé de mon itinéraire, puisque nous allons prendre une route que je connais déjà, par Bou Tazert et Tagouïdert jusqu'à Mogador, que nous atteignons à midi.

Mon premier soin en arrivant est de permettre à mes hommes de prendre part aux réjouissances publiques et aux fêtes de famille. Je n'oublie pas non plus le malheureux Souéri, emprisonné depuis un mois. Je me suis occupé de sa femme et de ses enfants, tandis qu'il était sous les verrous; je demande maintenant, à l'occasion de l'Aïd el Kebir, sa grâce qui m'est accordée par l'obligeant intermédiaire de notre vice-consul.

Chose digne de remarque, mes compagnons qui avaient applaudi des deux mains à l'incarcération du coupable, manifestent une grande joie pour cet acte de clémence qu'ils considèrent comme la meilleure récompense accordée à leur dévouement : « Allah ikhallassek » — Dieu te récompensera, — me répètent-ils souvent.

Voyage au Siroua

Après quelques jours passés à Mogador pour prendre un peu de repos, jeter sur le papier certaines impressions de mon dernier voyage et donner de mes nouvelles en France, je me propose de revenir sur mes pas.

J'ai observé beaucoup trop rapidement, à mon retour dans les Ida Iceurn et les Ida ou Guelloul, certains faits géologiques que j'ai le désir de contrôler.

Je m'apprête donc à faire une tournée d'une huitaine de jours dans ces tribus lorsqu'une nouvelle, tout à fait inattendue, m'invite à différer mon excursion. Si Saïd Boulifa a quitté M. de Segonzac au Ferkla pour venir poursuivre ses recherches à Marrakech et j'ai hâte de le revoir, de savoir par lui ce qu'ont fait, ce qu'ont vu le marquis de Segonzac et ses compagnons.

Je me décide donc à entreprendre, sans délai, le voyage que j'avais projeté à travers le Haut-Atlas, le plus loin possible dans l'est. De cette façon je passerai bientôt par la capitale du Maroc.

Je renonce cette fois, à prendre une caravane si modeste soit-elle. Les voyages du vicomte de Foucauld ont suffisamment montré tous les risques que l'on peut courir au sud du Haut-Atlas dans le Dads, le Haskoura et dans toute la région située au sud et à l'ouest de Tikirt. Ces contrées sont infestées de pillards et l'on y est en danger si l'on fait parade de quelque richesse, ne fût-elle représentée que par des ânes et un modeste bagage. Je pense que le plus sûr moyen de passer dans ces pays, un peu difficiles, est de partir à pied et de vivre de l'hospitalité offerte aux voyageurs ou aux mendiants du chemin.

Mon dévoué compagnon Moulaï Ibrahim est décidé à me suivre dans ces conditions. Il engage à Mogador un de ses camarades, Draoui comme lui et originaire de Tamgrout.

DE TAGOUÏDERT A MARRAKECH

24 février. — Je désire gagner rapidement Marrakech. A cet effet, je loue des mules et nous partons un matin, de Tagouïdert, pour suivre le Triq Makhzen, par la Nzala Chichaoua. Nous franchirons en trois jours la distance d'environ 180 kilomètres qui nous sépare de la capitale marocaine.

Notre première étape est Dar Moqaddem Messaoud. Nous suivons d'abord le chemin tortueux de Souq el Arba, par El Herri d'Ida ou Guerd et, à partir de ce marché, nous ne quitterons plus jusqu'à Marrakech la piste indiquée sur la carte au millionième.

Cette journée ne m'apprend pas grand'chose; elle me permet seulement de marquer avec précision la limite des grès tertiaires du littoral, à 4 kilomètres au delà de la *Nzala Mechgarin*. Plus loin se développent les calcaires, les marnes et les grès des terrains crétacés. J'observe encore la limite, vers l'est, de l'extension de l'arganier : cette essence disparaît à partir du 11° 40′ de longitude, pour faire place à l'olivier.

25 février. — La deuxième étape offre un contraste frappant avec la première. Après Dar Moqaddem Messaoud, en effet, on passe d'un relief accidenté et couvert de forêts d'arganiers à un régime de petites plaines, bordées de plateaux peu élevés, formés de bancs calcaires à peu près horizontaux. Ces plateaux, complètement nus, sont parfois très réduits, avec flancs escarpés et forment alors des gour, dont le Djebel Tilda et la Garat Roqiat sont le type. Nous sommes en présence des mêmes formations qu'on rencontre aux environs de la Zaouia Sidi Abd el Moumen, située plus au sud. Ici encore, les gour sont entourés de dépôts quaternaires de faible épaisseur, dans lesquels les silex des calcaires avoisinants sont très nombreux ; on trouve même des masses exclusivement formées de ces nodules entassés et parfois plus gros que la tête.

Je pense que ces dépôts assez singuliers, résultent en partie du moins, d'une décalcification sur place des calcaires à silex. Ces roches auraient été, par une action dissolvante des eaux superficielles, débarrassées de leur carbonate de chaux en abandonnant sur place, ou à une faible distance, les rognons siliceux qu'elles englobaient.

D'ailleurs les plaines ainsi formées se trouvent généralement enserrées entre des reliefs, dont la carte ne donne aucune idée, et qui résultent de plissements antérieurs des terrains crétacés et éocènes. Les dépôts récents forment comme le remplissage de dépressions peu profondes, dessinées par des ondulations excessivement faibles des terrains secondaires et tertiaires et ils se reconnaissent à la végétation de rtem, d'oliviers, de jujubiers sauvages et d'asphodèles.

Il m'a bien semblé en outre que ces plis, à peine marqués et intéressant des couches qui peuvent dans leur ensemble, être considérées comme horizontales, étaient encadrés entre deux plis très nets, celui du *Djebel Bou Zergoun*, dont les sommets dépassent 1000 mètres, et celui du Mramer de plus faible amplitude et n'atteignant que 400 mètres d'élévation. Je n'ai aucune idée précise sur ce dernier, que j'ai vu d'une assez grande distance.

Des puits sont creusés de loin en loin, dans les dépôts quaternaires dont je viens de parler. Ils sont parfois très profonds et intéressent surtout des bancs calcaires. Il est vraisemblable que les nappes d'eau ainsi explorées se trouvent au contact imperméable. de bancs argileux avec les alluvions ou des calcaires superposés

26 février. — La troisième étape qu'il nous reste à franchir est très longue et je désire arriver à Marrakech avant la fermeture des portes; aussi quittons-nous la Nzala Chichaoua avant le jour. Mais le chemin est facile, car nous allons demeurer jusqu'au bout, sur un terrain à peu près horizontal, dans la grande plaine qui, encaissée entre la chaîne du Jebilet et celle du Haut-Atlas, s'étend de l'ouest à l'est depuis l'Ouad Kahira jusqu'auprès de la ville de Demnat.

Il n'y a pas d'analogie entre ces dépôts récents et ceux que nous avons traversés hier; cette fois en effet, nous sommes en présence d'alluvions argileuses ou argilo-sableuses avec lits de graviers. Parfois des cailloux roulés, plus gros que la tête et descendus des crêtes les plus élevées de l'Atlas, forment des amas importants, notamment dans le voisinage de l'Ouad Kahira et de l'Asif el Mel. Ces blocs charriés paraissent ainsi marquer la trace des cours d'eau plus anciens qui ont collaboré, par un transport colossal des matériaux de la haute chaîne, au remplissage de la vaste dépression et par suite à la formation de la plaine.

Ces alluvions sont fertiles; il y a lieu, à ce point de vue, de les distinguer des dépôts peu remaniés des cuvettes de l'ouest de Chichaoua. Elles sont cultivées ou bien constituent un sol, tantôt absolument nu, tantôt recouvert de plantes sauvages qui forment des pâturages assez estimés.

En approchant de la capitale, nous rencontrons toute une série de puits, forés par les indigènes pour la recherche de l'eau potable qui doit alimenter la ville. Il est assez curieux de voir, amoncelés à leur orifice, les matériaux provenant de leur forage former des sortes de monticules, distribués sans ordre et rappelant les termitières de certains pays tropicaux.

Je n'ai, à mon grand regret, pas eu le temps de me rendre compte de ces travaux pourtant dignes d'intérêt. Il paraît que les Marocains creusent des puits, quelquefois assez profonds, pour atteindre le niveau de l'eau, et qu'ils les rejoignent entre eux par des galeries de drainage.

L'eau souterraine se trouve-t-elle à un niveau constant ou forme-t-elle plusieurs nappes exploitables ? Repose-t-elle sur des lits d'alluvions argileuses ou bien recouvre-t-elle le fond de la cuvette vraisemblablement formée par les schistes primaires, imperméables, qui affleurent au Koudiat Ardouz, au Gueliz et à quelques kilomètres au sud de Tamesloht ? Autant de questions qu'il serait très utile de résoudre avant de procéder aux travaux de recherche qui, il semble même superflu de le faire remarquer, sont effectués sans aucune méthode et avec la plus parfaite ignorance des lois fondamentales de l'hydrologie souterraine.

Et pourtant cette question a une très grande importance puisqu'il s'agit de l'alimentation d'une ville dont la population atteint 65 000 âmes. Il est à souhaiter qu'elle soit étudiée le plus tôt possible, et l'un des plus grands bienfaits de la civilisation européenne au Maroc consistera à apporter aux villes de ce pays, pour la plupart exposées à de fréquentes épidémies, un peu de salubrité et à les fournir en eaux potables, captées d'après les procédés modernes.

Nous traversons, avant de pénétrer dans la ville par la porte de Bab er Roub, la palmeraie de Marrakech décrite par de nombreux voyageurs. J'éprouve là, dans ce site des plus pittoresques, l'agréable surprise de rencontrer sur mon chemin de nombreux cavaliers : c'est mon camarade Si Saïd Boulifa qui vient au-devant de moi, accompagné des professeurs de l'Ecole de l'Alliance israélite, du préposé aux postes françaises, enfin de plusieurs jeunes gens du Mellah de la ville.

J'apprends avec un vif plaisir que M. de Flotte est également à Marrakech ; il arrive du Mramer, où il a pu résoudre la plus grande difficulté de ses opérations géodésiques.

Si Saïd Boulifa a quitté M. de Segonzac et Si Abd el Aziz Zenagui au Ferkla, pour venir poursuivre à Marrakech ses recherches linguistiques. Il me fait le récit des souffrances endurées par les vaillants explorateurs, notamment dans la traversée de l'Atlas, au col de Tounfit, où ils ont eu à supporter sous la tente des froids intenses, et des dangers qu'ils ont couru en maintes circonstances. Si Saïd me parle aussi du trajet qu'il a dû effectuer, comme chef de caravane, du Ferkla à la capitale marocaine. Il avait avec lui cinq mules, des cantines, plusieurs fusils, et cela constituait aux yeux de certaines tribus pillardes du Todra et du Dads, un appât qui faillit mettre mon ami en sérieux péril.

Une nuit, des bandits devaient piller la caravane après avoir égorgé tous ses gens. Le coup bien préparé, allait se faire à minuit, lorsqu'un homme du pays, pris de sympathie pour Si Saïd Boulifa, parvint à dissuader les chenapans de leur projet criminel qui ne fût connu que le lendemain. Il fallut jusqu'au col du Glaoui, dans la traversée dangereuse des Haskoura, des Aït Mer'ran, redoubler de précautions.

Ce récit me surprend un peu de la part de Si Saïd qui avait toujours nié tout danger dans les tribus insoumises. Mais j'appris un peu plus tard que cet excellent ami, dont la modestie n'a d'égale que la bonté, avait cru devoir me conter ses aventures dans le but seul de me détourner de mon voyage au sud de Demnat.

DE MARRAKECH A DEMNAT

Mon séjour à Marrakech est de courte durée. Je désire mettre à exécution le plus tôt possible, mon projet de voyage au sud de l'Atlas, entre les méridiens de Marrakech et de Demnat.

J'avais eu d'abord l'idée de me rendre par le plus court chemin dans cette dernière ville, à partir de laquelle seulement je commencerais mes observations. Mais une occasion se présente, tout à fait inattendue, qui va me permettre d'accomplir ce trajet avec autant d'agrément que d'utilité.

M. de Flotte a déjà beaucoup avancé sa triangulation dans le Haouz et il lui faudra, un peu plus tard, prolonger son réseau jusqu'à Demnat. Mais, dans le but de faire coïncider son voyage avec le mien, il décide de commencer par où il comptait finir. Il prépare donc activement son voyage dans l'est : entreprise assez difficile en ce moment, à cause de la révolte des *Sr'arna*. Il obtient rapidement, par l'intermédiaire du Gouverneur de Marrakech, de bonnes recommandations pour le Qaïd de Demnat et un excellent mkhazni.

De mon côté, j'ai vite fait mes préparatifs. J'engage un troisième Marocain, camarade des deux autres et comme eux originaire du Draa. J'achète des aqrab[1] dont les montagnards font usage dans le pays; nous y mettons quelques boîtes de conserves, du thé et du sucre.

Fig. 147. — Moulaï Ibrahim.

Bien que le voyage en commun avec M. de Flotte soit rempli d'avantages, il offre malheureusement le gros inconvénient de m'exposer à l'attention des indigènes. Comment ensuite, au moment de notre séparation, pourrai-je m'engager à travers la haute chaîne, dans des régions inconnues et réputées dangereuses, si je suis brûlé par avance?

Cette fois encore, dans le but de tout subordonner à la prudence, je m'engage, avec mes hommes, comme domestique dans la cara-

1. Havresac tissé en palmier.

vane de M. de Flotte. Je vais donc, au moins jusqu'à Demnat, profiter des garanties de sécurité accordées à « Sidi le Consul français »: c'est ainsi que mon ami était désigné par les indigènes.

Nous allons franchir en quatre étapes consécutives la distance qui sépare les deux villes.

3 mars. — Notre première journée est très courte. Nous partons après midi, pour aller camper chez le Chikh Ali Agourga qui donne à mon ami une large hospitalité.

Jusque-là nous n'avons pas quitté la plaine de Marrakech. L'Atlas se dresse imposant, non loin de nous, offrant aux premiers plans une falaise à pic de plusieurs centaines de mètres de hauteur, entaillée dans un terrain rouge dont la couleur vive tranche singulièrement sur le fond neigeux de la crête et des pics du Likoumt, du Tidili et du Bou Ourioul.

4 mars. — Le lendemain matin, nous quittons bientôt la plaine pour nous engager, à partir du Souq el Tleta, dans la vallée de l'Ouad Imi n Zat. Nous recoupons d'abord la terrasse d'alluvions anciennes qui borde la plaine.

L'Imi n Zat est une rivière importante, constituée par l'Ouad Tiredoulin et ses ramifications dans le massif du Bou Ourioul, et il reçoit, plus en aval, l'Ouad Giji que nous avons déjà traversé. La vallée est large au point où nous nous trouvons; elle entaille profondément un pli anticlinal et met à nu, au-dessous des couches calcaires des terrains crétacés, les grès rouges permiens intercalés de roches volcaniques en bancs assez puissants.

Nous allons camper à la *Nzala Boulena*, à quelques kilomètres sur la rive gauche de l'Ouad Rdat, suivant ainsi un chemin un peu détourné pour gagner Demnat. Notre but, en effet, est de nous écarter de la piste habituelle, tracée dans la plaine et qui passe par Sidi Rehal.

Cette route est déjà assez connue au point de vue topographique et la pacification récente des *Rouchdama* et des *Ftouaka*, par le Qaïd Glaoui, permet à M. de Flotte de traverser une région inconnue et que l'explorateur Thomson, dans son voyage jusqu'à Demnat, avait dû éviter. Il se propose ainsi de relever un itinéraire nouveau dans les contreforts de l'Atlas, laissant le chemin ordinaire à 10 et même 20 kilomètres au nord.

Les besoins scientifiques de mon ami concordent tout à fait avec

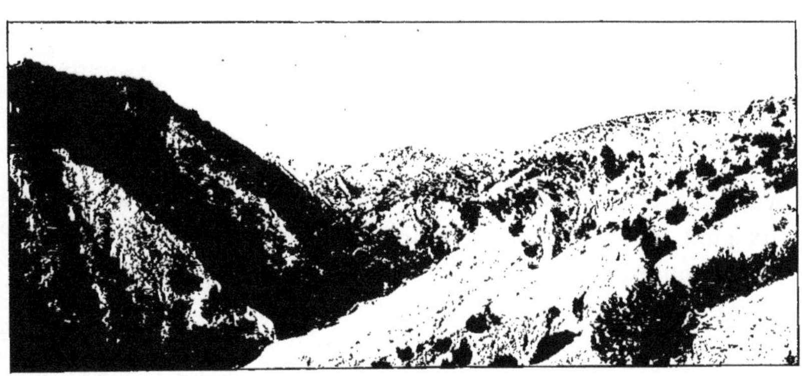

Fig. 148. — Superposition des roches volcaniques sur les grés rouges, près de l'Ouad Rdat.

les miens, car, non seulement la route de Sidi Rehal à Demnat a été suivie par d'autres voyageurs, surtout par Thomson; mais je n'avais pas, *a priori*, grand'chose à observer en plaine, tandis que les avant-monts de l'Atlas m'apprendront certainement du nouveau.

5 mars. — De fait, l'itinéraire que nous allons suivre va m'offrir, à partir de l'Ouad Rdat, une importante moisson de faits qui me permettront encore de saisir, dans ses grandes lignes, la structure de la haute chaîne entre Demnat et la plaine des Haskoura. Je vais donc, tout en récoltant sur ma route, me préparer au voyage difficile dont je désire si ardemment le succès. Nous allons effectuer ce trajet en deux étapes.

Fig. 149. Paysage des Rouchdama.

Après avoir traversé le lit de l'Ouad Rdat au Qantra el Abid, vieux pont en ruine connu de tous les voyageurs qui ont vu le Glaoui, nous descendons la rivière sur sa rive droite, jusqu'au village d'Enzel.

Dans la journée nous nous séparons, mes hommes et moi, de la caravane de M. de Flotte. Il semble utile de donner le change aux indigènes en approchant de la ville, parce que mon ami se propose de me poser, aux yeux des autorités, comme un reqqas[1] qu'il garde à sa disposition pour faire tenir, le cas échéant, une nouvelle urgente aux représentants du Makhzen.

Depuis Enzel nous nous dirigeons droit vers l'est. Nous suivons, jusqu'à la vallée de l'*Ouad Teçaout et Tahtia*, une large dépression, laissant sur notre gauche une petite chaîne composée de collines peu élevées ne dépassant probablement pas 1000 mètres, tandis que sur la droite se dressent des crêtes, en apparence parallèles et aux flancs plus ou moins escarpés, dont la plus proche n'a pas moins de 1500 mètres d'élévation.

Le sol, formé de grès rouges, est le plus souvent nu ou seule-

1. Courrier à pied.

nent recouvert d'une végétation broussailleuse de palmiers nains t de genévriers; les parties peu escarpées sont employées à la ulture des céréales et fréquemment envahies par le jujubier sau-age et l'asphodèle.

La dépression anticlinale montre, sur ses deux flancs, un affleu-ement de roches volcaniques intercalées dans les grès rouges d'âge ermien. La vallée de l'*Ouad Teçaout et Tahtia*, que nous attei-

Fig. 150. — Vallée de l'Ouad Teçaout et Tahtia.

gnons dans l'après-midi, présente de superbes coupes dans ces nêmes terrains.

Nous descendons brusquement sur la rive gauche de la rivière, ar une falaise basaltique de plus de 100 mètres de hauteur. En ce oint la vallée est pittoresque. Les alluvions du thalweg sont utili-ées pour la culture, tandis que des bois, surtout composés de huyas, recouvrent ses flancs.

Pour gagner notre camp, la *Zaouïa ben Daoud*, nous prenons un hemin assez difficile le long des berges de l'Ouad. La *Teçaout* ffre de ce côté, de belles gorges entaillées dans des bancs de aves très puissants, et au fond desquelles roulent des eaux rapides, le vrais torrents.

Il nous a été donné de contempler là le beau spectacle d'un aysage volcanique rappelant ceux que l'on peu admirer en Auvergne, notamment dans les vallées les plus profondes du grand volcan du Cantal.

6 mars. — Afin d'arriver de bonne heure à Demnat, nous quittons de grand matin la *Zaouïa ben Daoud* pour remonter un affluent de droite de la *Teçaout*; nous passons auprès du village

Fig. 151. — Paysage volcanique, près de la Zaouïa ben Daoud.

de *Tassemsit*, en demeurant toujours sur les mêmes terrains, souvent couverts de bois de chênes, de pins et de genévriers.

Des calcaires en bancs réguliers, affleurent près de nous sur la gauche et forment une crête aiguë à 8 ou 10 kilomètres à droite. Ils dessinent un pli anticlinal dont la partie axiale a été enlevée par l'érosion et laisse apparaître les grès et les roches volcaniques du permien.

La dépression anticlinale ainsi constituée se trouve dans le prolongement de celle que nous avons observée hier. Elle va se rétrécir de plus en plus à mesure que nous approcherons de Demnat.

Au-dessus d'Aït Mellah, dont le nom semble indiquer la proximité de gisements salifères, ces calcaires sont vigoureusement plissés. La structure géologique de la région se prête très bien à l'existence possible du sel (mellah) triasique qui repose sur les couches rouges

Fig. 152. — Aït Mellah.

du permien ; de fait, il paraît qu'il existe d'importantes mines de sel gemme dans le pays, mais je n'ai pu songer à les visiter.

TRAVERSÉE DE L'ATLAS AU SUD DE DEMNAT
PLAINE DE HASKOURA, TELOUET, TIKIRT

Je désire demeurer le moins possible à Demnat, parce que je redoute beaucoup l'indiscrétion des habitants des villes et, en effet, l'arrivée de M. de Flotte avec une caravane assez importante, soulève la curiosité des Demnati ; on peut même dire qu'elle produit une certaine émotion parmi tous les indigènes aussi bien Musulmans que Juifs, peu accoutumés à voir chez eux un roumi. Mais ils ont affaire à un roumi d'importance, de par les lettres de recommandation qui lui ont été accordées par les chefs puissants du Makhzen.

Le premier soin de mon ami est de faire visite au Gouverneur de la ville ; il est introduit dans la qasba avec son interprète.

Pendant ce temps je demeure accroupi avec mes hommes, sur la place entourée de maisons en ruines. Nous sommes naturellement pressés de questions par les curieux et il nous est facile de répondre au sujet du roumi ; quant à nous, nous sommes des reqqas à la solde de ce dernier.

Le Gouverneur n'a pu encore recevoir M. de Flotte ; il a fait donner des ordres pour que le « roumi français » puisse camper sur la grande place auprès du Mellah ; il lui enverra la mouna[1] traditionnelle et sera très heureux de le voir dans la soirée.

Je puis à la tombée de la nuit, m'introduire sous la tente de M. de Flotte. Nous questionnons des indigènes, qui nous donnent des renseignements sur M. de Segonzac et ses compagnons ; ils sont passés à Demnat il y a environ deux mois, pour s'engager par l'Ouad El Abid dans le Moyen-Atlas, jusqu'aux sources de la Moulouya. Nous avons des nouvelles de leur caravane qui a campé en dehors de la ville et a reçu la mouna du Qaïd. Il semble, malgré quelques contradictions, que M. de Segonzac et ses compagnons soient passés inaperçus.

Nous recevons ensuite la visite d'un notable israélite du Mellah, qui m'avait été recommandé par un commerçant important de Marrakech. Je comptais avoir par lui, des renseignements précis sur la région du Dads où j'ai l'intention de me rendre ; j'espérais même qu'il pourrait me procurer un homme de confiance qui aurait guidé mes pas à travers les chemins difficiles et peu sûrs de l'Atlas et des plaines méridionales.

Je ne puis à ma grande déception, rien en tirer. Dans l'esprit de ce Demnati, la traversée de l'Atlas est dangereuse pour tout le monde, aussi bien pour les Arabes que pour les Juifs du pays et, à plus forte raison, pour un étranger tel que moi ; car je lui étais présenté comme un Musulman d'Alger. Je suis fort heureusement déjà, un peu accoutumé à ces craintes exagérées des Marocains.

1. Cadeau constituant en victuailles et denrées, qu'il est de règle d'offrir aux fonctionnaires en voyage ou aux étrangers recommandés par le Makhzen ; c'est une forme de l'impôt marocain.

Fig. 155. — Dépression de Demnat.

Mon départ reste fixé au lendemain, j'aurai toujours la ressource d'aviser en cours de route. Il me suffit donc de n'être pas trahi, car les mendiants ne sont jamais inquiétés sur le chemin : or, je suis sûr de mes hommes.

7 mars. — Je ne suis malheureusement pas plus avancé qu'hier et je pars, vers le milieu du jour, pour aller coucher je ne sais où.

J'avoue avoir éprouvé ce matin-là un certain regret en pensant que j'allais brusquement quitter un régime des plus hospitaliers pour affronter des privations de toutes sortes; et M. de Flotte, mû par un louable sentiment d'amitié, m'engage à renoncer à mes projets et à rentrer avec lui à Marrakech, par petites étapes.

Mais ma décision est bien prise. J'ai déjà recoupé plusieurs fois l'Atlas, entre le col du Glaoui et l'Océan, je tiens essentiellement à rapporter une impression sur sa structure au delà.

Mon ami désire m'accompagner à quelques kilomètres. A cet effet, il sort avec ses hommes par une porte de la ville, tandis que je prends un autre chemin; nous devons nous rencontrer en un point convenu sur la route d'Imi n Ifiri.

Une vive émotion m'attendait là. Je trouve M. de Flotte bouleversé par la terrifiante nouvelle que ses hommes viennent d'apprendre d'un mkhazni. Il ne s'agit de rien moins que du massacre de M. de Segonzac, de Si Abd el Aziz Zenagui et de toute leur caravane, dans le Dads.

Je me fais raconter l'épouvantable nouvelle par le soldat de mon ami, qui l'avait recueillie d'un camarade de Demnat. Il n'y a pas à s'y méprendre, il est sûrement arrivé quelque chose de grave. J'apprends, en effet, de la bouche du mkhazni des détails d'une

Fig. 154. — La campagne de Demnat, la ville dans le fond.

précision telle qu'on ne peut douter qu'il ne s'agisse de la caravane de notre chef. De plus, le lieu du prétendu massacre, que l'on dit être voisin du Dads, se trouve précisément sur l'itinéraire que comptait suivre M. de Segonzac pour gagner le Draa et en particulier Tamgrout, en quittant le Ferkla.

On imagine aisément l'impression produite sur nous par la terrible nouvelle. Il n'y a pas de temps à perdre, il s'agit de savoir le plus tôt possible à quoi s'en tenir; aussi nous revenons à Demnat.

Là, M. de Flotte fait interroger à ce sujet le Gouverneur de la ville, dont la réponse est très nette : « Tous ces dires ne sont que des racontars, si un roumi avait été massacré dans le Dads, je le saurais ».

Cette déclaration du Qaïd nous soulage quelque peu; mais je demeure personnellement convaincu qu'il est arrivé quelque chose de fâcheux à M. de Segonzac et à ses compagnons. En effet, il n'y a pas de fumée sans feu, surtout au Maroc où les nouvelles se propagent très facilement et avec une rapidité extraordinaire.

Mon ami paraît très soucieux de me voir partir pour des régions où se seraient déroulés des événements aussi graves; mais nous avons tous deux le devoir de nous livrer à une enquête active sur le sort de nos camarades. Tandis que M. de Flotte s'informera auprès de tous les Qaïds du pays, je continuerai mon voyage et pourrai ainsi recueillir sur place, s'il y a lieu, des renseignements qu'on n'aurait que tardivement ou peut-être jamais.

M. de Flotte tient à m'accompagner à une ou deux étapes de Demnat à travers l'Atlas. Pourquoi ne pourrait-il aller planter son théodolite sur les contreforts de la haute chaîne, voire même sur la crête, pour rattacher à son réseau géodésique les plus importants sommets? Je pense pour ma part le projet réalisable. Tout est possible si le Gouverneur de Demnat le veut, car il est très vraisemblable que son autorité s'étend assez loin autour de son qaïdat. On l'interroge dans ce sens et le Qaïd, devant la volonté ferme du « roumi français », consent à lui permettre de circuler à deux journées de marche de la ville; il pourra partir le lendemain matin à la première heure, et sera escorté par des hommes de Demnat, choisis parmi les plus dévoués au Makhzen.

Le projet de mon ami, en m'accompagnant pendant deux jours à travers la montagne, cache une intention généreuse dont je sens tout le prix. Il se propose de m'envoyer en messager auprès du Qaïd du Glaoui et de me faire donner dans ce but, des lettres de recommandation pour les Chikh de l'Atlas.

Avant d'entreprendre le récit de ce voyage à travers l'Atlas, je désire faire ici une courte digression. Je voudrais mettre rapidement le lecteur au courant des connaissances générales acquises sur cette partie de la chaîne. Je tiens essentiellement à faire ressortir tout l'attrait scientifique de cette traversée que j'avais vivement désirée et, en présence des observations qu'il m'a été donné de faire, on me pardonnera, je l'espère, ce que certains ont pu considérer chez moi comme de la témérité, d'autres comme de l'activité mal placée.

On se trouve à Demnat, au pied septentrional de ce qu'on a appelé l'*aile orientale du Haut-Atlas*, qui, commençant au col de Telouet, va se terminer au Tizi n Telr'emt qui domine le Tafilelt, à une distance de 300 kilomètres à vol d'oiseau. Or, on a très peu de documents sur cette partie de la haute chaîne, qui n'a jamais été traversée ou, du moins, ne l'avait jamais été un mois avant ma tentative, puisque M. de Segonzac venait de recouper la chaîne du nord au sud au *col de Tounfit*, au pied de l'Ari Aïachi. Malgré ce nouveau et brillant succès de l'éminent explorateur marocain, près de 300 kilomètres de l'aile orientale de l'Atlas demeuraient totalement inconnus.

Aussi cette partie de la chaîne est-elle vaguement indiquée sur la carte de M. de Flotte, et les cols de Tizi Amzoug, Tarkeddit, Aït-Imi, Izouras, n'ont été marqués que d'après des renseignements indigènes ou d'après les indications du vicomte de Foucauld qui les a aperçus de très loin, de la vallée du Dads.

Par contre, nous avons sur la région de Demnat des données topographiques et géographiques très intéressantes, recueillies par Thomson; mais elles ne portent que sur les avant-chaînes jusqu'à une faible distance au sud de la ville.

Au point de vue géologique, l'explorateur anglais considère la région comme représentant une succession de plis anticlinaux et synclinaux triasiques ; il donne même une coupe allant de Demnat à travers l'*Ir'il Ansor*[1], dans laquelle il fait entrer des schistes et des grès rouges, des basaltes en filons et des calcaires com-

1. Irghalnsor de l'auteur.

pacts; mais cette coupe est géologiquement incompréhensible.

Parmi les résultats généraux de la Mission Thomson, l'un de ceux que l'explorateur a le plus mis en évidence consiste dans la différence d'âge géologique et de structure qu'il a établie entre les deux ailes de la chaîne : l'*aile occidentale ancienne* et l'*aile orientale récente.*

Tandis que le vicomte de Foucauld considère le col de Telouet, par suite d'un abaissement considérable du Haut-Atlas, comme un point très important sous le rapport *orographique*, Thomson voit encore, en cet endroit, un remarquable point sous le rapport *géognostique.*

8 mars. — Nous partons de Demnat le matin, à huit heures.

M. de Flotte prend les devants, avec sa caravane. Nous nous séparons de lui, en apparence du moins, car il s'agit cette fois de bien surveiller tous nos mouvements. Le chef d'escorte, l'intelligent, le « roublard » Moulaï Ahmed, va pouvoir mettre à profit son esprit inventif qu'il a déjà tant exercé au service de mon ami.

Nous traversons d'abord une série de jardins potagers, de vergers, de champs de culture, pour gravir ensuite une pente assez raide qui va nous conduire à la cascade d'Imi n Ifiri. Je puis, d'un détour du chemin, dominer la vallée et jouir d'une vue superbe sur la ville et ses environs.

Demnat se trouve à l'extrémité de la dépression synclinale que nous suivons depuis l'Ouad Rdat. Cette dépression est ici resserrée et n'a plus guère que 5 kilomètres d'ouverture; elle met à nu les grès permiens et les roches volcaniques qui s'y trouvent intercalées. L'*Asif Ifiri* la recoupe pour se poursuivre plus loin sous le nom d'Ouad Mahcer; il serpente dans une petite plaine d'alluvions où se trouve élevée la ville, dont l'aspect pittoresque est encore rehaussé par les vergers qui l'entourent et où abonde l'olivier.

La rivière franchit en cascade l'escarpement calcaire qui forme le flanc méridional de la dépression et, depuis une date géologique récente, cette chute d'eau a déposé, surtout à l'époque quaternaire, des travertins dont l'accumulation a formé sur l'abrupt de la falaise une plate-forme au-dessous de laquelle l'eau continue à couler en torrent.

Ainsi doit s'expliquer ce « pont naturel » que Thomson décrit dans son mémoire.

Imi n Ifiri se trouve à la sortie d'une région qui s'étale au sud, sorte de plateau formé par une cuvette synclinale des calcaires de Demnat, recouverts par des grès, des poudingues et des argiles rouges. J'ai ici la preuve que les calcaires, qui forment des crêtes importantes depuis la *Teçaout*, appartiennent aux terrains jurassiques.

Le *plateau d'Ifiri* paraît fertile, à en juger par les agglomérations qu'on y rencontre, les nombreuses cultures et les jardins qui s'y trouvent. Nous le traversons, guidés par un homme qui nous attendait à la cascade sur les ordres de « Sidi le Consul français ». Après une heure et demie de marche, nous recoupons les calcaires secondaires dans une gorge assez profonde, avec forêts de chênes et de thuyas. Nous retombons ainsi dans une vallée anticlinale analogue à celle de Demnat et laissant encore apparaître les grès permiens avec leur cortège de roches éruptives.

Les calcaires forment deux crêtes parallèles, peu éloignées l'une de l'autre, dont la plus septentrionale forme l'*Ir'il Ansor*, visité par Thomson. L'explorateur anglais ne paraît pas être allé plus loin vers le sud.

Notre guide nous mène chez un notable qui, prévenu du passage du « roumi », avait offert à déjeuner à M. de Flotte et à sa suite. J'arrive là une heure après mon camarade, qui m'adresse publiquement de très vifs reproches : « Sidi le Consul t'a amené d'Alger parce qu'il a en toi une absolue confiance, il ne comprend pas que tu t'attardes ainsi en chemin : c'est l'occasion ou jamais de lui montrer ton dévouement, car il aura demain une mission impor-

Fig. 155. — Vallée d'Ir'il Ansor.

tante et lointaine à te confier ». Telles sont en substance, les paroles qui me sont transmises par Moulaï Ahmed, qui émaille sa traduction d'expressions énergiques.

Je proteste de mon dévouement et m'incline respectueusement en signe de soumission. On nous sert du thé avec quelque nourriture et nous repartons aussitôt.

Il nous reste un long trajet à parcourir avant d'arriver chez le Chikh Brahim, qui doit offrir l'hospitalité à M. de Flotte. Nous recoupons la deuxième crête de la vallée anticlinale que nous quittons pour descendre, par une chute assez brusque, le flanc méridional de ce plissement jurassique. Le chemin est un peu difficile et les calcaires secondaires qui nous entourent sont recouverts de petits chênes, de thuyas, de genévriers qui forment, par places, des bois touffus.

Nous arrivons ainsi à la vallée d'*Ehel Tifli*, à peu près parallèle aux précédentes, et dont la structure géologique paraît compliquée.

Nous allons maintenant nous engager dans une autre vallée, celle de l'*Ouad Tirili*, perpendiculaire à la première, et nous y demeurerons jusqu'au soir. Nous pénétrons ainsi dans une nou-

Fig. 156. — Vallée d'Ehel Tifli.

velle dépression anticlinale des plus pittoresques, l'une des plus belles que j'aie parcourues dans mes voyages au Maroc.

L'*Ouad Tirili*, pour franchir ce plissement de l'Atlas, se fait un chemin à travers les calcaires, dans une belle gorge. Nous suivons le flanc gauche de ce passage, tandis que l'autre côté forme une falaise à pic très imposante et dans laquelle de petites grottes ont été habitées par des Marocains, véritables troglodytes.

La coupure de l'*Ouad Tirili* met à nu les mêmes terrains que celle de l'*Asif Ifiri*, aux environs de Demnat; mais ici commencent à apparaître des schistes noirs, intercalés de grès siliceux très durs, sur lesquels à partir du Marabout *Sidi Brahim ou Laheen* nous allons rester quelque temps.

La demeure du Chikh Brahim se trouve à un tournant brusque de la vallée; l'*Ouad Tirili* arrive de l'ouest et suit ainsi, sur la majeure partie de son parcours, une dépression creusée suivant l'axe du plissement jurassique.

Nous arrivons vers 6 heures à Dar Chikh.

La maison, à plusieurs étagés, est bâtie sur une petite crête, dans un site des plus grandioses. D'une terrasse, située au niveau du premier étage, on domine la vallée ainsi qu'une ramification de l'Ouad, venant du sud à travers de nouvelles gorges ; on est entouré par des escarpements formidables de plusieurs centaines de mètres, montrant, au-dessus des schistes et des grès primaires, les calcaires jurassiques arrêtés brusquement par des falaises à pic et des arêtes dentelées. On croirait voir un paysage alpestre. Si nous essayons, d'autre part, de nous rendre compte des phénomènes qui ont présidé à l'architecture de ces montagnes, nous sommes frappés de

Fig. 157. -- Gorges de l'Ouad Tirili.

l'allure des bancs de grès rouges qui sont disposés verticalement au-dessous de la maison qui va nous abriter pour une nuit ; c'est là le premier indice d'efforts orogéniques dont nous verrons la pleine manifestation demain.

Dès notre arrivée, on prépare pour le « roumi » une chambre au deuxième étage, tandis que je demeure sur la terrasse au-dessous, avec mes hommes, les domestiques de mon ami et des gens du pays. Nous absorbons des tasses de thé jusqu'à la nuit. A ce moment, M. de Flotte fait appeler très fort, par son interprète, le reqqas Si Allal[1]. Il désire que je reste auprès de lui parce qu'il a,

1. Si Allal était toujours mon nom.

indépendamment d'un message écrit à me donner pour le Qaïd Glaoui, des recommandations confidentielles et verbales à me faire pour ce puissant chef des Glaoua. Me voici donc auprès de mon ami, sans que la curiosité ni la défiance soient attirées sur moi.

Pendant ce temps, l'habile interprète fait rédiger par un taleb une lettre de chaude recommandation pour le Qaïd qu'il connaît et auprès duquel il jouit d'un certain crédit, à cause de sa qualité d'Algérien et de ses relations constantes avec les Français[1].

Nous échangeons, M. de Flotte et moi, nos impressions si vives de la journée. Nous sommes contents tous deux de ce que nous avons vu; mon camarade a relevé un itinéraire très détaillé qui fixera bien des détails de notre route, mais il se rend compte de la difficulté, de l'impossibilité même, de se servir de son théodolite dans un pays qui n'a pas été jusqu'ici, pénétré par un Européen.

9 mars. — Avant de quitter la demeure hospitalière du Chikh Brahim, à 9 heures du matin, je prends congé de mon ami de Flotte, quoique nous dussions faire encore 1 kilomètres ensemble.

Nous remontons la branche de l'*Ouad Tirili* venant directement du sud, à travers des gorges creusées dans les couches calcaires qui forment la retombée méridionale du pli anticlinal que nous venons d'explorer. Elles sont situées dans les *Aït Mdioual* et sont non moins pittoresques que celles traversées par l'Ouad. avant de se jeter dans l'*Asif Ehel Tifli*. A leur sortie j'observe un brusque plongement des bancs de calcaire jurassique qui vont s'enfoncer, par suite d'une importante cassure, sous les grès rouges et les schistes noirs primaires.

M. de Flotte se proposait tout d'abord d'aller jusqu'à la dernière crête de l'Atlas afin de jeter un coup d'œil sur les plaines du Sud.

1. Je rappellerai ici que c'est par l'autorité et la bienveillante intervention du Qaïd Glaouï que le marquis de Segonzac a été arraché des mains du Chikh Ben Tabia, des Sektana, qui l'avait fait prisonnier.

mais nous sommes à peine sortis des gorges des *Aït Mdioual* qu'il donne à la caravane l'ordre de s'arrêter[1].

« Si Allal — me dit-il en substance — tu vas maintenant aller jusqu'à Telouet porter au puissant Qaïd Glaoui le message confidentiel dont je t'ai chargé. Je t'ai donné, ainsi qu'à tes compagnons, ce qu'il vous faut pour la route; je t'engage à éviter les crêtes couvertes de neige et à descendre jusqu'à la plaine d'Haskoura. L'excellent Chikh Brahim veut bien te donner un guide et te recommander à son ami de Tagoulast. Sois prudent et n'oublie pas que je te récompenserai de tes bons services. »

L'interprète en me traduisant ces paroles me remet la lettre qu'il avait préparée pour le Qaïd Glaoui et me donne, ainsi qu'à mes compagnons, une pièce de un rebo[2] comme « prime d'encouragement ».

Je baise la main d'un maître si bon, si généreux, et nous partons vers les régions inexplorées du Sud.

Je remarque que cette mise en scène produit quelque impression sur l'assistance; chacun m'accompagne secrètement de ses souhaits. Avant même que j'aie pu faire quelques pas je suis rejoint par Si Rehal, le mkhazni qui accompagne M. de Flotte depuis Marrakech; visiblement ému, il me remet un noyau de datte et un fragment de bois enveloppés dans un chiffon sale. « Si Allal — me dit-il — je sais que tu vas courir des dangers, je t'ai engagé à renoncer à tes projets; mais, puisque tu es décidé à partir, prends ce talisman, il renferme des objets recueillis sur la tombe du saint le plus vénéré de mon pays : il te protégera. »

J'avoue avoir été touché par l'attention de Si Rehal, non pas que j'aie beaucoup cru à la sauvegarde de ses saintes reliques, mais parce que, en se séparant de ces dernières en ma faveur, cet

1. J'ai appris plus tard qu'il l'avait fait sur les instances pressantes du Chikh Brahim qui l'accompagnait et qui, malgré l'escorte armée qu'il avait emmenée avec lui, craignait pour la sécurité de l'hôte précieux qui avait été placé sous sa sauvegarde par le Qaïd de Demnat.

2. Le quart de douro.

excellent homme m'accompagnait de ses vœux les plus ardents[1].

Je m'éloigne non sans une certaine émotion, mais je suis vite réconforté par un mot d'encouragement de mon fidèle Moulaï Ibrahim : « Si Allal que Dieu soit loué, tu verras tout ce que tu désirais voir ».

Cinq minutes après je demande à notre guide de porter mon sac, lui offrant, comme dédommagement, la pièce de 1 fr. 25 que j'avais reçue de M. de Flotte en gratification au départ; je lui montre combien j'ai mal aux pieds, à cause des abominables chaussures marocaines et il accepte sans difficulté.

Une heure plus tard je faisais l'une des trouvailles qui m'aient jusqu'ici le plus intéressé.

Nous nous trouvons, depuis la sortie des dernières gorges de *Tirili*, dans un paysage tout différent par suite d'un changement complet de relief. Nous avions tout à l'heure sous les yeux des calcaires dont la rigidité de forme, les falaises verticales et les arêtes déchiquetées, contrastent singulièrement avec le modelé des terrains schisteux que nous foulons aux pieds. L'absence presque complète de végétation contribue aussi à cette transformation brusque, car les schistes noirs sont nus, offrant seulement de loin en loin un sol des plus maigres à quelques genévriers ou à des chênes isolés.

Ces schistes, que nous avons encore vus la veille, aux environs de Dar Chikh Brahim, me sont bien familiers. Voilà près de dix ans que je les observe, d'abord en Algérie notamment à la frontière marocaine, où ils ont été désignés sous le nom de schistes des Trara, par l'illustre ingénieur J. Pouyanne ; puis, en beaucoup de points du Maroc, dans la chaîne du Rif, aux environs de Tétouan et presque partout dans les régions élevées de l'Atlas.

1. D'ailleurs ce fidèle soldat du Makhzen n'eut garde d'oublier de m'en rappeler l'heureux effet plus tard, à mon retour à Marrakech. A ce moment, ma générosité l'a confirmé — s'il était besoin encore — dans l'utilité de placer ses amis sous le patronage d'un saint marabout, lorsqu'ils doivent affronter des difficultés.

Fig. 158. — Paysage schisteux des Aït Mdioual.

Par habitude j'examinais des plaquettes de schistes, lorsque je suis frappé de voir de belles empreintes d'organismes dans ces terrains qui étaient demeurés jusqu'ici complètement rebelles aux recherches du géologue. Ce sont de magnifiques exemplaires de *graptolithes*, organismes inférieurs, vivant à une époque très reculée, dans les mers qui ont déposé les argiles plus tard devenues schistes, qui en renferment les vestiges.

Nous sommes en arrière, Moulaï Ibrahim et moi, et en l'espace de six minutes je réunis tous les matériaux qui ont déjà fait l'objet d'une communication à l'Académie des sciences. Ce gisement fossilifère des *Aït Mdioual* est très riche, à en juger par la diversité des formes que j'ai recueillies en si peu de temps. Moulaï Ibrahim m'aide à cliver des plaquettes schisteuses avec sa koumia[1], transformée en marteau de géologue, pour trouver les plus belles empreintes.

C'est ainsi que l'âge silurien des schistes noirs de l'Atlas, qui se poursuivent sur des centaines de kilomètres suivant l'axe de la chaîne, de ceux analogues, du Rif et des chaînes anciennes de l'Algérie occidentale, est désormais affirmé après avoir été soupçonné sans preuves paléontologiques décisives.

1. Grand poignard marocain à lame courbée.

Je suis d'autant plus heureux de cette trouvaille que je convoitais depuis longtemps, qu'il n'y avait à ma connaissance, qu'un seul gisement de graptolithes connu en Afrique. Il a été découvert d'après des échantillons rapportés par l'illustre explorateur Foureau, du Tindesset, sur le parcours de la célèbre Mission Saharienne, soit à plus de 1600 kilomètres à l'est de celui des *Aït Mdioual*[1].

Après avoir quitté si rapidement ce cimetière antique, qui méritait pourtant mieux du culte d'un géologue, nous allons rejoindre nos autres compagnons. Notre guide paraît un peu intrigué par mes allures et mes arrêts sur le chemin; mais mes pieds, mes pauvres pieds m'excusent et m'assurent encore la confiance de notre zettat! Il en sera d'ailleurs souvent ainsi au cours de ce voyage.

Nous allons demeurer longtemps sur le même terrain, dans lequel je ne tarde pas à observer des intercalations de bancs de grès siliceux qui montrent, mieux que les couches schisteuses, la trace des efforts orogéniques qui ont présidé à la première ébauche du relief. On voit les bancs de ces roches complètement redressés et formant des plis très serrés, ainsi qu'on l'observe au centre de presque toutes les grandes chaînes.

Nous commençons à fouler la neige, avant d'arriver à un col d'où se déroule un panorama superbe. Je fais faire halte pour déjeuner et, pendant que les hommes apprêtent le thé, je puis fixer à la boussole la position du *col des Aït Mdioual* et prendre plusieurs clichés photographiques.

Nous sommes au cœur de l'Atlas. On se rend très bien compte de ce point, que la chaîne est formée d'une série de crêtes plus ou moins parallèles. Au sud, l'horizon est limité par celle que couronnent les calcaires de l'*Ouad Irili*; elle nous cache presque complètement les autres plus lointaines. Au nord, on voit la continua-

1. De retour en France, j'ai appris que, durant mon absence et avant moi, mon ami et collègue M. G.-B.-M. Flamand avait signalé un autre gisement de graptolithes à Haci el Kenig, à 400 kilomètres au nord-ouest de celui de M. Foureau, d'après des échantillons recueillis par le capitaine Cottenest. Le gisement des Aït Mdioual apparaît, jusqu'à présent, comme le plus riche des trois.

tion du massif, aux croupes arrondies, avec ses schistes primaires nus, parsemés seulement de quelques chênes formant des taches isolées; au second plan, une série de crêtes parallèles paraissant formées par des grès rouges surmontés de calcaires, autant qu'il est possible d'en juger à la lorgnette, par les arêtes que la neige a déjà abandonnées à cette époque très avancée de l'hiver.

Parmi les sommets qui émergent de loin en loin des crêtes rectilignes l'un d'eux, le plus oriental et le plus lointain, paraît s'élever

Fig. 159. — Vue prise du col des Aït Mdioual, le Djebel R'at.

majestueusement au-dessus des autres. C'est le *Djebel R'at*, sur lequel je recueille, faute de documents plus scientifiques, un renseignement qui peut tenir aussi bien de la légende que de la réalité : Le *Djebel R'at* est à jamais célèbre par les cent zaouïa qu'il supporte, par les restes des cent marabouts qu'il recèle. Moulaï Ibrahim me fait part de cette particularité avec une pieuse conviction que j'ai bien garde d'offenser. Je lui procure même la douce satisfaction de consigner ce document sur mon carnet, et mon fidèle compagnon entrevoit déjà l'immense retentissement qu'aura, dans les mondes civilisés, la nouvelle de l'existence de ce panthéon marocain !

Nous ne nous attardons pas trop au col, malgré tout l'attrait de ce beau panorama montagneux; notre guide estime que la route est encore longue. Je ne puis m'en arracher sans jeter encore un coup d'œil aux crêtes méridionales, notamment au *Djebel R'at* qui m'attire toujours, sinon par ses saintes dépouilles, du moins à l'idée qu'il peut renfermer tout un trésor de secrets scientifiques.

Nous descendons assez rapidement de ce point qui marque une ligne de partage, pour entrer dans un réseau de ravins et d'ouad se dirigeant maintenant vers le sud. Nous demeurons longtemps sur les mêmes terrains; la végétation, toujours formée de chênes et

Fig. 160. — Les Aït Amelli.

de genévriers disséminés, s'augmente de quelques herbes qui paraissent constituer d'assez bons pâturages.

Tandis que nous venons de traverser, dans les *Aït Mdioual* jusqu'au col, des régions arides, non peuplées, nous voyons la vie renaître au fur et à mesure que nous avançons. Des troupeaux de moutons apparaissent; puis, après nous être engagés dans une vallée schisteuse encaissée et pittoresque, ce paysage pastoral s'agrémente, dans les *Aït Amelli* de beaux bois de thuyas.

Ainsi les schistes primaires de l'Atlas sont aussi ingrats que ceux des autres régions de l'Afrique du Nord où ils sont presque partout inhabités.

Dans les *Aït Amelli*, nous rencontrons, sur le bord d'une petite rivière, le village du même nom pourvu d'un bordj à plusieurs étages.

Les plissements intenses que j'ai observés dans les schistes à graptolithes des *Aït Mdioual* changent d'allure à partir du col. Ces plis schisteux, d'abord droits, se penchent visiblement vers le sud et finissent, aux *Aït Amelli*, par se coucher à 45° environ sur

Fig. 161. — Un bordj isolé dans les Aït Amelli.

un autre système de schistes bruns d'un autre âge, vraisemblablement dévoniens ou peut-être carbonifères.

Nous arrivons ainsi à la haute vallée de l'*Ouad Teçaout et Tahtia*. Cette rivière, déjà importante en ce point élevé de son cours, semble suivre le contact du massif silurien et de l'ensemble des grès rouges permiens et des calcaires jurassiques, que nous avions abandonnés depuis les dernières gorges de *Tirili*; de plus, le creusement de la vallée semble coïncider avec une cassure. Nous

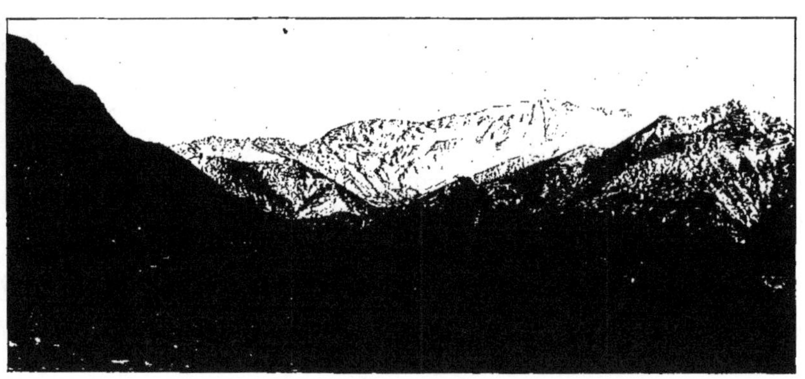

Fig. 162. — Haute vallée de l'Ouad Teçaout.

sommes au pied du premier escarpement, avec crêtes rectilignes, que j'apercevais des *Aït Mdioual*.

La rivière suit des gorges assez profondes que le chemin évite en s'élevant dans les grès rouges, jusqu'au col d'*Ir'ir n Tmichi* ou *Tizi n Tmichi*.

La traversée de ce col me rappelle, tant par sa nature que par son aspect pittoresque, la montée de la Nzala Argana à Iferd dans le défilé des Bibaoun. C'est un point de passage d'une route du Dads et du Tafilelt. Les caravanes y sont assez nombreuses ; j'en ai compté cinq, peu importantes il est vrai, en l'espace de trois quarts d'heure.

Nous arrivons de nuit au bordj du Chikh Haddou, dans le village de *Tagoulast*. Après avoir attendu une heure environ le Chikh, informé de notre présence, nous fait introduire par un dédale de cours et d'escaliers étroits, dans une pièce trois fois plus longue que large et possédant un plafond élevé, bien sculpté et décoré d'arabesques d'un heureux effet.

Le Chikh Haddou est un bel homme, à l'air majestueux. Il nous souhaite très cordialement la bienvenue en s'adressant surtout à moi. Il me questionne sur le monde musulman d'Alger, auquel il me sait appartenir.

Je suis très frappé du changement que j'observe dans les habitudes et le costume des chleuhs de ces régions centrales de l'Atlas, par rapport à ceux que j'ai vus partout ailleurs.

Ici les hommes ont la moustache coupée beaucoup plus court et souvent même complètement rasée ; ils ne portent pas toujours leur barbe. Leur vêtement préféré consiste uniquement en un immense haïk dont ils s'enveloppent et qu'ils retiennent sur eux par un mejdoul[1] avec ou sans koumia. Il est curieux de voir avec quelle dextérité ils se maintiennent toujours couverts sous un vêtement aussi flottant.

1. Cordon de laine très épais servant à porter la koumia en sautoir.

Les femmes sont ici moins cachées que chez les autres chleuhs; elles viennent même jusqu'au milieu des convives apporter les plats du repas. Elles sont vêtues d'une robe de haïk ou de drap brun et, ont sur la tête, une coiffure du même drap rappelant un peu celle des femmes napolitaines. Elles laissent en outre leurs cheveux tomber par devant en deux ou quatre grosses nattes.

Depuis les *Aït Mdioual* les maisons aussi ne sont plus les mêmes; elles sont bâties avec des moellons, et toujours le chef de l'agglomération habite un bordj. C'est une sorte de tour carrée, ou encore plusieurs tours du même genre et de différentes hauteurs, accolées les unes contre les autres. Ces bordj sont bâtis en pierres taillées et les murs sont consolidés par de fortes poutres qui jouent le rôle des tirants de fer qu'on emploie dans nos maisons; ils comportent plusieurs étages auxquels on accède par des escaliers très étroits.

Celui où nous passons la nuit est flanqué de tourelles d'un assez gracieux effet.

Le Chikh Haddou nous fait dîner; il a de nombreux hôtes. Indépendamment de quelques gens de marque de *Tagoulast*, qu'il a invités en notre honneur, il offre l'hospitalité de la nuit à des caravaniers. Il faut dire à ce sujet que le Chikh Haddou est comme le gardien d'un passage assez important : le *Tizi n Tmichi*.

Notre amphitryon préside avec beaucoup de dignité le repas, d'ailleurs très simple, qu'il nous fait servir. La conversation porte sur des sujets banals et je n'entends pas parler du prétendu massacre de la Mission de Segonzac.

Je fais demander par notre guide si je ne pourrais pas me procurer une monture quelconque pour le lendemain; mais je n'obtiens rien : le Chikh nous recommandera à des caravaniers qui vont dans les *Aït Iguernan*, où nous passerons la nuit prochaine, et ces hommes mettront nos sacs sur leurs bêtes. A l'heure assez tardive du coucher, nous nous étendons tous suivant la coutume dans la salle où nous venons de dîner. Je passe là une assez mauvaise nuit, allongé sur des dalles de pierres dont le contact glacé me tient éveillé jusqu'au point du jour.

Le chikh Haddou donne de très bonne heure le signal du lever : il nous offre l'assoua traditionnelle et nous souhaite bon voyage.

10 mars. — Nous partons au petit jour avec la caravane qui doit nous servir de guide et nous présenter au Chikh Abd er Rahman des *Aït Iguernan*.

Moulaï Ibrahim me fait part en quittant *Tagoulast*, d'une remarque du Chikh Haddou bien digne d'être prise en considération. Ce dernier a dit à notre ancien guide que j'avais tort de porter autant de moustache (je l'avais cependant raccourcie des trois quarts) parce que, dans ce pays, je risquerais d'être pris pour un roumi et courrais ainsi des dangers. Quelques instants après ma physionomie était tout à fait en harmonie avec celle des gens de la région, et cela à la grande satisfaction de Moulaï Ibrahim.

Fig. 165. — Paysage volcanique dans la haute vallée de l'Ouad Teçaout.

Je ne puis prendre de clichés du bordj et du site de *Tagoulast* à cause de l'heure trop matinale, et pourtant mes souvenirs sur cette partie pittoresque du cours de l'*Ouad Teçaout* mériteraient bien d'être fixés.

La vallée, assez profonde, est creusée dans les grès permiens, intercalés de bancs épais de roches volcaniques, que recouvrent les calcaires jurassiques. Des noyers, en assez grand nombre, poussent près de la rivière, tandis que des thuyas à gomme sandaıque se montrent sur les escarpements rocheux, notamment sur ɜs calcaires.

Nous remontons le cours de l'*Ouad Teçaout* sur une longueur 'environ 8 kilomètres, en allant à peu près droit vers le sud. La ivière est toujours encaissée, offrant un thalweg d'une centaine e mètres limité par des falaises très escarpées, entaillées dans les alcaires jurassiques. Il en résulte qu'il n'y a pas de chemin possible

g. 164. — Haute vallée de l'Ouad Teçaout. Paysage volcanique dans les Aït Iguernan.

n dehors des alluvions caillouteuses où l'ouad s'est tracé un lit ›rtueux. Nous devons de ce fait, sur un espace relativement court, ·averser cinq fois la rivière, dont le débit est assez considérable; ɔn lit a en moyenne 6 mètres de largeur, et nous avons de l'eau ısqu'à mi-cuisse; il faut nous tenir deux à deux pour ne pas être ɜnversés par la force de ce courant glacé.

Après une petite halte nous quittons la *Teçaout* pour remonter un 'fluent de gauche de moindre importance, que nous suivrons jus-u'au col de la montagne. Cet Ouad, dont je n'ai pu savoir le nom, ›ule ses eaux dans un lit de 2 à 3 mètres, sur 20 à 30 centimètres ; profondeur; il paraît alimenté surtout par la fonte des neiges.

Nous abandonnons bien vite les calcaires jurassiques qui se ɜlèvent assez rapidement sur les parties les plus élevées de la

Fig. 165. — Naissance de la vallée au Djebel Anr'mer.

chaîne, où ils forment encore des abrupts et des arêtes rigides. La rivière serpente, sur un long parcours, entre des berges de grès, d'argile rouge et de roches volcaniques intercalées. Ces dernières, par leur couleur verte, la rigidité et l'épaisseur de leurs bancs de laves, donnent au paysage sa caractéristique.

Après midi, je constate que la vallée se ramifie et paraît descendre d'un massif très élevé couvert de neige.

Nous nous trouvons dans les *Aït Iguernan*. Le pays semble désert, le sol est dénudé et supporte seulement quelques genévriers disséminés ou des rtem : nous approchons des crêtes. Il nous reste à faire une ascension d'une heure, durant laquelle les caravaniers et mes hommes seront toujours aux aguets. La région que nous

Fig. 166 — Montée du col de Tizi n Imoudras.

allons atteindre est souvent visitée par les pillards de la plaine.

L'ascension s'opère sur un sol de plus en plus dénudé, constitué par des grès micacés surmontés d'argiles schisteuses.

La traversée du col me cause la plus grande surprise.

Je pensais atteindre la dernière crête à un passage élevé, tandis que j'aperçois devant moi une série de ravins peu profonds, dans un terrain absolument nu formé de schistes noirâtres. La plaine est

Fig. 167. — Le flanc méridional du Haut-Atlas vu du Tizi n Imoudras.

assez proche; elle est située à une quinzaine de kilomètres seulement et son altitude ne diffère guère que de 500 mètres de celle du col. Dans l'ouest s'élève, imposant, le massif neigeux que j'aperçois depuis plus d'une heure.

D'après le trajet suivi depuis Demnat, je pensais aboutir au Tizi n Tarkeddit, marqué sur la carte d'après les indications du vicomte de Foucauld; mais j'apprends que celui-ci est plus à l'est. Il semblerait que je me trouve plutôt au voisinage du Tizi Amzoug de la même carte. Mais les renseignements précis que je puis obtenir m'apprennent que je suis au *Tizi n Imoudras*, dans les *Aït Iguernan*, et que la montagne élevée au pied de laquelle nous nous trouvons est le *Djebel Anr'mer*.

Nous descendons par un chemin qui nous mène à un ravin, sorte de rambla caillouteuse.

L'aspect du flanc méridional de la chaîne est étrange par son aridité absolue. Pas un seul arbre, quelques petites plantes rabougries seulement; tout respire un climat désertique. La crête même de l'Atlas paraît transformée comme par enchantement. Tandis que le côté nord, notamment au *Djebel Anr'mer*, est couvert de neige, nous n'apercevons plus après une demi-heure de marche, que quelques taches blanches indiquant un peu de neige dans les

Fig. 168. — Tamezerit dans les Aït Iguernan.

anfractuosités de l'escarpement méridional de la haute montagne.

Quatre ou cinq kilomètres séparent le *Tizi n Imoudras* de *Tamezerit*. Nous y accédons par un petit col d'où l'on jouit d'une vue superbe; le village est situé dans une vallée étalée, bordée de crêtes et dans le fond de laquelle se détache le massif imposant de l'*Anr'mer*.

Nous recevons une hospitalité un peu maigre mais cordiale, de la part du Chikh Abd er Rahman. Les gens sont nombreux qui sont venus pour voir les étrangers déjà signalés au village et aussi pour profiter, dans la mesure du possible, de l'hospitalité offerte à ces derniers[1].

1. Mes hommes, questionnés sur les nouvelles de la ville racontent, entre autres choses, ce qu'ils ont entendu dire du meurtre d'un roumi dans le Dads; mais on ne sait rien ici du prétendu massacre, et pourtant Tamezerit se trouve à proximité de la région où il aurait été commis.

Les habitants de ces régions ont un aspect dur, presque sauvage; ils sont pour la plupart complètement rasés et vêtus du simple haïk. Sur le chemin ils ont rarement la djellaba ou le khidous, mais le khenif qui distingue les populations brabères de l'Atlas oriental.

Nous sommes plus de vingt dans la petite pièce où nous dînons et où nous passons la nuit. On cause et beaucoup fument le kif jusqu'au matin. Nous sommes entrés dans cette chambre à 4 heures du soir, j'en sors le lendemain à 10 heures, soit après dix-huit heures passées accroupi au milieu d'hommes assez primitifs. Il faut de la patience pour ne pas se trahir et, lorsque je suis rendu à la liberté, il me semble que je sors de quelque cauchemar interminable....

Je vais d'ailleurs être largement dédommagé par mes trouvailles de la journée.

11 mars. — Notre étape ne sera pas longue. Le Chikh Abd er Rahman nous a donné un homme qui doit nous accompagner jusqu'à une quinzaine de kilomètres. C'est un chleuh de soixante ans, mais paraissant assez vert. Comme la marche me devient pénible, toujours à cause de mes mauvaises chaussures, nous lui proposons de porter mon sac moyennant un franc, ce qu'il accepte avec empressement.

Depuis le *Tizi n Imoudras*, nous foulons les mêmes argiles schisteuses qu'hier, mais avec cette différence qu'ici elles se montrent intercalées de lits de calcaires pétris de coralliaires. Je pressens le terrain carbonifère; en effet, quelques minutes après je découvre, dans les argiles, de nombreux représentants d'une faune de cet âge. Ainsi se trouve daté cet ensemble puissant de grès micacés, d'argiles schisteuses noirâtres à silex noirs, avec bancs de calcaires à coraux. Moulaï Ibrahim et moi recueillons hâtivement dans ce remarquable gisement tout ce qu'il nous est possible de porter de fossiles.

Nous traversons la vallée peu profonde de l'*Asif Nimassin*, creu-

Fig. 169. — Paysage des schistes carbonifères et le Djebel Aur'mer.

séc dans le carbonifère dont les strates ajoutent à l'aspect étrange de ce paysage désolé.

Les schistes carbonifères disparaissent bientôt sous les grès rouges permiens et avec ce terrain la végétation renaît un peu, composée de quelques genévriers, pins et thuyas disséminés çà et là.

Après le village d'*Ir'ir n Tiguirt Iguernan*, nous entrons dans une série de ravins où je puis observer à l'aise le terrain rouge, avec ses roches volcaniques intercalées, dont la puissance ici n'a pas moins de 500 mètres. Tout le flanc de la montagne au sud du *Djebel*

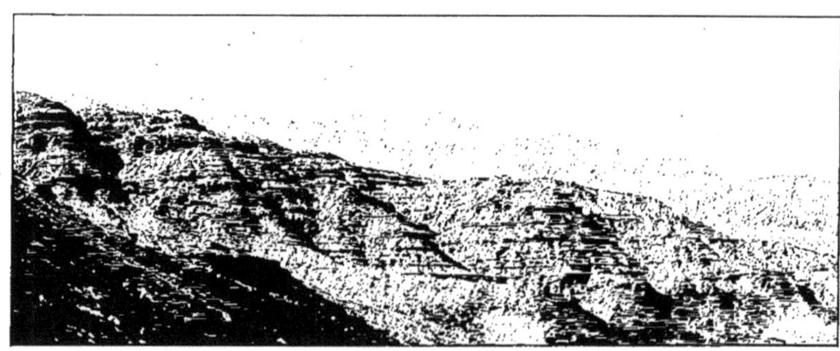

Fig. 170. — Flanc méridional du Djebel Aur'mer.

Anr'mer, en est formé et ce pic élevé doit son escarpement abrupt à la rigidité des bancs de laves.

Le passage du *Tizi n Tiguirt Iguernan* nous permet une vue très étendue sur l'ensemble du massif de l'*Anr'mer* et sur la continuité de la chaîne vers l'est. Je puis ainsi relever un sommet signalé à mon attention par notre guide, le *Djebel Nour'ra*; jusque-là, et peut-être au delà, se poursuivent les dépôts de l'époque carbonifère.

Après le passage du col, nous abandonnons pour quelque temps

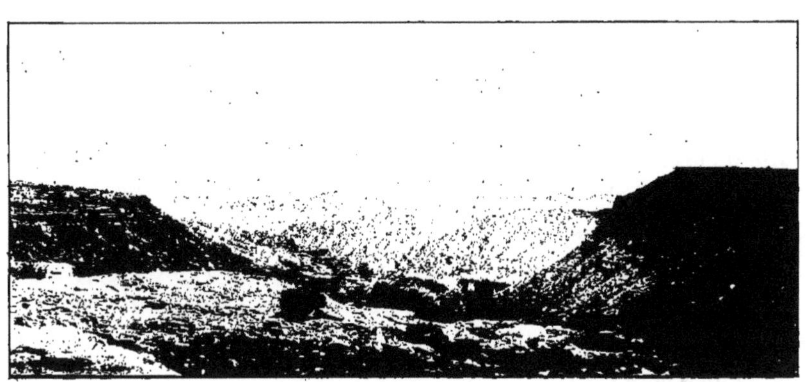

Fig. 171. — Calcaires carbonifères des Aït Iguernan.

les grès rouges, pour retomber sur les terrains sous-jacents. Ici le calcaire carbonifère se montre plus développé et nous suivons une corniche de ces bancs rocheux où je puis augmenter notablement mes récoltes de fossiles.

Du bout de cette corniche la vue s'étend très loin vers le sud. J'ai devant moi la vaste extension des terrains carbonifères et non loin, à quelques kilomètres à vol d'oiseau, le *Djebel Agourzga* qui, d'après notre guide, se trouve tout au bord de la plaine. Celle-ci s'étend dans le sens est-ouest; elle est bordée au sud par une série de plateaux peu élevés qui marquent à l'horizon, une ligne d'une rectitude parfaite : c'est le *Djebel Sar'ro* de l'Anti-Atlas. Je distingue, au bord de la plaine de Haskoura ou de Ouarzazat, une

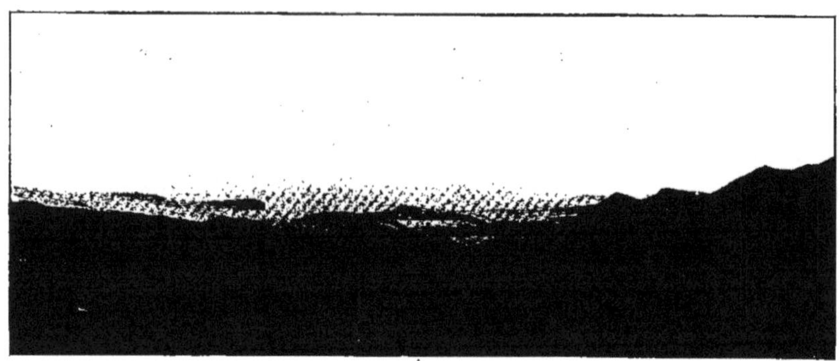

Fig. 172. — Vue de la plaine de Haskoura.

suite d'entablements, sortes de gour formés dans un terrain rouge, et cette observation m'amène à une conception toute différente de celle que j'attendais des plaines du Sud.

Nous arrivons, de bonne heure, à *Talioïun Iguernan*, village situé au pied d'un escarpement de calcaires carbonifères. Nous sommes reçus avec cordialité par le Chikh Ahmed, vieillard très affable mais pauvre ou avare.

Je suis surpris qu'après nous avoir fait entrer dans la chambre

Fig. 173. — Taliouïn Iguernan, dans un paysage de terrains carbonifères.

où nous devons passer la nuit, il proteste de son dénûment. Mais nous sommes très sobres : la moindre soupe et du pain suffiront à nos besoins; nous avons un peu de thé auquel le vénérable Chikh et son fils font autant honneur que nous en faisons nous-mêmes à son modeste repas.

12 mars. — Nous quittons *Taliouïn Iguernan* de bonne heure. Notre guide de la veille consent à nous servir de zettat jusqu'à Ounila, non loin de Telouet, moyennant la modique somme de 3 francs hassani; je ne peux pas être généreux puisqu'il me faut feindre la pauvreté, dans la crainte de laisser croire que je suis porteur d'une forte somme. Je pousse même la prudence jusqu'à faire parlementer Moulaï Ibrahim, de façon à laisser supposer qu'il est notre maître. Nous allons maintenant avancer sans aucune recommandation; il s'agit d'être prudent.

Avant de partir, notre zettat échange son costume contre un haïk en loques. Comme j'en demande la raison, il m'est répondu que nous allons traverser une région déserte, souvent visitée par les brigands et que, le zettat obligé de revenir seul par le même chemin, ne doit pas porter un vêtement susceptible d'exciter la convoitise des pillards ; il serait exposé à en être complètement dépouillé.

Nous remontons quelque temps l'*Ouad Achir Taliouïn* pour arriver ainsi au pied d'une falaise assez abrupte, dont nous allons faire l'ascension; il nous faudra gravir une hauteur de plus de 300 mètres par un chemin en lacets.

Cette falaise rocheuse m'offre une coupe géologique très intéressante. Je passe successivement du terrain carbonifère aux grès et laves permiens et aux terrains crétacés. Je retrouve donc ces derniers que j'avais abandonnés depuis très longtemps.

Du bord escarpé de la falaise, du *Tizi n Taliouïn*, on a une vue superbe sur la vallée et sur l'extension du carbonifère. Au loin, la crête méridionale de l'Atlas montre successivement l'*Aur'mer*, le *Djebel R'at* que je vois pour la deuxième fois, et le *Djebel Nour'ra.*

Le flanc méridional de l'Atlas, dans l'ouest, offre une structure géologique et un aspect qui contrastent avec ce que j'ai vu depuis le *Tizi n Imoudras*. Les argiles, les grès, les gypses et les calcaires crétacés, se montrent développés avec la même ampleur qu'au sud du Haut-Atlas occidental.

Tout rappelle ici, un climat désertique beaucoup plus que dans le Sous. Sans doute une végétation apparaît, qui n'existait pas dans les régions complètement arides des *Aït Iguernan*; mais elle

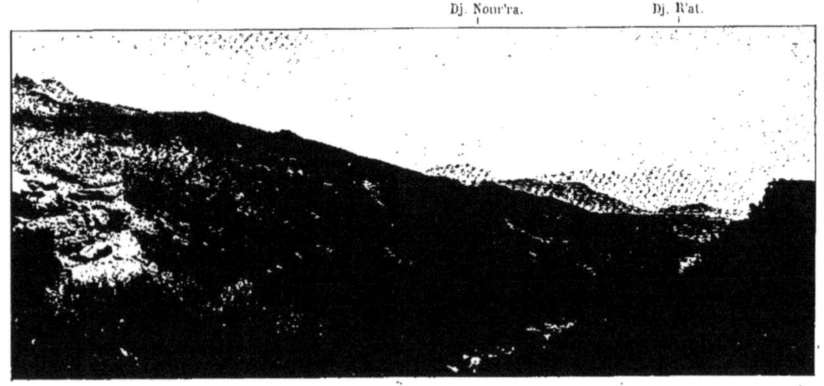

Fig. 174. — Vue prise de Tizi n Taliouïn; le Djebel Nour'ra et le Djebel R'at.

ne se compose que de thuyas isolés, de phillyrées et surtout de petites plantes rabougries qui donnent au paysage un aspect désolé. Ce qui ajoute encore à l'impression de tristesse que j'ai gardée de cette partie de l'Atlas, c'est la sécheresse absolue. Sur un espace d'une vingtaine de kilomètres, je n'ai fait que recouper des ravins, parfois profonds, sans jamais rencontrer la moindre trace d'humidité.

Quoi qu'il en soit, la région est paraît-il, favorisée à certaines époques, par des pluies suffisantes pour entretenir la maigre végétation herbacée que nous foulons aux pieds et dont se contentent les moutons et les chèvres du pays. Mais des brigands, venus de la plaine et des *Aït Mer'ran*, infestent la contrée et la rendent inhabitable. C'est à peine si dans ces *Aït Imiter*, nous avons rencontré sur notre chemin quelques rares maisons, et encore étaient-elles désertes ; leurs habitants avaient fui devant les pillards.

Fig. 175. — Flanc méridional de l'Atlas, les Aït Imiter.

Nous ne nous attardons pas dans ces régions dangereuses ; notre zettat ne nous permet guère de haltes, et nous marchons durant plus de quatre heures, par un chemin pénible et rocailleux; je puis néanmoins faire toutes mes observations.

Fig. 176. — Ounila et l'Ouad Ounila.

Après avoir laissé sur la droite le Djebel Ounila, qui se trouve approximativement à la place qui lui est assignée sur la carte, nous arrivons, après une grande demi-journée de marche, dans un Ouad desséché allant de l'est à l'ouest et creusé dans une série de calcaires et d'argiles crétacés. Nous faisons halte à l'*Aïn Ounila*, l'une des rares sources du pays.

La piste suit un certain temps la rivière du même nom, vaste rambla dont le lit très large et presque constamment desséché n'est alimenté qu'au moment des orages.

C'est ainsi que nous arrivons à Ounila, agglomération très importante, composée de plusieurs groupes de maisons en pisé

Fig. 177. — Vue d'Ounila.

aux tourelles crénelées et distribuées dans une petite plaine sur les deux rives de l'*Asif Imiter*.

C'est là que nous comptions passer la nuit, mais nous devons y renoncer parce qu'un ami de l'un de mes hommes, de qui nous espérions recevoir l'hospitalité, est absent de chez lui.

Nous nous proposons alors d'aller frapper à la porte d'un Chikh voisin, à *Imi n Imiter*, coquet village situé un peu en amont d'Ounila, dans l'*Asif Imiter*; une nouvelle déception nous y attendait. Le Chikh, après nous avoir souhaité la bienvenue, nous invite à passer la nuit à la djemaa; mais je refuse, connaissant le danger auquel je serais exposé si ma qualité de roumi était dévoilée. Je donne l'ordre à mes hommes de demeurer avec moi, accroupis devant une assemblée de gens du village, et je fais dire à qui veut

Fig 178. — Imi n Imiter et l'Asif Imiter.

l'entendre, que c'est la première fois que je me vois refuser l'hospitalité sur mon chemin.

Après quatre heures d'attente, un homme nous offre de venir chez lui, et le Chikh qui tout à l'heure refusait de nous recevoir, nous invite à suivre cet homme plus généreux. Mais notre hôte est l'un des plus pauvres du village et, malgré notre faim, nous devons nous contenter d'un maigre couscous sans même un morceau de pain. J'éprouve ce soir-là une véritable privation de n'avoir pas une tasse de ce thé vert, parfumé à la menthe, qui m'avait tant répugné au début de mon séjour au Maroc.

13 mars. — Nous partons à 5 heures et demie du matin; j'ai hâte de quitter *Imi n Imiter* parce que je crains d'être reconnu. Sans doute il ne peut rien m'arriver de grave au voisinage de la Qasba du Qaïd Glaoui, mais quoiqu'en possession d'une lettre de recommandation pour ce puissant chef, je tiens à ce qu'il ignore ma présence, bien persuadé que le Qaïd ne m'autoriserait jamais à poursuivre mon voyage vers le sud.

Il faut cependant nous rendre à Telouet où il habite, pour réparer un peu nos forces; nous venons de faire trois journées très dures, n'ayant qu'une nourriture tout à fait insuffisante. Mes hommes iront au marché important de Souq et Tenin, où ils comptent trouver ce dont nous avons besoin.

Pour gagner la vallée de Telouet, nous devons recouper une série de collines et, bien qu'il ne compte que 7 à 8 kilomètres, ce trajet nous paraît très pénible; nous sommes fatigués et un froid vif de 2° nous force à faire une courte halte pour nous réchauffer un peu en brûlant des herbes sèches[1].

Je ne m'attarderai pas à donner mes impressions sur cette région

Fig. 179. — Haute vallée de Telouet. l'Asif Imar'ren.

makhzen si bien décrite par le vicomte de Foucauld et tout récemment encore par M. Paul Lemoine.

Trois heures durant mes hommes vont et viennent au Souq où ils se procurent à grand'peine, à cause de l'heure matinale, les quelques provisions qui nous sont indispensables. Sur mes conseils, ils épient les conversations afin de saisir le moindre renseignement sur le sort du marquis de Segonzac. J'ai quelque espoir d'obtenir ainsi des indications, car le Souq et Tenin est sur le passage des routes du Tafilelt et du Draa et que c'est sur les marchés que se racontent toutes les nouvelles du pays.

1. Cette température, très supportable lorsqu'on est vêtu, devient fort pénible avec le costume si léger que nous portons et qui nous laisse bras et jambes nus.

Pendant ce temps, je me tiens dans cet immense champ de pierres de Telouet, à l'ombre d'un gros bloc où je puis coordonner un peu mes dernières notes.

Après une attente longue et pénible, je vois enfin revenir mes compagnons qui n'ont pas perdu leur temps. Ils ont appris qu'au moment des fêtes de l'Aïd el Kebir, est passé à Tamgrout dans le Draa, un chérif qui abritait un roumi sous l'une de ses tentes; le chérif a été fêté et le roumi n'a pas été autrement inquiété.

Cette nouvelle était plutôt rassurante ; du moins elle m'apprenait que M. de Segonzac et ses compagnons étaient parvenus à traverser les régions du Todra et du Dads, là où l'on prétendait précisément qu'ils avaient été massacrés. Par contre, elle m'indiquait qu'ils étaient brûlés à partir de Tamgrout. Or M. de Segonzac se proposait en quittant l'Ouad Draa, de parcourir la région la plus dangereuse de l'Anti-Atlas.

Je vais donc poursuivre mon chemin et quitter de nouveau le Bled Makhzen, après n'y avoir passé qu'un jour seulement.

L'une de mes principales étapes, en Bled es Siba, doit être *Tikirt*, ville importante, autrefois visitée et décrite par le vicomte de Foucauld, et qui se trouve dans le bassin hydrographique de la haute vallée du Draa. L'illustre explorateur a suivi pour y arriver, en partant du Glaoui, une route tracée dans la dépression de l'Ouad Ounila[1].

J'apprends qu'un autre chemin, plus fréquenté que le premier, suit la vallée de l'*Asif Imarren*[2], qui va rejoindre l'Ouad Ounila auprès de Tamdakht. Je me décide pour ce dernier, d'abord parce qu'il est encore inexploré et qu'il offrira, très vraisemblablement, au but le plus spécial de mes recherches, les mêmes observations que le premier, ensuite parce que j'apprends qu'au débouché de la vallée de Telouet se trouve un foundaq, où nous pourrons passer la nuit en toute sécurité et où j'espère trouver une bête de somme pour

1. Ouad Iounil de l'auteur.
2. Ouad Marira de la carte.

nous alléger de nos sacs, devenus beaucoup trop lourds par suite de mes dernières récoltes de fossiles.

Nous suivons pendant une heure environ la vallée de Telouet, admirablement encadrée par les crêtes élevées du Haut-Atlas au nord, par une arête crétacée très régulière au sud. Nous descendons depuis ce matin le cours de l'*Asif Imar'ren*, qui a été récemment visité par mon ami M. Paul Lemoine. Cette rivière salée,

Fig. 180. — Partie occidentale de la vallée de Telouet, le Djebel Bou Ourioul.

après avoir reçu son affluent venu de l'ouest, rompt la barre calcaire qui limite au sud la *dépression de Telouet*, pour s'engager définitivement sur le flanc méridional de l'Atlas.

Les terrains crétacés sont, à ce passage de la rivière, affouillés jusqu'aux roches volcaniques permiennes sur lesquelles ils reposent.

Non loin de là se trouve le foundaq d'*El Haddada*, où nous nous arrêtons. On nous donne comme abri une sorte de hangar où nous passons tranquillement la nuit. Nous devons palabrer longtemps avant de trouver un muletier qui consente à porter nos sacs jusqu'à *Tikirt*, mais notre hôte se prête de bonne grâce à nos recherches et finit par trouver ce qu'il nous faut, moyennant le prix d'un douro.

14 mars. — Notre départ s'effectue de très bonne heure, bien avant le jour. Nous avons à fournir une longue étape; en effet, j'estime que *Tikirt* doit se trouver à une cinquantaine de kilomètres au moins.

La vallée est d'abord creusée dans des calcaires blanchâtres régulièrement inclinés vers le sud, et formant de chaque côté des falaises abruptes entre lesquelles la rivière serpente dans un thalweg assez étroit. L'*Asif Imar'ren* roule, avec une vitesse moyenne, des eaux saumâtres dans un lit de 2 mètres de largeur sur 40 centimètres de profondeur, et la salure des eaux est reconnaissable de loin à la bordure blanche givrée qui souligne ses bords.

La dépression change rapidement d'aspect en pénétrant dans une série de couches rouges, de poudingues, de grès argileux et plus loin de gypses, dans lesquels elle s'est plus largement étalée. Les calcaires superposés restent toujours visibles, en falaises blanches au-dessus de nos têtes, et paraissent former le revêtement du flanc méridional de la chaîne de l'Atlas.

Je reconnais ici la série crétacée que j'ai recoupée depuis le *col de Taliouïn* et j'ai la bonne fortune d'être confirmé dans mon idée par la trouvaille importante de débris organisés, notamment d'our-

Fig. 181. — La vallée crétacée de l'Asif Imar'ren.

sins fossiles. C'est à ma connaissance, la première notion de l'existence des terrains secondaires au sud du Haut-Atlas oriental.

On ne voit partout qu'aridité. C'est à peine si quelques rtem et des lauriers-roses se rencontrent au bord de la rivière et si de rares thuyas semblent accrochés aux flancs de la vallée.

Fig. 182. — Petites gorges calcaires de l'Asif Imar'ren.

Le chemin est tracé dans le thalweg ou bien il se développe sur les parties escarpées. Il est en ce cas, rendu fréquemment difficile par les éboulis et inaccessible aux animaux de charge, qui sont obligés de suivre le lit de la rivière; tandis que les caravaniers abandonnent leurs bêtes, qu'ils excitent par des cris sonores qui se répètent à tous les échos des falaises environnantes. Il est très fréquenté, et je n'ai pas compté dans la matinée moins de quarante caravanes dans lesquelles les juifs, vêtus du khenif, sont assez nombreux.

Il ne me semble pas douteux que le chemin que nous suivons soit bien la route habituelle des trafiquants du Sud plutôt que celui de l'Ouad Ounila. Le vicomte de Foucauld qui a pris ce dernier, fait lui-même observer qu'il y a rencontré peu de voyageurs; une remarque analogue a été faite par M. Paul Lemoine.

Malgré l'aridité de la vallée de l'*Asif Imar'ren* les villages ne manquent pas sur notre route; nous laissons successivement derrière nous *Tifountout*, *Dar el Abed*, *Zaouïet Oualr'sa*, etc.

En approchant du confluent de l'Ouad Ounila, la déclivité d'abord si nettement marquée des terrains crétacés, qui semblait suivre la pente de la rivière, a des tendances à diminuer. Le cours d'eau s'enfonce dans des terrains plus profonds où le gypse est souvent la roche dominante. Nous arrivons ainsi à la bifurcation du chemin de l'Ouad Ounila et nous apercevons bientôt, de l'autre côté, les deux grands villages de Tassaïout et de Tamdakht. La vallée s'élargit, elle a plus de 300 mètres et des cultures de céréales assez prospères grâce aux irrigations, recouvrent les alluvions; mais pas de vergers, pas un seul arbre.

Fig. 185. — Dar El Abed.

Nous sommes maintenant dans la tribu des Aït Zaïneb.

Avant d'atteindre Tamdakht, nous traversons l'Ouad à un gué large de plus de 30 mètres. Un peu plus loin j'observe, dans les couches rouges des terrains crétacés, un phénomène géologique assez connu, mais qui est ici très accentué.

Les bancs de gypse, sous l'influence des infiltrations de la rivière, ont été dissous au point de disparaître complètement. Il en est résulté des affaissements qui ont produit parfois des dénivellations de près de 100 mètres. Rien n'est plus curieux que le chaos des terrains, un peu en aval de Tamdakht; on dirait un immense champ récemment dévasté par un formidable tremblement de terre.

Depuis Tamdakht nous suivons jusqu'à Tikirt, un itinéraire du vicomte de Foucauld. Nous entrons maintenant dans la plaine où, à ma grande surprise, j'observe le même régime tabulaire qui

Fig. 184. — L'Asif Imar'ren au-dessous de Tamdakht; affaissements du sol.

caractérise la région comprise entre la plaine de Marrakech et Mogador. Ce sont encore des calcaires crétacés horizontaux recouvrant les couches rouges gypseuses et formant des gour isolés.

Il semble que nous soyons en plein désert. D'immenses plaines s'étendent à perte de vue, creusées dans les couches rouges, et laissant miroiter au soleil, épars sur le sol, les cristaux de gypse qui subsistent à cause de l'extrême sécheresse du climat. L'horizon est constamment découpé par des gour qui donnent l'illusion de vastes tumulus.

La température ajoute encore à cette impression du désert. Je

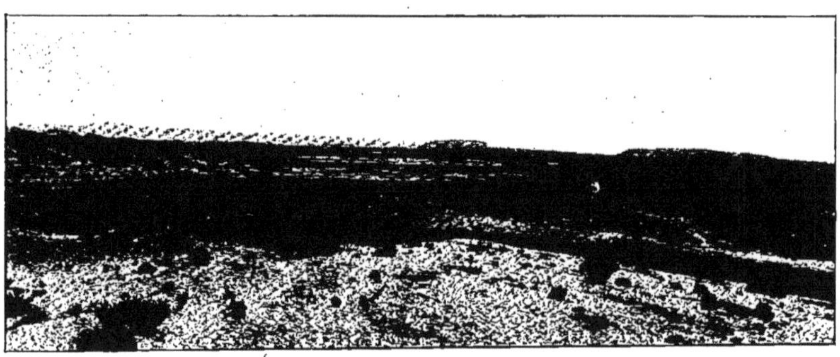

Fig. 185. — La plaine crétacée avec ses gour.

relève 28 degrés au thermomètre fronde à 3 heures après-midi, alors que nous avons quitté le foundaq d'*El Haddada* par 2 degrés de froid.

J'aperçois un moment d'un point surélevé, le *Djebel Siroua*, se profilant, neigeux, dans le lointain.

On est surpris, malgré l'aridité apparente du sol, de rencontrer de temps en temps un village et de voir des troupeaux de moutons ou de chameaux brouter les quelques herbes rabougries, parfois aromatiques, de ces régions désolées.

Fig. 186. — Bou Rehim.

Nous laissons la rivière sur notre gauche ainsi que *Asfalou*; puis *Bou Rehim*, curieusement placé au pied d'une petite gara, surmontée d'une enceinte et d'un bordj. Puis ce sont encore *Tisserguet*, et *Tazentout* avec sa palmeraie. Nous approchons alors de la *plaine de Tikirt*, et les importants travaux d'irrigation que nous rencontrons, les nombreuses seguia que nous traversons, indiquent sa fertilité.

Nous arrivons, jusqu'au bord de l'*Ouad Imini*, dans la *plaine de Tikirt*, dont la richesse est encore accusée par la fréquence des agglomérations, parmi lesquelles le village de *Tabourah*. Nous passons brusquement de l'eau saumâtre salée et sulfatée, qu'il nous a fallu boire jusqu'ici, à une eau claire limpide et d'une saveur agréable.

L'*Ouad Imini* s'étale sur une dizaine de mètres, dans un lit de graviers et de cailloux de granite, qui témoignent d'un trajet du

Fig. 187. — La plaine de Tikirt : Tabourah et Tikirt.

cours d'eau à travers des terrains tout à fait différents de ceux que nous venons de suivre. Il arrive de l'ouest ; sa profondeur est de 30 centimètres environ et son courant très faible ; il reçoit un peu plus bas les eaux de l'*Asif Imar'ren* et prend, à partir de la *Zaouïa Sidi Atman*, le nom d'*Ouad Zaïneb*.

En traversant cette rivière nous voyons en face de nous, à 1 kilomètre environ, adossée à une colline, la ville de *Tikirt*, avec ses tours crénelées.

LE DJEBEL SIROUA

Vers 5 heures, nous arrivons à la porte du Mellah de *Tikirt* où je fais chercher le tajer Youssef.

J'ai pris la précaution à Marrakech de m'assurer ici un correspondant israélite et j'ai obtenu à cet effet une lettre d'un notable commerçant de la Capitale qui m'affirmait que j'aurais, en Youssef Ouakmin avec qui il est en relation d'affaires, un hôte sûr et dévoué.

Le tajer Youssef ne se fait pas longtemps attendre; il me souhaite la bienvenue de façon très obséquieuse et m'entraîne, plutôt qu'il ne me conduit, dans sa maison au cœur du Mellah.

Je remarque que je suis l'objet d'une curiosité presque insolente de la part des nombreux Musulmans qui se sont rassemblés à la porte de la ville juive depuis que nous sommes arrivés. Mais je n'y attache pas autrement d'importance; il me semble qu'un Musulman acceptant l'hospitalité d'un Israélite dans une ville comme *Tikirt* peut, par cela même, provoquer l'étonnement de ses coreligionnaires. Je suis bien persuadé cependant, que je serai plus tranquille au Mellah qu'à la Medina, du moins d'après les assurances qui m'ont été données par mon protecteur de Marrakech.

J'éprouve une certaine émotion en entrant dans ce *Mellah de Tikirt* qui abrita, il y a vingt-deux ans, l'illustre explorateur de Foucauld....

Le tajer Youssef met sa maison à notre disposition; il en chasse même toute sa famille pour nous y installer, mes compagnons, notre muletier et moi. Malheureusement je ne devais pas rester longtemps dans cette demeure hospitalière. Je n'y étais pas depuis plus d'une demi-heure que mon hôte, mandé par le Chikh du Mellah, vient me déclarer que ce dernier, sachant que je suis un Musulman d'Alger, se fait un devoir de me recevoir chez lui.

Cette invitation, à laquelle j'aurais dû logiquement m'attendre, me produit une grosse déception, car elle dérange tous mes projets. C'est par le tajer Youssef que je comptais, en effet, me procurer de bons zettat pour aller plus loin; il me semble en outre, que je vais me jeter dans la gueule du loup si, comme je le crains un peu, j'ai été trahi en chemin. Mais il n'y a pas d'hésitation possible : je n'ai qu'à accepter l'hospitalité du Chikh Abdallah.

Je suis reçu de la façon la plus affable. Notre nouvel hôte nous fait servir, à mes hommes et à moi, un repas très frugal, composé de couscous, de miel et de thé, repas qu'il préside avec beaucoup de dignité. Il se retire au bout d'une heure et nous fait dire que nous pouvons rester là pour passer la nuit, qu'il sait que nous sommes fatigués de notre longue journée.

Cette retraite subite m'étonne et m'inquiète même beaucoup ; c'est la première fois que je dîne chez un Musulman sans que la soirée se prolonge très tard en des conversations plus ou moins oiseuses.

Comme pour ajouter à mes craintes, j'apprends au même moment par l'un de mes hommes que le bruit a été répandu en ville que j'étais un roumi ; Moulaï Ibrahim et moi savons quelle doit en être la source. En effet, depuis le foundaq d'*El Haddada*, un Draoui se rendant à Tamgrout, accompagna notre muletier tout le long du chemin. Je fus rapidement frappé de l'allure suspecte de cet homme à l'air un peu farouche, et qui semblait épier mes moindres mouvements ; à plusieurs reprises même, il vint me regarder en face, insolemment. J'attirai sur lui l'attention de mes compagnons et nous fûmes bientôt tous persuadés qu'il m'avait vu écrire sous ma djellaba.

A l'heure du déjeuner je le fis inviter et il accepta de bonne grâce la nourriture et les tasses de thé que je lui fis servir. J'étais presque certain qu'après cela il ne me trahirait pas. Mais, en apprenant les bruits malveillants qui circulent sur moi en ville, mes premiers soupçons se sont portés sur lui.

Je fais prier le tajer Youssef de venir me voir le lendemain à la première heure et je passe une nuit assez agitée. Non seulement je suis fatigué de notre longue étape, mais les événements de cette fin de journée sont bien faits pour m'inquiéter un peu. Que va-t-il se passer demain ? Ne serai-je pas obligé de rebrousser chemin ? Ne suis-je pas déjà le prisonnier du Chikh de *Tikirt* ?

15 mars. — Le tajer Youssef est auprès de moi avant le lever du jour. Je lui fais part de mes craintes et le prie d'en référer au Chikh Abdallah.

La réponse de ce dernier est tout à fait rassurante : « En effet — dit-il — un Draoui a raconté en ville, que Si Allal devait être un roumi parce qu'il écrit sur le chemin ; il m'a tenu le même langage, mais je l'ai menacé de le jeter en prison s'il persistait dans sa calomnie. En admettant même que Si Allal soit un roumi, c'est une raison de plus pour que je le protège et je le protégerai de toute mon autorité. »

Ces paroles sont réconfortantes, car elles sont pour moi une garantie de la réussite de mes projets. D'ailleurs le tajer Youssef, qui a déjà ma confiance, est convaincu de la sincérité de Si Abdallah et il le sait assez puissant pour me faire respecter dans les pays que je voudrais parcourir.

Il me donne alors quelques bons conseils, pas toujours désintéressés il est vrai, sur la façon de m'y prendre pour exposer mes projets au chef arabe et lui demander son appui. C'est ainsi qu'il se charge de me procurer — quoique, dit-il, ces denrées soient presque introuvables ici — quatre pains de sucre et une livre de thé que j'offrirai en cadeau au Chikh, ainsi qu'il est d'usage de le faire lorsqu'on reçoit l'hospitalité d'un Musulman de marque. Je proteste seulement que je suis sans argent, mais le tajer Youssef ne voit là

Fig. 188. — Tikirt vu du Mellah.

aucune difficulté ; il a confiance dans ma loyauté et me fera toutes les avances dont je pourrai avoir besoin[1].

1. En réalité, j'avais sur moi 20 douros que je tenais essentiellement à ne pas montrer dans la crainte d'exciter la convoitise ; je les réservais pour un cas

Fig. 189. — Tikirt, la maison du Chikh.

Vers 7 heures, le Chikh nous offre un premier déjeuner et me fait dire qu'il se met entièrement à ma disposition pour la suite de mon voyage : « Ma maison est à Si Allal — dit-il. — Je sais par sa lettre de recommandation qu'il est un Musulman distingué d'Alger : il peut disposer de moi. »

La journée se passe en allées et venues dans le Mellah. Deux fois encore Si Abdallah me fait appeler avec mes hommes et à 11 heures il déjeune avec nous et me questionne sur mes projets de voyage.

Mon but non avoué est d'explorer le massif du *Djebel Siroua*. Je prétexte, pour arriver à mes fins, un voyage jusqu'à Laoulouz, petite ville située dans le Sous, où se trouve un ami que je désire visiter. Je sais que la route qu'il me faudra suivre passe dans le voisinage du *Siroua*, et j'espère trouver dans la suite une raison plausible pour nous dévier de notre chemin.

Le Chikh Abdallah va me procurer, à cet effet, de bons zettat; mais il me demande d'attendre encore vingt-quatre heures, parce qu'il désire les faire venir d'un point très éloigné de *Tikirt*. De cette façon ma sécurité sera assurée sur un assez grand rayon.

J'emploie le reste de la journée à préparer mon départ ; je fais un

extrême, toujours à redouter. Dans ce but j'avais pris la précaution de m'assurer le concours financier du tajer Youssef, sous la garantie d'un commerçant de Marrakech. C'est ainsi qu'avant mon départ de Tikirt je lui fis une reconnaissance, assez originale, car elle était écrite en arabe sur un chiffon de papier.

ballot des fossiles et des roches que j'ai recueillis depuis Demnat et qui parviendra à Marrakech par les bons soins du tajer Youssef; puis je mets un peu d'ordre dans mes notes.

Si Abdallah, qui, de son côté, veille à ce que sa mule soit bien ferrée — il tient absolument à nous la prêter pour nous alléger de nos sacs — me fait dire qu'il doit avoir des convives à dîner et qu'il aura, en raison de leur grand nombre, le regret de ne pas nous recevoir, mais il nous fera envoyer une bonne mouna. J'ai l'impression que c'est là un prétexte et que le Chikh tient seulement à ne pas ébruiter mon voyage.

Cette journée me fait bien augurer des suivantes. Tout, jusqu'à l'attitude des indigènes, devenus respectueux sur mon passage, me montre la puissance du Chikh de *Tikirt*, duquel doit dépendre la réussite de mes projets.

Malheureusement j'apprends, grâce à des interrogatoires habiles de mes hommes, une nouvelle des plus graves.

Tout le monde sait dans le pays qu'un roumi, accompagné d'un interprète algérien et dissimulé dans la caravane d'un chérif, a été arrêté à Illir, dans l'Anti-Atlas. Le roumi est gardé en otage par un Chikh puissant qui veut le rançonner; tandis que tout le reste de sa caravane a été renvoyé vers une ville makhzen, après avoir été dépouillé de ses fusils et de son argent. On raconte même que le Chikh en question a envoyé un exprès au Sultan du Maroc pour lui demander comment il se faisait qu'on laissât pénétrer dans son pays des roumis venus pour espionner.

Cette nouvelle attristante ne me surprend pas après ce que M. de Flotte et moi avons appris à Demnat, après la rumeur soulevée par le passage d'un roumi à Tamgrout et recueillie par mes hommes sur le marché de Telouet. La seule chose qui me rassure un peu dans les bruits qui circulent, c'est que le marquis de Segonzac — car il ne peut s'agir que de lui — est seulement gardé à vue, sans autre persécution dans sa captivité. Je sais que le chef de la Mission est prisonnier depuis une quinzaine de jours, mais je ne puis obtenir plus de détails sur les circonstances qui l'ont fait arrêter. D'autre part, on m'affirme qu'il a été pris à Illir et je ne doute pas un seul instant que cette ville soit celle du Tazerouall, que M. de Segonzac devait traverser.

16 mars. — Nous sommes sur pied de bonne heure, mais les zettat ne sont pas encore arrivés.

Vers dix heures, Si Abdallah me fait appeler en me disant que tout est prêt et il nous invite à déjeuner. Il me désigne mes deux zettat dont l'allure et la physionomie rébarbative m'indiquent qu'ils ont été choisis parmi les pires brigands du pays. C'est pour moi la meilleure garantie de sécurité sur mon chemin.

L'assistance est assez nombreuse au repas que m'offre le Chikh au moment du départ. Il y a des Musulmans de *Tikirt* et des passagers de marque, parmi lesquels un chef de la région de Tazenakht. Je suis touché de la cordialité que tous me témoignent; c'est à qui me questionnera sur Alger, mon pays d'origine. On me demande quelle est là-bas, la situation des Arabes, comment ils sont traités par les roumis. Il m'est agréable de dire avec quelle sagesse, avec quelle bonté les Musulmans sont administrés en Algérie; j'insiste surtout sur le respect absolu qu'on a, dans ce pays devenu français, pour les mœurs et la religion de l'Islam.

Ces déclarations, qui paraissent intéresser vivement les assistants, rencontrent des marques unanimes d'approbation: l'un d'eux même affirme que cette réputation des roumis du pays frontière est déjà arrivée jusqu'à eux.

A ce moment, Si Abdallah me demande si les Français ont envahi le Tafilelt. Sur ma réponse négative, il en témoigne ses regrets et m'en demande la raison. Un peu interloqué par cette question assez brûlante, je réponds que les Français entreraient volontiers au Maroc si les Marocains les en sollicitaient.

« C'est là notre désir — me dit-il — car nous aurions bien besoin des Français pour établir la sécurité dans notre pays et lier avec eux des relations commerciales ; toutes les régions du Sud sont dévastées par les pillards, les caravanes ne peuvent atteindre les villes importantes du Nord et il faudrait une grande force pour mettre les choses dans l'ordre. Malheureusement l'administration du Makhzen est tout à fait impuissante; elle ne peut nous être d'aucun secours et a peut-être intérêt à maintenir le pays dans l'état d'anarchie où il est. »

Ces paroles me paraissent avoir une certaine portée, étant données surtout les circonstances dans lesquelles elles ont été prononcées. Non seulement elles m'ont paru refléter la pensée d'une partie au moins des populations du Sud, mais elles ont été dites avec l'espoir qu'elles pourraient être répétées en France.

Je ne me faisais pas d'illusion, en effet, sur mon incognito. Comment Si Abdallah aurait-il douté de ma qualité de roumi, sachant que je prenais des notes sur mon chemin? C'est d'ailleurs ce que son frère même, dans le but de me mettre à l'aise, s'était efforcé de me faire comprendre. S'étant assis à côté de moi, il me dit confidentiellement qu'il savait que je venais pour étudier le pays, qu'il avait donné des ordres à mes zettat pour me permettre de faire toutes les observations, recueillir tous les renseignements dont j'aurais besoin sur ma route, et que, si je voulais revenir plus tard, son frère me donnerait les moyens de circuler dans le pays et d'y chercher des mines.

C'était là, de la part du Chikh, une manière pleine de délicatesse de me faire savoir qu'il me couvrait de sa protection, quoique connaissant bien ma qualité de Français.

Au moment de quitter Si Abdallah, ce dernier manifeste son intention de m'accompagner hors de la ville; il a, dit-il, des ordres sévères à donner à mes guides. Cette nouvelle attention du Chikh m'est d'autant plus sensible qu'elle peut avoir un certain retentissement dans la ville.

Je suis entré à *Tikirt* précédé du cri de trahison d'un homme du chemin; j'y ai trouvé la méfiance, presque l'hostilité, et j'en sors accompagné des vœux et du respect de tous.

A 1 kilomètre environ de la ville, Si Abdallah fait ses recommandations aux zettat : « Vous savez quel prix j'attache à la sécurité de Si Allal; s'il lui arrivait quelque chose, vous n'auriez pas besoin de revenir ici ». Puis il me demande de lui dire franchement où je désire aller. Je me déclare alors nettement : « Je voudrais voir le *Djebel Siroua* et rentrer ensuite à Marrakech. »

Fig. 190. — La route au sortir de Tikirt.

« — Il te sera facile de voir le *Djebel Siroua* avec les deux hommes que voici, parce qu'ils sont de la région; mais au delà, dans le pays de *Tifnout*, dans les *Aït Tameldou*, tu pourras avoir des difficultés, parce que la contrée est dangereuse. Voici une lettre que les zettat remettront au Chikh de Tameldou; il est inutile qu'ils t'accompagnent plus loin puisqu'ils ne pourraient plus te protéger. Ils verront là si le Chikh peut te couvrir de sa protection, sinon tu reviendras par ici avec eux. »

Je crois utile d'interrompre mon récit pour mettre le lecteur au courant des quelques données acquises sur le pays que je me propose d'explorer.

On sait que cette région constitue une sorte de chaîne transversale, réunissant le Haut-Atlas et l'Anti-Atlas et séparant les deux bassins hydrographiques du Haut-Sous et du Haut-Draa. Mais on n'a que peu de données sur ces montagnes qui n'ont été traversées qu'une fois, dans leur partie méridionale, par l'explorateur allemand Rohlfs. Le vicomte de Foucauld considère cette jonction des deux grandes chaînes sud-marocaines comme un massif, au centre duquel émerge le piton neigeux du Djebel Siroua. Ce dernier se trouve ainsi sur la ligne de partage des eaux de l'Ouad Sous et l'Ouad Draa.

Rohlfs (1862) est passé au sud du Siroua; de Ras el Ouad il s'est dirigé vers le sud-est, a traversé des plaines stériles et suivi, le troisième jour, une gorge large de cinq pas, avec des murailles hautes de 300 mètres, pour déboucher dans le pays de Tazenakht. Il a franchi sur sa route un col qui doit se trouver sur la ligne de partage.

Hooker, en 1871, vit de loin, du Djebel Tiza sommet élevé du Haut-Atlas occidental, la chaîne méridionale à laquelle il a donné le nom d'Anti-Atlas et, dans l'est, le Siroua couvert de neige.

Von Fritsch (1872), du haut du Tizi Tagherat, aperçut une haute crête montagneuse partant de la chaîne du Haut-Atlas et dans laquelle il crut reconnaître l'extrémité orientale de l'Anti-Atlas vu par Hooker.

C'est le vicomte de Foucauld (1883) qui, ayant vu de plus près le Djebel Siroua, donne sur ce massif les renseignements les plus importants. Il l'a observé, notamment du Tizi n Haroun dans les Zenaga, d'où il a pris le profil d'une chaîne dont le Djebel Siroua forme l'extrémité orientale; mais elle n'est marquée sur aucune des cartes de l'explorateur français. De Tikirt, il a recueilli des renseignements sur ce massif, mais il n'a pas tenté de le visiter. Voici ce qu'il en dit dans son admirable volume « Reconnaissance au Maroc » :

« C'est la plus haute des montagnes voisines, au dire des habi-« tants. Seul parmi elles, il a son sommet couvert de neiges éter-« nelles. Sur les autres cimes visibles d'ici, tantôt la neige persiste

« l'été, tantôt elle fond, suivant que l'année est plus ou moins « chaude. Sur les pentes du Siroua se trouve un col conduisant « de la tribu des Aït Tedrart dans le Sous. Les flancs du massif « renferment, dit-on, des minerais; les habitants n'en savent pas « tirer parti.

« Ces montagnes sont toutes également nues, également « rocheuses; point d'arbres, point de végétation, rien que des « pierres. Point de bêtes fauves, pas d'autre gibier que des gazelles « et des mouflons. »

Le vicomte de Foucauld cite encore, parmi ses itinéraires du bassin de l'Ouad Sous, le suivant qui relie Tazenakht aux Aït Tameldou :

« De Tazenakht, on gagne les Ikhzama à Tasakoust (Ouad Iriri). « De là, on va à Amasin (Ikhzama) et l'on remonte l'Ouad de ce nom « jusqu'à sa source, au Tizi n Ougdour. On franchit ce col : c'est « un passage facile; il forme la limite entre les bassins du Dra « et du Sous. De là on s'engage dans le désert d'Igisel, où l'on « marche durant cinq heures, jusqu'au village de Tittal, le premier « des Aït Tameldou. »

Un peu plus tard (1888), l'explorateur anglais Thomson vit, au sud-ouest du Djebel Telouet, une belle chaîne montagneuse au centre de laquelle s'élève un sommet important, couvert de neige : le Djebel Siroua de Foucauld.

J'ai déjà vu le *Djebel Siroua* lors de mon voyage dans le Sous; je l'ai aperçu, il est vrai, d'une distance de 60 kilomètres au moins. Après avoir quitté la plaine de Ras el Ouad pour faire l'ascension du *Tizi n Test*, l'horizon était complètement barré à l'est dans le lointain, par un massif compris entre le Haut-Atlas et l'Anti-Atlas et qui m'a donné l'impression d'une chaîne transversale reliant les deux autres. J'ai eu encore la satisfaction de le voir par son revers oriental en entrant dans le désert du Draa, près d'*Asfalou*, au sud de Tamdakht.

On comprendra aisément, d'après le court historique que je viens de faire des connaissances très imparfaites déjà acquises sur ce massif, tout l'intérêt géographique et par suite géologique qui pouvait s'attacher à l'exploration de ce trait d'union entre le Haut-Atlas et l'Anti-Atlas.

Nous quittons le Chikh de *Tikirt* à onze heures et nous nous dirigeons vers le sud-ouest. L'un de mes zettat, plus intelligent que son compagnon et qui, en toutes circonstances, prendra l'initiative de la décision, me propose d'atteindre le soir même les *Aït Tammassin*. Il faudra pour cela ne pas trop s'attarder en route; d'ailleurs, il n'y aura pas grand'chose à voir : nous allons rester constamment dans un désert.

La région que nous devons traverser est dangereuse, à tel point que la route qui va de *Tikirt* au Sous, par les *Aït Tameldou*, est très peu fréquentée. Les caravaniers lui préfèrent celle de Tazenakht à Laoulouz, qui semble bien avoir été suivie par Rohlfs. Nous aurons moins de précautions à prendre aux environs du *Siroua*, qui constituent une région plus sûre.

J'accepte la proposition du zettat, à la condition toutefois, de ralentir ou de m'arrêter un peu là où je le jugerai nécessaire; nous n'aurons qu'à presser le pas partout ailleurs.

Je ne puis m'empêcher d'admirer en sortant de *Tikirt* le beau panorama de l'Atlas : le *Djebel Anr'mer* apparaît imposant ainsi que le Bou Ourioul; entre les deux se montre nettement marquée, la dépression du col de Telouet.

Après avoir marché quelque temps sur les marnes jaunâtres horizontales, qui font partie des terrains crétacés qui s'étendent devant nous jusqu'au flanc de l'Atlas, nous traversons un petit village avec une zaouïa importante, la *Zaouïa entaa Tikirt*, qui se trouve au pied d'une sorte de plateau peu élevé. C'est le prolongement de la colline qui domine la ville de *Tikirt* et au pied de laquelle coule l'*Ouad Imini*.

Nous nous engageons sur ce plateau, constitué par des grès de teinte très foncée, chocolat, auxquels sont associés parfois des poudingues, des schistes verts et des dolomies lie de vin. Ce terrain, que nous pourrions désigner sous le nom de grès bruns ou *grès de Tikirt*, s'enfonce sous les couches crétacées de la plaine et appartient à la série primaire : c'est peut-être le dévonien, mais je n'ai pas de preuve paléontologique qui m'autorise à l'affirmer. Je vais le voir tout le jour, et rien n'est plus monotone que ce sol gréseux, complètement nu, dont la note sombre donne un aspect lugubre au paysage déjà si triste par sa désolation.

L'aridité de ces grès est absolue ; par contre, des dépressions synclinales ou des cirques d'érosion, comblés par des alluvions, sont susceptibles de fertilité. Mais la sécheresse est encore là qui réduit à presque rien l'utilisation de ces enclaves non stériles. Quelques rares endroits, faiblement arrosés, sont seuls cultivés, et il est curieux de voir avec quelle parcimonie cette eau bienfaisante est mise à profit par les indigènes.

Nous rencontrons seulement sur notre chemin le puits d'*Aït Tinzirt*, dans les *Aït Zaïneb*, et, au pied de la colline du *Djebel Aguersioual*, dans les *Aït Touaïa*, la source de *Mougaïdin*. En ce dernier point se trouvent trois maisons abritant des bergers avec leurs troupeaux, les seules que nous ayons vues sur l'espace d'une trentaine de kilomètres avant d'arriver à l'étape. Et l'on se demande encore comment ces pauvres gens peuvent vivre, ainsi isolés, sans cesse exposés aux razzia des brigands de la plaine.

Mes zettat, toujours aux aguets, sont visiblement soulagés en approchant d'*Indiout*, dans les *Aït Tamassin*, où nous devons passer la nuit. Nous atteignons ce village après avoir remonté sur quelques kilomètres le thalweg de l'*Asif Taousdrem*, le long duquel sont cultivés des champs de céréales, irrigués avec l'eau peu abondante de la rivière.

Indiout, qui forme un groupe important d'environ 150 feux, est assis au fond d'une vallée encaissée : véritable oasis de verdure, d'amandiers, de champs admirablement exploités, qui apporte une note de lumière et de gaicté dans le sombre et triste paysage des grès bruns. Les maisons à deux ou trois étages, sont construites avec de grosses briques en terre argileuse, séchées au soleil ; celles qui forment le pourtour du village sont disposées de façon à constituer une suite ininterrompue qui sert de mur d'enceinte, tandis que dans l'intérieur elles sont séparées par des rues encaissées, pareilles à celles des grandes villes marocaines. Cette disposition particulière d'*Indiout* s'explique aisément, à cause des attaques auxquelles ses habitants sont constamment en but, de la part des tribus voisines ou des bandes pillardes qui infestent la plaine. Surpris de ne pas voir de Mellah, dans une agglomération aussi importante, j'apprends que les *Aït Touaïa* et les *Aït Tammassin* interdisent aux Juifs, d'une façon rigoureuse, l'entrée de leur tribu.

Fig. 191. — Indiout, dans les Aït Tammassin.

Nos zettat comptaient nous faire donner l'hospitalité chez un de leurs amis, malheureusement absent. C'est son jeune fils qui nous reçoit ; il ne peut que nous offrir un abri, et nous sommes obligés de vivre sur nos modestes provisions.

17 mars. — Nous quittons *Indiout* vers 7 heures du matin pour remonter l'*Asif Taousdrem* où j'observe, sous les grès bruns, des

Fig. 192. — Vestiges de la terrasse quaternaire d'Aïn Tirioun in Indiout.

laves et des brèches volcaniques, en masses assez importantes et dont j'avais eu déjà quelques indices hier. C'est toujours le même paysage rocheux, aride.

Vers 8 heures, le *Siroua* apparaît avec sa crête déchiquetée et son sommet couvert de neige. De toute la journée je ne le quitterai presque plus des yeux.

Après deux heures de marche, nous pénétrons dans une vaste dépression quaternaire creusée dans les grès et comblée par des alluvions. Je relève là le point d'eau d'*Aïn Tirioun in Indiout*. L'alfa

Fig. 193. — Dépression d'Aïn Tirioun in Indiout.

y est abondant et constitue des pâturages assez recherchés, à en juger par l'importance des troupeaux que j'y ai rencontrés : une centaine de bêtes à cornes, venus de 10 kilomètres au moins.

La dépression d'*Aïn Tirioun* est contiguë à celle beaucoup plus importante de l'*Ouad Tammassin* que nous allons traverser et qui a au moins 6 kilomètres de largeur. Elle est creusée dans le granite et les gneiss. Le village de *Tammassin*, que nous laissons à gauche à plus de 3 kilomètres, paraît très important ; il est situé au bord

Fig. 194. — Dépression de Tammassin, le Djebel Siroua dans le fond.

de la rivière du même nom et apparaît de loin au milieu d'une tache de verdure formée par des champs de céréales.

Nous traversons au milieu de la dépression, le lit presque desséché de l'*Asif Tammassin* ; nous sommes ici près de sa source et la rivière sera grossie plus loin par des affluents descendus du revers oriental du *Djebel Siroua*. Sa direction générale est ouest-est, elle fait partie de l'Ouad Draa.

Nous faisons halte auprès du puits d'*Anou n Daousderm*, d'une profondeur d'une dizaine de mètres. Nous sommes là au pied d'un piton phonolitique rappelant par sa forme ceux du Massif central de la France, comme le Gerbier-des-Joncs dans le Velay.

Nous quittons la dépression de l'*Asif Tammassin* pour gravir un

Fig. 195. — Plateau granitique des Aït Khzama, massif du Siroua dans le fond.

plateau formé de gneiss, d'amphibolites, de micaschistes, avec tout leur cortège de roches des massifs cristallins. Nous entrons dès ce moment dans les *Aït Khzama*. Le plateau absolument nu, à peu près horizontal dans son ensemble, forme une *pénéplaine* se prolongeant très loin au nord et à l'est; et paraissant limitée à l'ouest par le *Djebel Siroua*. A une dizaine de kilomètres à l'est et plus loin encore dans le sud, les grès bruns viennent reposer sur ce soubassement de roches anciennes.

Après trois heures de marche, nous arrivons au bord du plateau,

Fig. 196. — Vallée de l'Ouad Techokcht et massif du Siroua.

limité par une vallée assez importante, celle de l'*Ouad Techokcht*, qui se dirige vers le nord et va se jeter dans l'*Ouad Imini*. Cette rivière appartient donc encore au bassin hydrographique du Haut-Draa.

J'ai de ce point une vue superbe sur un réseau de ravins creusés dans la *pénéplaine des Aït Khzama*, laquelle se prolonge au delà de la vallée et paraît servir de socle au *Djebel Siroua*. Ce dernier rappelle, par sa crête dentelée, hérissée de sommets déchiquetés ou de pics aigus, certains profils volcaniques comme il en existe en Auvergne où ils sont caractérisés par leurs puys et leurs dômes.

Fig. 197. — Techokcht.

Nous passons à côté du village de *Techokcht*, qui se compose de plus de deux cents maisons, avant d'arriver à la rivière du même nom. Celle-ci roule, avec une vitesse moyenne, une eau très claire dans un lit de 4 mètres sur 0 m. 20 de profondeur.

Nous gravissons, par un chemin sinueux, le flanc gauche de la vallée pour atteindre celle d'un affluent de l'*Ouad Techokcht*, l'*Ouad Amacin*, que nous allons maintenant remonter. Sur une étendue de 3 kilomètres, le thalweg de l'*Ouad Amacin* est admirablement utilisé; les indigènes y ont établi, à l'aide de murs en pierres sèches, une série de petits champs en escalier où ils cultivent les céréales. Nous arrivons vers 5 heures au village où nous devons passer la nuit.

Amacin est situé d'une façon pittoresque sur le flanc gauche de la vallée et bâti en amphithéâtre sur un énorme filon granitique. Les trois cents maisons qui le composent forment une série de gradins

Fig. 198. — Maison du Chikh d'Amacin.

dont le plus élevé, occupé par la demeure du Chikh, domine le plus inférieur d'une hauteur presque à pic d'une soixantaine de mètres. Les constructions sont assez primitives, faites de briques en terre argileuse séchée au soleil.

Le chef du village nous souhaite la bienvenue ; mais il nous faut attendre pendant trois heures, accroupis à la porte de la djemaa, l'arrivée de l'hôte que nos zettat nous destinent. Ce dernier nous offre une hospitalité très cordiale quoique des plus modestes. Je prévois à ce moment que nous rencontrerons sur notre route des difficultés d'un autre ordre que celles que nous avons endurées jusqu'ici : nous allons souffrir de la faim.

18 mars. — Notre départ d'*Amacin* ne s'effectue que vers 9 heures, par déférence pour notre hôte, me disent les zettat. Du haut du village la vue s'étend au loin, ce qui explique la position élevée de la maison du Chikh.

Nous sommes au pied du *Siroua*. J'ai été frappé dès hier par son profil anguleux et j'ai relevé ensuite des vestiges de coulées de laves, de l'autre côté de l'*Ouad Techokcht*; il n'en fallait pas plus pour me faire pressentir l'origine volcanique du massif que nous avons devant nous. Et en effet, toute une série de coulées superposées se montrent sur le flanc oriental de la montagne mystérieuse.

Mais un incident qui aurait pu tourner au tragique a failli m'empêcher de pousser plus loin mes investigations.

Nous avons à peine fait dix minutes de chemin que nous nous entendons interpeller; c'est le Chikh qui, avec un autre homme, est à notre poursuite. La première pensée de Moulaï Ibrahim, qui est aussi la mienne, est que je suis découvert; mais il s'agit de tout autre chose : « Vous nous avez caché votre véritable origine — nous disent-ils — car vous êtes des Soussi. Vous allez retourner sur vos pas et vous serez nos prisonniers. »

Voici ce qui s'était passé. Les *Aït Khzama* sont en lutte avec diverses tribus du Sous, à tel point que les Soussi qui osent passer par *Amacin* y sont arrêtés et complètement dévalisés. Notre présence dans ce village a quelque peu intrigué, on s'est demandé pourquoi nous suivions un chemin aussi peu fréquenté; on a émis des doutes sur le but avoué de notre voyage et, pour comble de malheur, un homme arrivé en même temps que nous prétend avoir reconnu notre mule qui serait celle d'un habitant du Sous.

La situation peut devenir grave, car si nous sommes dépouillés on reconnaîtra en moi un roumi à cause de mes appareils.

Moulaï Ibrahim et mes zettat protestent énergiquement, l'un de ces derniers surtout : « Nous sommes de Marrakech; nous arrivons de Tikirt et allons chez le Chikh des Aït Tameldou; notre mule est celle du Chikh Si Abdallah ». Mais le chef d'*Amacin* ne veut rien entendre, il prend notre bête par la bride et nous enjoint, sous peine d'événements plus graves, d'obtempérer à ses ordres.

Il faut bien nous exécuter, mais chemin faisant, à la suite d'explications énergiques de mon meilleur zettat, le Chikh commence à comprendre qu'il a pu se tromper. Nous demandons alors à comparaître devant celui qui nous a si calomnieusement dénoncés.

Notre interlocuteur finit par se persuader qu'il a été induit en erreur et il paraît en être très ennuyé. C'est alors un dialogue interminable entre mon guide et lui; puis, tout à fait convaincu de sa méprise, il nous supplie de venir jusque chez lui : « Ma maison est à vous, tout ce que j'ai est à vous, je vois que j'ai accusé d'honnêtes gens ». Mais je refuse de m'arrêter plus longtemps, cet incident nous ayant déjà fait perdre plus d'une heure. Alors le Chikh me jette sur les épaules son manteau, un khenif tout neuf : « Tiens — me dit-il — prends mon manteau et promettez-moi tous que vous oublierez l'injure que je vous ai faite ».

Je n'accepte pas le cadeau et nous pouvons enfin poursuivre notre route, heureux d'avoir été tirés de ce mauvais pas par l'attitude énergique de notre zettat. Malheureusement cet incident a quelque peu ébranlé son assurance.

Je me proposais de bien voir le *Djebel Siroua*; mais notre guide estime qu'il faut aller coucher le soir même chez le Chikh des *Aït Tameldou*, où nous serons en sécurité. Les *Aït Khzama* sont très mauvais et, après ce qui vient de se passer, d'autres alertes sont à redouter. J'ai beau insister, le zettat demeure inflexible : « Tu sais que j'ai juré au Chikh Si Abdallah qu'il ne t'arriverait rien de fâcheux; il faut que nous quittions cette tribu aujourd'hui même, car demain surgirait une autre difficulté ». Il me promet seulement de me mener sur un sommet élevé du *Siroua* d'où je pourrai observer tout l'ensemble du massif; mais il me faudra renoncer à faire l'ascension du point culminant.

Je m'incline devant une volonté si nettement déclarée, car je me rends bien compte que mon guide n'y met aucune mauvaise volonté. Il est seulement animé du vif désir de remplir jusqu'au bout la mission qu'il a acceptée du Chikh de *Tikirt*.

Au sortir d'*Amacin* nous suivons le chemin du *Tizi n Ougdour*. Il s'engage dans une vallée granitique, encadrée des deux côtés par d'épaisses coulées de trachyte, qui montrent de belles colonnades rappelant certains jeux d'orgues de l'Auvergne. Au-dessous de ces laves sont des porphyres qui représentent peut-être les premières déjections du *volcan du Siroua*.

Au sommet du ravin, nous atteignons un col qui traverse une accumulation considérable de cendres volcaniques d'une blancheur éclatante. Ce col, dont je n'ai pu savoir le nom, a une certaine importance au point de vue géographique : il se trouve sur la ligne de partage des eaux des bassins du Draa et du Sous. En effet, dans la vallée que nous venons de remonter, coule une rivière qui appartient au réseau hydrographique du Draa et va se jeter, parallèle-

Fig. 199. — Pitons volcaniques; vue prise du col des Aït Khzama.

ment à l'*Asif Amacin* et au-dessous de lui, dans l'*Ouad Techokcht*; tandis que du côté de l'ouest se montre une vallée qui se dirige vers les *Aït Tameldou* et va se bifurquer avec la vallée de l'*Ouad Tifnout* ou *Sous supérieur*.

Nous sommes dès à présent dans la zone complètement envahie par la neige en hiver. Le sol, maintenant dégagé, est recouvert dans les moindres dépressions par un gazon épais; ailleurs se montrent de grosses touffes d'une plante épineuse. Aussi les indigènes des *Aït Khzama* viennent y faire paître leurs troupeaux à la belle saison, et mon zettat me montre quelques maisons abandonnées qui vont servir de bergeries le mois prochain.

Le *Tizi n Ougdour* dont parle le vicomte de Foucauld se trouve non loin de là, à 3 kilomètres plus à l'ouest. Nous y accédons en

Fig. 200. — Panorama du Massif volcanique du Sir

traversant la vallée très évasée, que j'ai mentionnée tout à l'heure et qui prend naissance à la crête du *Siroua*, pour se diriger vers l'*Ouad Tifnout*. Rien n'est mieux caractérisé que le paysage volcanique que j'ai sous les yeux ; on se croirait dans un site auvergnat du Cantal ou du Mont-Dore.

De *Tizi n Ougdour* nous gravissons, le zettat et moi, un pic d'où la vue s'étend très loin dans toutes les directions.

L'Atlas constitue au nord une barrière formidable avec ses sommets imposants, parmi lesquels je distingue très nettement le

l'horizon pris au-dessus du Tizi n Ougdour.

Tamjoutt, le *Likoumt*, le *Tidili*, le *Bou Ourioul* et l'*Anr'mer*. Dans l'est, le *plateau granitique* et la *plaine de Tikirt*, séparés par des collines gréseuses, s'étendent à perte de vue. Vers le sud, je vois se prolonger le massif du *Siroua*, et au delà l'Anti-Atlas. A l'ouest, se développent de profondes vallées, séparées par des croupes arrondies ou surmontées par des entablements, derniers témoins de coulées volcaniques démantelées par l'érosion ; de ce côté il y a chute assez brusque vers l'immense dépression du Sous. Enfin, autour de moi c'est le chaos des laves, des cendres, des projections volcaniques du *Siroua*. A peu de distance, j'aperçois des dômes réguliers traversés par des filons et offrant des vestiges de cratères, dont la présence évoque le souvenir lointain de cette montagne de feu, aujourd'hui recouverte d'un manteau glacé.

La surface envahie par les déjections d'origine ignée est considérable, et j'estime à plus de 20 kilomètres de diamètre l'étendue du formidable *volcan du Siroua*. Celui-ci rappelle l'Etna par son importance comme aussi par son altitude ; mais sa configuration est toute différente, car il a subi depuis des époques très reculées les ravages de l'érosion. A ce point de vue, il serait à rapprocher du volcan du Cantal dont il offre, dans des proportions un peu moindres il est vrai, les formes topographiques ; le même rapprochement serait encore à faire, jusqu'à un certain point, quant à la nature des déjections du volcan marocain. Enfin il est intéressant de constater que ce dernier repose, comme son congénère auvergnat, sur un soubassement granitique comparable, quoiqu'en plus petit, à ce que l'on a appelé le Plateau Central de la France.

Il ne m'est, hélas! pas permis de contempler aussi longtemps que je l'aurais voulu le beau spectacle que j'ai sous les yeux et qui témoigne de phénomènes géologiques aussi grandioses. Ce n'est pas seulement quelques heures, mais des jours ou des mois qu'il faudrait consacrer au mystérieux *Siroua* pour en pénétrer tous les secrets!

Je prends seulement le temps nécessaire pour relever à la boussole, avec tous les repères possibles, la situation de ce remarquable point géographique que je rattache aux sommets de l'Atlas, dont les positions seront rigoureusement déterminées par la triangulation de M. de Flotte. Je complète ces données par une série de photographies panoramiques qui me permettront de fixer définitivement mes souvenirs.

Avant de reprendre le récit de mon voyage, je désire faire une remarque sur les neiges prétendues éternelles de cette montagne. Le sommet culminant se trouve à quelques kilomètres de moi dans la direction sud, et sa pointe aiguë se profile derrière un dôme du second plan. Il paraît complètement blanc, ainsi que l'arête qui en descend ; mais à la lorgnette on voit que les têtes de vallées et les anfractuosités seules sont envahies par la neige, tandis que plus près, à des altitudes déjà très élevées, elle ne forme guère que des taches ou des traînées discontinues. Il me paraît peu vraisemblable, étant donnée la saison, que la montagne puisse conserver ses neiges jusqu'en août et septembre, et, de fait, mon guide prétend qu'elles disparaissent complètement, sauf dans les plus profondes crevasses.

Ceci serait en contradiction avec ce qu'a dit le vicomte de Foucauld, d'après des renseignements pris auprès de gens de *Tikirt*.

Non seulement il a pu y avoir exagération de la part de ces derniers, mais il existe vraisemblablement une différence notable entre les deux flancs du *Siroua*, au point de vue qui nous occupe.

Ce massif, situé entre le Haut-Atlas et l'Anti-Atlas, a pour soubassement le plateau déjà élevé des *Aït Khzama* et il sépare deux régions tout à fait différentes au point de vue climatérique : le couloir du Sous et le plateau ou les plaines du Haut-Draa. Il doit donc s'opposer comme un vaste écran, aux échanges de température qui ne peuvent manquer de s'établir, latéralemeut ou dans les sphères élevées, entre ces deux régions soumises l'une au régime atlantique, l'autre au régime désertique. Il pourrait en résulter une différence notable de température moyenne, de part et d'autre de la ligne de partage des eaux des deux bassins hydrographiques et, en admettant que l'information prise par le vicomte de Foucauld à une source indigène toujours sujette à caution, soit exacte, cela n'impliquerait pas forcément la présence de neiges éternelles sur le flanc occidental.

Je pense que le problème que présente l'étude des courants aériens entre le Sous et le Draa par le *Siroua* pourrait offrir beaucoup d'intérêt à un météorologiste. Mais, hélas! cette question ne paraît pas devoir être abordée avant un avenir assez éloigné.

En quittant le *Tizi n Ougdour*, pour descendre sur le revers occidental du massif, nous pénétrons dans les *Aït Tedrart* dont la limite avec les *Aït Khzama* passe précisément par le col où prend encore naissance un cours d'eau, l'*Ouad Tedrart*. Nous rencontrons bientôt sur notre chemin une caravane composée de trois mules, la seule que j'aie vue sur cette route de *Tikirt* au Ras el Ouad, qui relie pourtant deux régions importantes : celles du Sous et du Haut Draa. On ne peut expliquer ce manque de circulation

Fig. 201. — Le Siroua vu de la vallée de l'Ouad Tedrart.

que par le brigandage si librement exercé des deux côtés de la montagne.

Nous quittons assez rapidement la vallée de l'*Ouad Tedrart* en nous dirigeant insensiblement vers le nord-ouest et nous retrouvons, à quelques kilomètres de là, le substratum granitique du volcan ; mais les tufs et les coulées démantelés par l'érosion, offrent toujours des lambeaux isolés, sur des croupes séparées par de profondes vallées. Notre chemin se développe sur le flanc droit de l'une d'elles, l'*Asif n Mied*, avant d'arriver au petit village de *Touttal*[1]. Nous quittons ici le chemin du Sous qui aboutit à Laoulouz par la vallée de l'*Ouad Touttal*.

1. C'est ainsi que l'on me fait orthographier le nom de ce village qui semble bien désigner celui de Tittal, indiqué par le vicomte de Foucauld, sur la route de Tazenakht aux Aït Tameldou ; mais Touttal se trouve encore dans les Aït Tedrart.

Fig. 202. — Village d'Aït Ouattassa, dans les Aït Tameldou.

Après une heure de route vers le nord, nous atteignons la dépression profonde de l'*Asif Tameldou* dont le flanc droit est granitique, tandis que le flanc gauche est formé de schistes noirs primaires probablement siluriens. Elle est fertile, arrosée, et le premier village que nous y rencontrons indique suffisamment déjà sa prospérité.

Aït Ouattassa est formé de trois groupes importants, sur la rive droite de la rivière, et renferme un Mellah très peuplé de gens tous vêtus du khenif. C'est dans ce village que nous allons passer la nuit

Nos zettat nous conduisent chez le Chikh des *Aït Tameldou*, Si Abdallah, à qui ils remettent la lettre de recommandation du Chikh de *Tikirt*.

Notre hôte nous fait souhaiter la bienvenue, et il promet de nous donner une lettre qui nous permettra de continuer notre chemin.

Dans ces conditions, nos guides considèrent que leur mission est terminée. Je leur remets, à leur grande satisfaction, un mot pour le Chikh de *Tikirt* auquel j'écris que tout s'est bien passé, grâce au dévouement des zettat qu'il m'a donnés. Après quoi, ils prennent congé de nous.

L'hospitalité que nous recevons ici est des plus maigres ; nous comptions un peu réparer nos forces chez un chef aussi important, mais on nous sert seulement un mauvais couscous d'orge et l'on nous fait passer la nuit dans une chambre humide et obscure.

Mes hommes sont un peu inquiets parce qu'ils n'entendent parler que du roumi fait prisonnier à Illir. Ils n'apprennent rien de nouveau sur la captivité de M. de Segonzac; mais ce que nous avons entendu dire à *Tikirt* leur est rigoureusement confirmé. De plus, ils constatent une animosité très marquée, dans les *Aït Tameldou*, contre les roumis qui viennent « espionner » le Bled es Siba. Aussi ont-ils hâte de me voir quitter *Aït Ouattassa* ; je crois, pour ma part, que leurs craintes sont vaines.

Je m'inquiète seulement de la route que nous allons suivre pour rentrer à Marrakech. Mon but serait d'éviter le Tizi n Test que je connais déjà et de recouper l'Atlas à un col élevé comme le *Tizi n Tar'rat* ; mais on m'affirme que ce dernier n'est praticable qu'à la belle saison, qu'il y a beaucoup de neige et par suite du danger : « Il ne faut pas vous exposer — nous dit-on — comme ces voyageurs qui paient de leur vie leur imprudence, car le Tizi n Tar'rat fait chaque année des victimes ».

Je pense qu'il y a, tout au moins, de l'exagération dans ce qu'on me dit et que si des voyageurs ont péri au col surpris par quelque tourmente de neige, ce n'est pas à dire que ce passage soit dangereux à cette époque déjà avancée, puisque nous approchons du printemps.

19 mars. — Nous ne voyons le Chikh des *Aït Tameldou* que le lendemain matin vers onze heures, au moment de nous mettre en route. Il nous donne un homme pour nous conduire et nous accréditer dans un village, situé à une dizaine de kilomètres seulement, sur la route du *Tizi n Test*, ou du *Tizi n Tar'rat* que je voudrais de préférence traverser.

Cette étape ne m'apprend pas grand'chose d'intéressant. Nous demeurons sur des granites qui offrent le relief habituel de ces terrains anciens; le sol est presque toujours nu, nous rencontrons seulement dans un ravin un petit bois de chênes.

Fig. 205. — Paysage granitique des Aït Tameldou.

Des lambeaux de coulées volcaniques se montrent sur les mamelons ou forment des falaises dans le haut des vallées; ce sont les derniers vestiges des déjections du *Siroua* qui témoignent encore de la grande extension de ce volcan marocain. J'observe en outre de gros filons d'une lave noire perçant à travers le granite et dont je ne m'explique pas la présence; ils ne peuvent être en relation avec les épanchements du *Siroua*.

Nous remontons un moment une belle vallée, celle de l'*Ouad Aït Mouqqor*, affluent de l'*Ouad Aït Tameldou* ou de l'*Ouad Tifnout*, dans laquelle nous rencontrons *Aït Mouqqor*, agglomération considérable avec Mellah et entourée de cultures plantées de noyers.

Nous arrivons vers 4 heures à *Lemouda*, village moins important que le précédent, bâti en amphithéâtre sur un escarpement granitique, au milieu de vergers et de petites cultures étagées comme celles de l'*Asif Amacin*. C'est là que nous allons passer la nuit.

Nous sommes reçus avec cordialité par notre hôte, mais nous n'obtenons qu'une nourriture plus insuffisante encore qu'aux précédentes étapes.

Ce pays est assez froid en hiver et les habitants se protègent de leur mieux contre la neige. Ils portent le khenif et ont des chaussures spéciales, sortes de snowboots en drap grossièrement tissé, qui les garantissent jusqu'au milieu du mollet.

Des amis de notre hôte sont venus voir ses invités, et la soirée, fort longue, se passe en conversations oiseuses.

Je questionne encore sur le chemin à suivre pour gagner Marrakech, et l'on me confirme que le passage du *Tizi n Tar'rat* est impraticable en cette saison. Comme j'ai un peu trop insisté, un homme fait remarquer à l'un des miens qu'il est surprenant que j'interroge ainsi sur la route que je dois suivre.

Fig. 204. — Lemouda.

Je comprends l'allusion dangereuse et fais répondre qu'étant très fatigué j'ai hâte de rentrer à la ville : mon désir de traverser le *Tizi n Tar'rat* est ainsi motivé puisque le trajet serait, de cette façon, considérablement écourté.

Ce léger incident paraît, fort heureusement, ne pas laisser subsister de doute sérieux.

20 mars. — Comme les jours précédents, nous quittons notre gîte assez tard parce que l'étape ne doit pas être longue et que notre hôte s'est mis en quête de bons zettat qui nous permettront de traverser en sécurité un col qui nous sépare de la vallée de l'*Ouad Tifnout*. Mais une scène émouvante vient encore retarder notre départ.

Nous sommes conduits hors du village où quatre hommes armés de fusils nous attendent : c'est là notre escorte. Au moment où nous abordons ces guides, l'un d'eux, un hartani, reçoit un violent coup de koumia d'un camarade. Nous apprenons que ce dernier a cru devoir se venger parce que celui qu'il vient de frapper lui avait remis 50 centimes seulement, sur 75 qu'il lui devait, en demandant jusqu'au lendemain pour le règlement de sa dette. La victime, en proie à une vive souffrance et à un accès de fureur terrible, saisit un fusil pour se venger de l'assassin; mais mes hommes ont la présence d'esprit de le retenir, tandis que des camarades immobilisent son adversaire dont la haine n'est pas encore assouvie. C'est alors un corps à corps terrible, qui dure près d'une demi-heure et pendant lequel le hartani se débat en criant et en cherchant à se servir de son arme; puis à bout de forces, il s'abat comme une masse.

Il a le gras du bras complètement traversé et les efforts qu'il a faits ont favorisé une hémorragie abondante. Nous sommes tous éclaboussés; Moulaï Ibrahim est dégouttant de sang. Je n'ai même pas la satisfaction de faire au malheureux blessé le moindre pansement; mes compagnons me l'interdisent : « On verrait à tes soins que tu es un roumi ».

Cette scène de sauvagerie a attiré tous les gens du village. Des femmes sont là qui se lamentent, tandis que le blessé est emporté mourant chez lui.

Je demande quelle peine peut encourir le criminel : « Aucune — m'est-il répondu — puisque nous sommes en Bled es Siba. Si le hartani ne meurt pas, il aura la ressource de se venger lui-même, sinon il pourra l'être par quelqu'un de sa famille. »

Je sens combien les esprits sont surexcités autour de moi; il est urgent de partir. Je refuse les zettat armés parce qu'il me semble que tout est à craindre de cette escorte, après ce qui vient de se passer. Alors mon hôte, réellement désireux de me voir poursuivre ma route sans danger, me présente un de ses amis à la physionomie intelligente et douce, qui m'inspire assez de confiance; il va nous conduire sans armes jusqu'à *Tifnout*. Un notable armé se joint à lui pour nous accompagner jusqu'au col le plus voisin et nous sauvegarder dans ce passage dangereux.

La vallée de l'*Ouad Aït Mougqor* que nous allons quitter est séparée de celle de l'*Ouad Tifnout* par un col, le *Tizi n Mougsout*, à une altitude de 250 mètres au-dessus du village. Nous y accédons par un chemin facile, tracé sur un sol granitique nu; seules les crêtes sont couvertes de chênes.

A moins de 500 mètres de *Lemouda*, nous rencontrons un

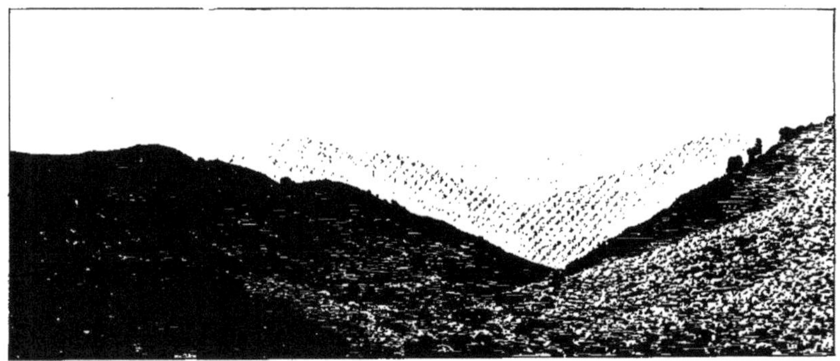

Fig. 205. — Le Tizi n Mouqsout et le Tamjoutt.

autre village aussi important que le premier et faisant partie de la même agglomération : c'est *Lemouda el Fouquia*[1].

Le *Tizi n Mouqsout* est aride, avec ses blocs de granite arrondis. Il n'y pousse guère que des rtem et de rares chênes. La vue ne s'étend que d'un côté, dans les directions nord et nord-ouest; on voit la profonde vallée de *Tifnout* et une série de chaînes parallèles, qui la séparent de l'imposant *massif du Tamjoutt*, avec ses deux pics obtus couverts de neige et séparés par une large incurvation.

Nous descendons dans la vallée par un chemin très raide, tracé dans un ravin profond, qui nous conduit à un village entouré de

1. Lemouda d'en haut.

petits champs cultivés et de jardins où l'amandier abonde; c'est l'*Anmit n Tifnout*, qui se trouve au bord de l'Asif du même nom. La rivière se jette dans l'*Ouad Tifnout* à 5 kilomètres en aval, et il nous faut, pour arriver dans la vallée supérieure du Sous, franchir un éperon granitique d'une soixantaine de mètres de hauteur, dans les *Aït Ouar'zen*.

Fig. 206. — Le Tamjoutt.

La vallée de l'*Ouad Tifnout* est profonde et offre partout des flancs granitiques escarpés, nus ou couverts de chênes. Le thalweg, d'une largeur variant de cent à cinq cents mètres, est occupé par des villages échelonnés, parmi lesquels *Aït Ouar-z'en* et *Mezguemmel*, dont les habitants trouvent là seulement quelques terres labourables et des plantations d'amandiers et de noyers.

Nous suivons la rive gauche de l'Ouad, sur un parcours de 3 kilomètres, pour arriver à *Mezguemmel*. C'est une agglomération importante, d'au moins 300 feux, avec agadir et Mellah de Juifs portant le khenif. Elle est située sur la rive gauche de l'*Ouad Tifnout*.

Nous avons une lettre de recommandation du Chikh des *Aït Tameldou* pour un personnage de marque, Si Abdallah, que je fais prévenir de notre arrivée. Il nous fait attendre plus de deux heures, pendant lesquelles on nous invite à patienter dans l'agadir, qui forme un vaste bordj; nous sommes mêlés à des gens de passage de toutes conditions, accroupis à l'entrée dans une sorte de corps de garde.

Enfin notre hôte nous offre une hospitalité toujours aussi frugale. C'est à croire que toutes ces tribus du sud de l'Atlas sont pauvres ou bien que les gens y sont d'une sobriété réellement extraordinaire. Un de mes hommes a pu trouver au Mellah un peu de sucre et de thé qui nous seront très précieux.

21 mars. — Notre zettat doit nous quitter de grand matin, mais le demi-douro que je lui remets pour ses bons offices l'attache définitivement à nous. Quoique notre hôte nous dissuade complètement de traverser la haute chaîne au *Tizi n Tar'rat*, ce brave homme comprend qu'au contraire je tiens beaucoup à ne pas suivre un autre chemin et, après avoir scruté le ciel, examiné attentivement le capuchon de neige du *Djebel Toubkal*, il pense que la traversée du col n'est pas impossible.

Je lui offre, s'il veut nous conduire jusqu'à Marrakech, de lui donner là-bas 2 douros, ce qu'il accepte avec une visible satisfaction. Il a un fils dans une zaouïa près de la capitale, et il profitera de l'occasion qui lui est ainsi offerte pour aller le voir.

Notre guide estime que quatre étapes suffiront pour franchir la distance qui nous reste à parcourir; tandis qu'il en faudrait six ou sept pour effectuer le même trajet en passant par le Tizi n Test.

Il n'y a donc pas d'hésitation possible, même en me plaçant à un tout autre point de vue que celui de mes recherches scientifiques : nous sommes tellement fatigués que je me demande si, personnellement, j'aurais la force de mener encore une semaine cette existence de privations.

Nous prenons congé de notre hôte vers 9 heures, après toutes sortes de manifestations cordiales de sa part. J'ai été, paraît-il, sympathique à cet excellent homme et il m'a fait promettre de lui envoyer de mes nouvelles de Marrakech. Le modeste cadeau que je lui laisse en partant[1] achève de le conquérir. Il ne faut pas moins de cinq minutes de salutations de toutes sortes, de baisers réciproques sur les mains, sur le front, avant de nous séparer.

Pauvre Si Abdallah, il a l'air si sincère dans ses manifestations d'amitié que j'éprouve comme un remords de lui cacher plus longtemps ma véritable origine. Mais nous sommes en Bled es siba..... J'aurai peut-être l'occasion de m'excuser un jour si je le rencontre en Bled makhzen; en tous cas, je prendrai des mesures pour qu'il se souvienne de moi à son premier voyage à Marrakech.

Fig. 207. — Vallée de l'Asif Inmarakht.

Nous sortons du village de *Mezguemmel* à travers un dédale de maisons, puis de jardins et de champs cultivés recoupés par des canaux d'irrigation. Ceux-ci sont construits en pierres, d'une profondeur de 50 centimètres à 1 mètre, et alimentés par une eau très claire.

Nous nous trouvons en un point de ramification de l'*Ouad Tifnout* qui descend des crêtes sous le nom d'*Asif Inmarakht*; il reçoit ici un important affluent de droite venu du *Djebel Toubkal* et du *Tizi n Tar'rat*.

C'est cette dernière rivière que nous allons remonter; elle porte le nom d' *Ouad Tizgui n Guergaa* et coule dans une vallée très profonde qui, malgré ses flancs granitiques stériles, offre une cer-

1. Un bol en fer émaillé qui nous servait à faire la soupe, notre unique ustensile de cuisine.

taine fertilité par l'utilisation de ses eaux. Elles sont encore déviées par des canaux pour l'irrigation des cultures étagées et pour les plantations d'amandiers. Les noyers abondent auprès de la rivière, qui leur doit son nom[1].

Les villages sont nombreux et je n'en compte pas moins de dix sur le parcours de moins de trois lieues que nous avons à franchir pour arriver à l'étape.

Notre guide me montre à mi-route, une vallée latérale dirigée à

Fig. 208. — Vallée du Tizi Ouaguer, direction du Lac Ifni.

peu près est-ouest, sur la rive gauche de l'Ouad et au sommet de laquelle se trouve le *Tizi Ouaguer*[2] entre le *Tamjoutt* et le *Djebel Toubkal*. Non loin de ce col se trouve le *Lac Ifni*, dont l'existence m'est ainsi confirmée.

Nous atteignons vers 3 heures *Tisseldeï*, dernier point habité, au pied du col de *Tar'rat*, et nous devons attendre jusqu'à 6 heures, assis devant une porte, l'arrivée de notre hôte. Je puis ainsi admirer à loisir le site pittoresque où nous nous trouvons.

1. Guerguaa, noyer.

2. Le mot de Ouaguer, que je fais prononcer plusieurs fois, est sans doute le même que celui de Ouagan, de la carte au millionième.

La rivière coule à nos pieds, au fond d'une vallée très profonde descendue du col et du *Djebel Toubkal*. Le village, composé de

Fig. 209. — Vallée de l'Ouad Tizgui n Guergaa.

deux groupes d'habitations, est bâti en amphithéâtre sur le flanc gauche ; de petits champs cultivés, très étroits, sont étagés au-dessous et donnent l'illusion d'un escalier naturel ; ils sont arrosés par un canal amenant d'assez loin en amont, les eaux de la rivière.

Fig. 210. — Un coin de l'Ouad Tizgui n Guergaa.

22 mars. — Il ne fait pas encore jour lorsque nous quittons *Tasseldeï*, après une nuit passée sur une terrasse couverte, mais exposée à tous les vents.

Un ciel nuageux, ce que je n'avais pas vu depuis fort longtemps, et un froid vif de 4 degrés, me font mal augurer de la traversée que nous allons effectuer. Aussi notre guide est-il inquiet; il parle même de rebrousser chemin pour aller prendre la route du *Tizi n Test*, mais je m'y oppose. Il faut, coûte que coûte, recouper l'Atlas aujourd'hui afin de trouver en pays makhzen la nourriture qui nous fait presque complètement défaut depuis que

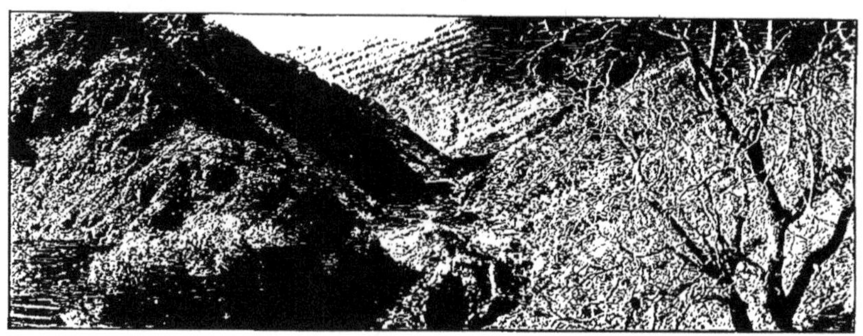

Fig. 211. — Ouad Tizgui n Guergaa, à Tasseldeï.

nous avons quitté *Tikirt*. D'ailleurs rien ne dit que nous n'aurons pas beau temps au col.

L'ascension est pénible. Nous devons suivre un chemin en lacets, sur une pente très raide, et sommes obligés de nous arrêter de loin en loin pour faire un feu d'herbes sèches; nous sommes beaucoup trop légèrement vêtus pour traverser des régions aussi froides.

Ce n'est que vers 10 heures que nous avons gravi la partie la plus abrupte de la montagne; notre chemin est maintenant en pente beaucoup plus douce, mais il est mal indiqué à cause de la neige, et un sol très rocailleux le rend encore plus difficile.

Dès ce moment, nous éprouvons de réelles difficultés. Mon fidèle compagnon Moulaï Ibrahim est pris, à cette altitude d'au moins 3000 mètres, du mal de montagne. Il refuse de marcher; il veut rester là ou retourner sur ses pas. Pour comble de malheur le ciel, d'abord

Fig. 212. — Crêtes volcaniques du Djebel Toubkal.

éclairci, s'est de nouveau couvert et la neige commence à tomber.

Notre guide se laisse aller à un découragement inquiétant. Lui aussi veut redescendre le flanc méridional de la chaîne bien qu'il sache que le col n'est plus qu'à 500 mètres de nous et qu'une fois passés nous serions en pays sûr.

Je prends alors le parti, aidé de mes compagnons valides, de faire du feu sous la neige avec des herbes mortes, et nous faisons une tasse de thé dans laquelle j'ajoute une forte dose de noix de kola dont j'ai toujours un petit flacon sur moi. Je contrains le malade à avaler ce cordial, puis je le supplie de nous suivre, l'assurant qu'il sera guéri dès que nous aurons franchi le col. Le malheureux, affaissé par le mal démoralisant qui l'étreint, veut encore me donner

Fig. 213. — Le Tizi n Tar'rat.

une preuve de son dévouement en se remettant en route sous la tourmente, par ce chemin dangereux, marchant courbé, se traînant même parfois sur les genoux.

Le col est franchi et notre malade se remet. La plus grande difficulté est vaincue : nous suivons maintenant une sorte de plateau couvert de neige, mais nous ne sommes pas encore au bout de nos peines : notre guide a perdu la trace du chemin.

Fig. 214. — Un passage difficile.

Nous arrivons au bord d'un escarpement et nous ne trouvons pas de meilleure solution que celle de nous laisser glisser, plutôt que marcher, dans un couloir de pierres, provenant de l'éclatement des roches par la gelée et dont la descente est rendue plus difficile encore par la tourmente de neige qui continue.

L'ascension a été des plus instructives. Le soubassement de la chaîne, en effet, est formé par les granites; c'est le prolongement vers le nord de la pénéplaine des *Aït Khzama*; mais depuis *Lemouda* les filons de lave noire souvent porphyriques, que j'ai observés enserrés dans les roches granitiques, ont redoublé de fréquence. Je les ai rencontrés tout le long de ma route, notamment dans la vallée de l'*Ouad Tizgui n Guergaa* et ici ils se montrent nombreux, au point d'offrir l'aspect d'une succession ininterrompue de bancs redressés.

Je m'explique maintenant la présence de tous ces filons; ils

Fig. 215. — A la recherche du chemin.

représentent le remplissage des cheminées d'un volcan formidable dont les crêtes vont nous offrir, sur une épaisseur prodigieuse, l'accumulation de toutes les déjections.

Rien n'est plus imposant, en effet, que la superposition des coulées de laves, des scories, des bancs de cendres et des produits de projections, offerte par les *Djebel Tamjoutt, Toubkal* et *Likoumt*. Sur une épaisseur qui peut dépasser 2000 mètres, ces éléments volcaniques se montrent, depuis le soubassement granitique jusqu'aux points culminants de ces montagnes, dont les sommets peuvent atteindre 4500 mètres.

Combien je regrette que la neige ne m'ait pas permis de mieux observer du haut de ce col !

Von Fritsch, qui a été le seul à l'atteindre, a parlé à tort d'une

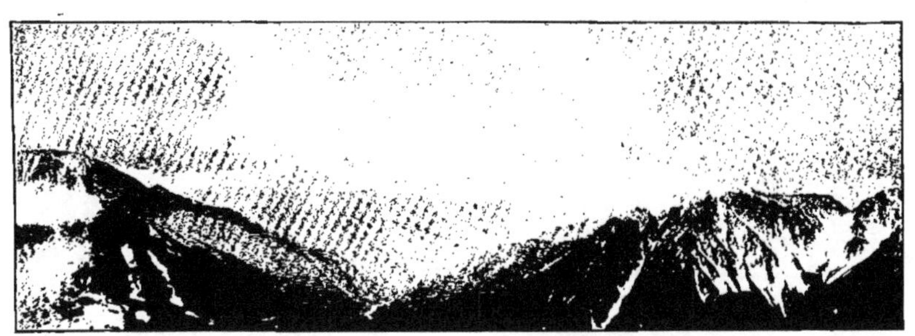

Fig. 216. — Vue prise de Tizi n Tar'rat, le Siroua dans le fond.

crête descendant du Haut-Atlas et formant la jonction de l'Anti-Atlas; il s'est laissé tromper par le flanc gauche de la vallée de l'*Ouad Tizgui n. Guergaa*, qui a pu lui donner l'impression d'une arête orientée nord-sud. Mais ce qu'il ne décrit pas, c'est le *Djebel Siroua* qui apparaît dans la coupure de la vallée et que le mauvais temps ne m'a pas permis de photographier convenablement.

La reproduction ci-dessus le laisse à peine entrevoir dans une faible éclaircie de la tourmente de neige.

Une déception nous attendait à Arround. On nous refuse l'hospitalité, ou du moins on nous invite à aller coucher à la djemaa, ce que je ne puis accepter; bien mieux, on ne veut pas nous vendre le moindre aliment. Nous sommes réduits à passer la nuit dans un vaste gourbi qui sert à protéger, en cas de mauvais temps, les gens venus chaque année en pèlerinage auprès du marabout de *Sidi Chamharouch*. Et nous n'hésitons pas à porter une main profane sur tout ce que nous trouvons à brûler pour nous réchauffer.

23 et 24 mars. — Mon voyage en Bled es Siba est terminé.

Il nous reste à gagner Marrakech en deux étapes, par la vallée pittoresque de l'Ouad R'er'aïa; visitée par bien des voyageurs, voire

Fig. 217. — Vallée de l'Ouad R'er'aïa, Aounef.

même par des naturalistes, car les noms de Balansa, von Fritsch, Thomson, Brives et Lemoine y sont attachés.

J'y observe des faits qui confirment ceux que j'ai relevés ailleurs, dans le Haut-Atlas occidental, et auprès de la Zaouïa Moulaï Ibrahim j'ai la vive satisfaction de découvrir un beau gisement de fossiles carbonifères, dans des schistes noirs où des végétaux de la houille ont été signalés en 1868 par le botaniste Balansa.

Fig. 218. — Une halte au bord de la plaine.

Il nous faut encore renoncer à nous procurer à la zaouïa, notre dernière étape, de quoi nous remettre un peu de nos privations. Nous n'y trouvons ni pain ni viande, mais seulement six œufs durs. Fort heureusement l'un de mes hommes découvre au fond de son sac une boîte de sardines à l'huile qui va faire nos délices. Comme Moulaï Ibrahim ne mange pas de poisson, je lui donne la plus grande partie des œufs.

Le lendemain, cet excellent homme vient me prier en secret de manger ce qu'il m'offre. Je proteste, parce que j'ai toujours voulu partager avec mes compagnons ce que la fortune a pu nous offrir au hasard du chemin; je m'étonne surtout que Moulaï Ibrahim ait encore des œufs et je lui en demande la provenance :

« Mange, Si Allal — me dit-il — car tu es fatigué. J'ai pensé hier soir que tu ne pourrais pas arriver à Marrakech, alors je t'ai gardé mon dîner. »

Cet acte de dévouement est l'un des nombreux que m'ait prodigués mon fidèle compagnon. Je le cite entre cent autres et me fais un devoir de le soumettre à l'appréciation de tous ceux qui me feront l'honneur de parcourir ce récit de voyage.

Nous sommes aux portes de Marrakech ; nous n'avons plus qu'une trentaine de kilomètres à parcourir en plaine, d'une seule traite.

J'ai la satisfaction de retrouver dans la capitale marocaine M. de Flotte et Si Saïd Boulifa, et je reçois de la part de M. et de Mme Falcon une affectueuse hospitalité et des soins qui me permettront de me remettre un peu de mes fatigues.

Les nouvelles de la captivité du marquis de Segonzac sont arrivées il y a déjà plusieurs jours, et des démarches très sérieuses ont été faites ici par mes camarades, auprès de Musulmans importants susceptibles d'arracher par leur influence notre infortuné chef des mains du Chikh Ben Tabia.

J'apprends avec surprise et déception que M. de Segonzac est prisonnier des Sektana, c'est-à-dire d'une tribu que j'ai touchée en traversant le massif du *Siroua*. J'étais seulement à une journée de marche du lieu de sa captivité.

Après quelques jours d'un repos indispensable, il me faut regagner un point de la côte pour y avoir les soins d'un médecin européen et M. de Flotte, voyant mon état assez précaire, se dévoue jusqu'à changer ses projets de retour pour m'accompagner à Mogador.

Appendice

QUELQUES MOTS SUR L'ARGANIER

Les pages qui précèdent renferment, au point de vue géographique et géologique, un grand nombre d'observations qui mériteraient d'être coordonnées dans des conclusions d'ensemble. Mais un essai de ce genre, sur le Maroc septentrional et sur la Chaîne du Haut-Atlas, m'entraînerait dans des considérations théoriques qui sortiraient du cadre de cet ouvrage qui n'est qu'un simple récit de voyages.

Fig. 219. — Un arganier dans l'Ouad Tidzi des Ida ou Guerd

Je réserve, pour des publications spéciales qui paraîtront ultérieurement l'étude détaillée de tous les documents scientifiques que j'ai rapportés et qui sont représentés par 1800 kilomètres d'itinéraire, appuyés de 600 photographies pour la plupart orientées, par plus de six quintaux de fossiles et d'échantillons minéralogiques, par de nombreuses coupes géologiques, etc.

Je ferai cependant exception, en ce qui concerne mes observations sur l'*arganier*, car cet arbre joue, dans les régions du Haut-Atlas que j'ai parcourues, un rôle remarquable au point de vue de la géographie botanique et surtout parce qu'il a une réelle importance dans la vie économique de ces pays. Il a une influence marquée sur l'existence des populations arabes ou berbères des contrées qu'il recouvre et, bien qu'on en ait souvent parlé, il mérite encore l'attention parce qu'il est destiné vraisemblablement à un plus grand avenir.

On sait que l'*arganier* est cet arbre singulier par son extension géographique très limitée et qui est l'objet de la curiosité des touristes qui touchent à la côte occidentale du Maroc, à Mogador.

On pourrait l'appeler l'*arbre du Sous*, tant il caractérise cette région sud-marocaine ; il n'y a pas d'espèce végétale qui soit, à un plus haut degré, répandue à profusion et reléguée dans un périmètre relativement restreint.

J'ai, au cours de mes voyages, parcouru dans tous les sens le *pays de l'arganier* et j'ai noté avec soin les conditions d'habitat de cette remarquable essence forestière. Aussi serais-je désireux d'exposer ici le résultat de mes observations.

Bien des botanistes ou des explorateurs ont écrit sur cet arbre curieux.

Le premier qui en ait fait mention est Leo Africanus (1510), et la description spécifique en a été donnée, pour la première fois, par Linné (1737) d'après un échantillon desséché, sous le nom de *Sideroxylon spinosum* ; mais le spécimen étudié par l'illustre naturaliste n'avait pas de fleur, ce qui peut expliquer la confusion qu'il a faite de cette plante ligneuse avec le « bois de fer » dont il se distingue cependant par un grand nombre de caractères.

Le voyageur danois Schousboe, après un séjour de trois années au Maroc (1766-1768), a publié un très intéressant mémoire sur la Flore du Moghreb, dans lequel il décrit longuement l'arganier.

A citer encore les observations d'Henry Grace, vice-consul d'Angleterre à Mogador (1853) et l'étude des matériaux transmis par lui à W. Hooker; puis les données consignées dans les publications des explorateurs marocains, J. Dalton Hooker et John Ball (1878).

L'arganier (*Argania sideroxylon*, Roemer et Schultes) ou *arbre d'argan* tire son nom du mot arabe ou chleuh *argane*.

C'est un arbre toujours vert, dont le port rappelle celui de l'olivier; sa hauteur ne dépasse généralement pas 6 mètres, elle est le plus souvent moindre; les branches inférieures partent à

Fig. 220. — Arganiers abritant un marabout dans les Chiadma.

un mètre du sol d'un tronc droit, à écorce grise. Les jeunes pousses sont couvertes d'épines.

La feuille est lancéolée, persistante, verte en dessus, plus pâle en dessous comme celle de l'olivier.

L'arbre fleurit en mai-juin.

Le fruit ou *argan* est vert jaunâtre, veiné de rouge au moment de la maturité. Il rappelle par sa forme une grosse olive; c'est une *drupe* monosperme, ovale, glabre, obtuse, quelquefois un peu aiguë; elle renferme une graine ovale dont la coque épaisse, dure et très lisse, d'un brun pâle, contient une amande oblongue de couleur blanche.

Il convient encore de dire que l'arganier se reproduit facilement par germination et que les jeunes arbres peuvent porter fruit au bout de trois à cinq ans. Dans son pays d'origine, un mois peut suffire à l'apparition d'une pousse; des essais de reproduction en serre effectués d'abord par Schousboe à Copenhague, puis par Dalton Hooker en Angleterre, ont pleinement réussi ; mais les tentatives d'acclimatation ont désappointé les coloniaux.

L'arganier est absolument inconnu en dehors du Sud-marocain où il ne recouvre qu'une étendue limitée, sur laquelle j'aurai l'occasion d'insister plus loin. On s'accorde à regarder cet arbre et le *Sideroxylon Marmulano* Lowe, de l'île Madère, comme les représentants d'une famille dont les espèces sont en majeure partie tropicales.

Ces deux essences, qui se trouvent ainsi sur le même parallèle, ne coexistent pas et sont inconnues aux Canaries. Elles montrent, par leur situation géographique, une relation évidente entre deux régions aussi voisines que Madère et la côte du Sud du Maroc et marquent les vestiges d'une flore tropicale disparue, qui devait être uniformément répandue à cette latitude.

L'arganier, si intéressant au point de vue botanique, offre partout où il croît une véritable ressource au Marocain, qui tire parti à la fois de son bois, de sa feuille et de son fruit.

Le bois d'arganier est dur, lourd, compact, rivalisant avec les meilleurs du même genre; il est très résistant, de couleur jaune. Les indigènes ne l'emploient guère que comme chauffage; ils en font parfois un charbon excellent, supérieur à celui du chêne vert. Les branches sont trop noueuses pour être couramment employées pour la construction; ils lui préfèrent des bois blancs comme le thuya, dont les troncs droits forment des perches facilement utilisables pour les charpentes ou les boiseries grossières des maisons.

Les feuilles servent de nourriture aux animaux ruminants, notamment à la chèvre et au chameau. Seuls les équidés (cheval, mulet, âne) se refusent à en manger.

Il est assez curieux de voir le chameau, habitué à brouter les herbes des pâturages africains, faire usage de son long cou pour atteindre les feuilles de l'arbre à sa portée. Et rien n'est plus pittoresque qu'un troupeau de chèvres dans une forêt d'arganiers: les unes se dressent pour manger les feuilles les plus basses, tandis que d'autres grimpent et se tiennent même sur des branches assez minces pour y prendre leur aliment préféré.

Cliché Ancelin.

Fig. 221. — Troupeau de chèvres autour d'un arganier.

La dent de la chèvre, si funeste à la plupart des végétaux persistants dans les autres pays, laisse également des traces sur l'arbre qui nous occupe et il est facile de reconnaître les forêts livrées à de nombreux troupeaux de ces capridés, par l'aspect rabougri des branches inférieures et des petits sujets. Mais l'arganier est assez vivace pour résister à l'action destructive de ces animaux.

Si l'on tient compte de l'énorme quantité de peaux de chèvres utilisées dans l'Empire chérifien ou fournies par lui à l'exportation — preuve irréfutable d'une agriculture encore des plus sommaires — on se fait une idée de la ressource appréciable offerte aux indigènes du Maroc sud-occidental par cette essence forestière.

Mais là ne se bornent pas les vertus de l'*arbre du Sous*. Le fruit est utilisé par eux à deux effets : pour l'alimentation des ruminants et pour la fabrication d'une huile fort estimée, l'*huile d'argan*. La récolte en est très facile à cause de sa déhiscence; à partir du mois de mai, en effet, le fruit mûrit, il se dessèche et tombe seul ou sous l'action de la moindre agitation; il suffirait donc de le recueillir sur le sol après les plus faibles coups de vent.

Mais le Marocain possède, au même titre que les Musulmans du Nord de l'Afrique, l'art de réduire au minimum l'activité indispensable à son existence. Il se contente de pousser ses troupeaux dans la forêt et chameaux, bœufs, vaches, moutons, chèvres, vont deux fois par jour, le matin au moment de la fraîcheur, le soir avant le coucher du soleil, manger les argans dont ils sont très friands. Seuls, les Berbères les plus actifs et les plus prévoyants font ramasser par leurs bergers des provisions de ces fruits, qui serviront aux mêmes usages durant l'hiver.

Les animaux ne mangent que l'enveloppe desséchée du fruit de l'arganier. Tandis que la chèvre et le mouton laissent tomber de leur bouche tout ou partie des noyaux, les chameaux et les bovidés avalent ces derniers et les rejettent intacts à l'étable, en ruminant. C'est surtout là que les femmes et les enfants recueillent avec soin les noix qui vont servir à la fabrication de l'huile si estimée.

Ainsi la Nature, déjà si prodigue à bien des égards envers ce beau pays, l'a non seulement doté d'un arbre précieux pour la nourriture des bestiaux, mais elle a en quelque sorte voulu que ces derniers épargnent à leur maître la peine de récolter lui-même l'un des éléments importants de son alimentation. L'huile d'argan, en effet, constitue, avec le pain, la nourriture exclusive des indigènes pauvres.

La fabrication de cette huile est des plus simples et des plus primitives. Les noyaux sont cassés entre deux pierres, le plus souvent par des femmes. Les amandes se détachent facilement de leur coque; elles sont torréfiées comme des grains de café, dans des plats en terre cuite à bords relevés, ou dans des plats de fer, quelquefois aussi sur une pierre plate, que l'on chauffe sur un feu doux. On les amène à une couleur brune et l'on évite leur carbonisation en les remuant constamment avec une palette de bois. Les amandes grillées sont de suite, après refroidissement complet, écrasées dans une meule à bras; puis on triture à la main, dans une terrine posée sur des cendres chaudes, la pâte ainsi produite en l'arrosant d'un peu d'eau tiède. On pétrit jusqu'à ce qu'elle devienne très dure, et toute l'habileté de l'opérateur consiste à employer peu d'eau.

L'huile surnageante est séparée par décantation et recueillie dans des vases. A l'état brut, elle est d'une couleur brun foncé et d'une saveur âcre désagréable; en déposant, elle s'éclaircit, mais garde toujours une certaine teinte et un goût fort. Les gens pauvres la consomment ainsi, tandis que les autres la clarifient en la *lavant*. Ils font, à cet effet, une émulsion dans de l'eau, qui garde, après repos, une partie des impuretés de l'huile; ou bien ils font macérer dans cette dernière, soit à chaud, soit à froid, un morceau de pain.

Le *tourteau d'argan* contribue encore à la nourriture des chameaux, des bovidés, des moutons et des chèvres. Cette fois encore, les équidés se refusent à en manger.

L'arganier existe à profusion sur une certaine étendue de la côte sud-marocaine et à l'intérieur d'un périmètre que les observations actuelles ne permettent pas encore de délimiter d'une façon définitive.

De plus, les différents voyageurs qui en ont parlé ne se sont pas préoccupés des relations qui peuvent exister entre l'extension de cet arbre et la nature du sol sur lequel il croît; seul Henry Grace paraît s'être inquiété de ce côté intéressant de l'étude de l'arganier lorsqu'il dit qu'il pousse sur un sol sableux et sur des collines où l'irrigation est impossible.

Il résulte des divers récits d'exploration sur le Maroc méridional que cet arbre paraît s'étendre à toute la région littorale atlantique comprise entre les 29e et 32e degrés de latitude nord; qu'il s'enfonce à une vingtaine de kilomètres des côtes et forme de petits bois isolés jusqu'à une profondeur de 40 kilomètres, au maximum.

Mes voyages m'ont permis de traverser tout le pays qu'il recouvre, et si je n'ai pas atteint sa limite au sud, du moins ai-je pu la relever vers l'est. Mes recherches géologiques et géographiques me permettent, en outre, de donner une idée assez nette des conditions d'habitat de cette curieuse essence forestière.

On se ferait une idée fausse des forêts d'arganiers si on les com-

Fig. 222. — Forêt d'arganiers dans les Knafa.

parait aux bois touffus de nos pays d'Europe ou des régions tropicales. Elles sont composées, à de très rares exceptions près, d'arbres disséminés qui apparaissent, de loin, comme autant de taches noires sur un sol nu. Les plus belles que j'aie vues se trouvent non loin de Mogador, soit à l'est (El Hanchen), soit au sud au bord de l'ouad Tidzi, et surtout dans la vallée du Sous, notamment dans la plaine des Houara.

L'arganier se rencontre, en allant du nord vers le sud, dans les importantes tribus des Chiadma, des Haha, des Mtouga et des Ida ou Tanan; enfin il s'étend à la plus grande partie de la vallée du Sous. Plus au sud, cet arbre existerait, paraît-il, dans la région littorale du Tazeroualt jusqu'à l'Ouad Noun; mais nous n'avons que des renseignements douteux à ce sujet, tandis qu'il résulte des explorations du vicomte de Foucauld que l'essence forestière qui nous occupe ne s'étend pas à l'est, dans l'Anti-Atlas.

Je n'ai que peu de chose à dire des Chiadma que j'ai vus seulement à l'extrémité méridionale du Djebel Hadid, et dans cette région l'arbre d'argan croît aussi bien sur les dunes et les alluvions quaternaires des vallées que sur les argiles et grès crétacés ou sur les calcaires jurassiques qui forment la voûte des Djebel Hadid et Kourat. Les nombreux voyageurs qui m'ont précédé s'accordent à dire que l'arganier se montre au delà, jusqu'à la vallée de l'Ouad Tensift.

Dans les Haha, il se rencontre un peu partout, du moins à une altitude inférieure à 800 ou 900 mètres. Il pousse indifféremment sur tous les terrains, même sur les dunes quaternaires des environs de Mogador où il ne forme cependant jamais d'importantes forêts parce qu'il y a été souvent détruit par le feu.

Les grès pliocènes offrent également un sol meuble qui convient très bien à son développement, et partout sur ces grès, aussi bien à l'est de Mogador que dans les Ida ou Guerd et les Ida ou Iceurn, il est très abondant.

Au sud de la ville, il est, à partir de Tagouïdert, fréquemment associé au thuya et il forme de belles forêts, notamment sur les bords de l'Ouad Tidzi et plus au sud, au delà de l'Asif Igouzoulen. Dans l'est, en se dirigeant vers la plaine de Marrakech, on le voit passer sans décroissement brusque des grès tertiaires aux terrains crétacés, sur le Djebel Tamerzakt comme dans les Meskala et jusqu'au Kourimat. Sa limite extrême, dans cette direction, est située au voisinage de Dar Moqadden Messaoud, soit par 11°40′ environ de longitude ouest.

Les sédiments crétacés de la côte, dans les Ida ou Troumma et les Aït Ameur, offrent encore un sol propice au développement de cette intéressante essence forestière, et cela quelle que soit la nature des sédiments : argileux, gréseux ou calcaires. Enfin les calcaires qui forment les rides anticlinales du Haut-Atlas occidental sont, de même que ceux du Djebel Hadid, encore très susceptibles de supporter l'arganier. Le plateau de Taguent en particulier en est couvert; mais à peine s'élève-t-on sur ces plissements jurassiques — qui, ainsi que je l'ai fait remarquer, descendent des hauteurs pour s'abaisser graduellement jusqu'à la côte — qu'on le voit s'effacer rapidement devant le thuya à gomme sandaraque qui trouve sur ces affleurements calcaires son sol de prédilection.

Fig. 225. — Forêt d'arganiers dans la plaine des Houara.

La même remarque s'applique aux Ida ou Tanan où il croît dans la zone littorale; tandis qu'il disparaît dans la région montagneuse à partir des altitudes assez élevées et fait place à l'ar'ar partout où émergent les calcaires jurassiques.

Dans les Mtouga, l'arganier ne s'étend qu'aux régions les plus basses; des forêts de cet arbre forment le prolongement de celle des Knafa au delà d'Imi n Takandout et, dans la vallée de l'Ouad Igrounzar, il s'arrête à quelques kilomètres en amont d'Aït Biiout. D'abord développé sur le trias de la vallée de Taghraghra, il se montre partout ici sur les terrains crétacés et sur les calcaires à silex secondaires ou tertiaires.

Mon voyage dans le Sous m'a encore permis quelques remarques intéressantes sur l'extension de cet arbre si curieux. En descendant la vallée de l'Ouad Tagouïrart (haute vallée de l'Ouad Aït Moussi), j'ai constaté qu'il apparaît dès Talatirhan, pour devenir de plus en plus abondant en approchant de la Nzala Argana, qui doit son nom aux belles forêts qui l'entourent. Dans cette vallée, il croît indifféremment sur les schistes primaires, les grès et argiles permiens, les terrains crétacés et les alluvions de la rivière; il s'arrête au-dessous d'Aglou et, à la descente du col des Bibaoun, on le voit s'élever bien haut sur le flanc méridional du Haut-Atlas.

La belle plaine du Sous constitue la région de prédilection de l'arganier. Partout dans le Mseguina, les Houara, le Ras el Ouad, il règne en maître aux dépens de toute autre végétation. Il atteint même la vallée de l'Ouad Tifnout et, bien que je ne puisse préciser sa limite de ce côté, je puis affirmer qu'il n'existe pas au pied occidental du Djebel Siroua, dans la partie supérieure de l'Ouad Touttal, alors qu'il atteint les environs de Laoulouz. Dans la plaine de Ras el Ouad et, plus bas, dans les Houara, il forme des forêts interrompues seulement par des clairières qui sont livrées à la culture. Enfin cet arbre se montre au bord de l'Anti-Atlas, et il s'élève assez haut sur le flanc méridional du Haut-Atlas; les itinéraires que j'ai suivis sur ce versant de la chaîne m'ont permis de l'observer partout, autant sur les schistes siluriens et dévoniens que sur les grès permiens ou sur les sédiments crétacés.

Vers l'est, j'ai constaté qu'il atteint encore le village d'Amzal, mais il se refuse à monter plus haut à cette longitude.

Les lignes qui précèdent font ressortir le grand développement de l'arganier dans un périmètre assez imparfaitement délimité et relativement restreint.

Il convient de remarquer tout d'abord que cette essence paraît tout à fait indifférente à la nature du sol. Mes recherches ne peuvent laisser subsister de doute à cet égard. Les terrains primaires, secondaires ou tertiaires, aussi bien argileux ou calcaires que siliceux, meubles que compacts, sont susceptibles de lui offrir un sol favorable à son essor. Il faut donc chercher la cause de sa dissémination dans une question climatérique.

Il semble bien, en effet, que la température et l'humidité moyennes de l'atmosphère soient assez uniformes partout où croît l'arganier. Il serait sans doute prématuré de s'appuyer à ce point de vue sur les rares observations météorologiques faites dans ces contrées; mais, si l'on rapproche de mes données personnelles celles acquises par les explorateurs qui m'ont précédé, notamment par MM. de Foucauld et de Segonzac, on peut se rendre compte que la température et l'état hygrométrique de l'air doivent en quelque sorte se compenser dans toute l'étendue du pays où croît l'arganier. Il ne peut vivre qu'au-dessus d'une température déterminée et à la faveur de l'humidité du littoral atlantique.

Quelques remarques le feront mieux comprendre.

A l'est de Mogador l'arganier ne dépasse pas le 11°40′ de longitude ouest, il ne s'éloigne donc pas à plus de 45 kilomètres du littoral et il ne s'élève de ce côté qu'à des altitudes d'environ 400 mètres à Dar Moqaddem Messaoud et de moins de 500 mètres dans le Kourimat. A une faible distance de là, vers le sud, il s'étend plus loin à l'est et atteint une hauteur voisine de 700 mètres; or, tandis que l'influence de l'Atlantique est, dans le premier cas, contrariée par les collines d'El Hanchen et de Tamerzakt, ici l'humidité de l'Océan peut se faire sentir plus loin grâce au couloir continu de la vallée de l'Ouad Kseb.

Tout le long de la côte, dans les Haha et les Ida ou Tanan, la limite de l'extension de cet arbre est fonction de l'altitude.

En descendant le cours de l'Ouad Aït Moussi, on le voit apparaître à partir de 950 mètres environ, et s'élever vers le col des Bibaoun jusqu'à plus de 1000 mètres. Il semble qu'il y ait là un fait en contradiction avec les précédents parce que nous sommes à environ 80 kilomètres de la côte; mais il convient de remarquer que la vallée de l'Ouad Aït Moussi est dirigée vers le sud et subit l'influence du climat de la plaine du Sous.

Comme il a déjà été dit, la haute chaîne de l'Atlas délimite nettement deux zones climatériques différentes parce qu'elle offre une barrière presque infranchissable aux vents chauds du désert, et j'ai constaté à la fin de décembre jusqu'à 26° au thermomètre fronde, à El Boura, non loin de Taroudant. Le Sous, contrairement au Haouz, doit participer du climat saharien.

Ainsi s'explique la dissémination de l'arganier jusqu'à des altitudes élevées dépassant 1300 mètres au-dessous du col des Bibaoun, sur le flanc méridional du Haut-Atlas. On peut voir cet arbre dans la vallée de l'Ouad Mentaga et dans les Aït Yous s'élever sur le revers de la chaîne et subsister jusqu'à Amzal.

C'est encore à ce climat particulier de la vallée du Sous qu'il faut attribuer l'extension vers l'est de cette essence forestière, laquelle se retrouve jusqu'au voisinage de Laoulouz par 10°30′ environ de longitude ouest, soit à plus de 150 kilomètres de la côte. Et l'une des conséquences climatériques de la puissante barrière du Haut-Atlas sur les régions septentrionales a été de refouler à plus de 100 kilomètres vers l'ouest la limite de l'arganier.

Bien des choses seraient à dire encore sur les caractères botaniques de cet arbre, mais je dois limiter là ce sujet.

Au point de vue de son utilisation pratique, il est bien certain que l'agriculture et l'industrie marocaine, des plus primitives, n'ont tiré jusqu'ici qu'un parti minimum des produits de l'arganier.

Les forêts étendues de cet arbre si curieux ne seront-elles pas un jour l'objet d'une exploitation active? Vraisemblablement oui.

Sans doute il ne faudrait pas s'exagérer les vertus de l'*arbre du Sous*, mais indépendamment des ressources nutritives qu'offrent sa feuille et son fruit pour la nourriture des animaux, il ne faut pas oublier qu'on n'utilise que très imparfaitement son bois et ses noix.

Par son bois, il peut fournir un excellent combustible; et il ne semble pas douteux qu'il prendrait dans la construction et l'ébénisterie une place importante, si l'on appliquait aux forêts d'arganiers les procédés d'exploitation mécanique des pays civilisés.

Par son fruit, il donne une huile assez bonne qui entre presque exclusivement dans l'alimentation des gens du pays, où elle remplace l'huile d'olive, que l'indigène livre au commerce. Aussi le Sultan interdit-il l'exportation de l'*huile d'argan*; il permet seulement son cabotage d'un port du Maroc à un autre. Il est bien difficile, dans ces conditions, de se faire une idée de la production annuelle, parce que la statistique est extrêmement difficile sinon impossible au Pays du Moghreb; j'ai cependant entendu parler, par des gens compétents, de trois millions de kilogrammes dans les bonnes années. Ce chiffre serait un maximum et l'on aurait vu dans les mauvaises années le prix de l'huile tripler et même quadrupler sans qu'il y ait cependant disette absolue, à cause des réserves accumulées dans les silos par un grand nombre de fellah au moment des récoltes surabondantes.

Tout serait à faire pour sa fabrication, il faudrait s'appliquer à trouver un moyen de décortication mécanique de la noix et aussi soumettre l'huile à une épuration méthodique. Quoique n'ayant pas un goût aussi fort que l'huile d'olive non épurée, elle renferme des principes vraisemblablement nuisibles, et j'ai souvent entendu parler par les indigènes d'une véritable ivresse produite par une forte absorption d'huile d'argan.

Ainsi, à bien des points de vue, l'arganier est digne d'intérêt, ne serait-ce que par l'huile qu'il est susceptible de donner et qui constitue, pour ainsi dire, l'unique nourriture des Berbères pauvres de son pays d'habitat. Il semble qu'il y ait œuvre utile à faire en améliorant la fabrication et les qualités nutritives de ce produit naturel.

FIN

Tables

TABLES

Texte et Figures

Voyage dans le Nord du Maroc

Voyage dans le Sud Marocain

FIGURES

FIGURES

Appendice

FIGURES

56 599. — Imprimerie Lahure, rue de Fleurus, 9, Paris.

www.ingramcontent.com/pod-product-compliance
Ingram Content Group UK Ltd.
Pitfield, Milton Keynes, MK11 3LW, UK
UKHW020154250726
13967UKWH00003B/1045